高校秘书学专业系列教材　总主编◎杨剑宇

文书处理和档案管理

杨　戎　黄存勋◎主编

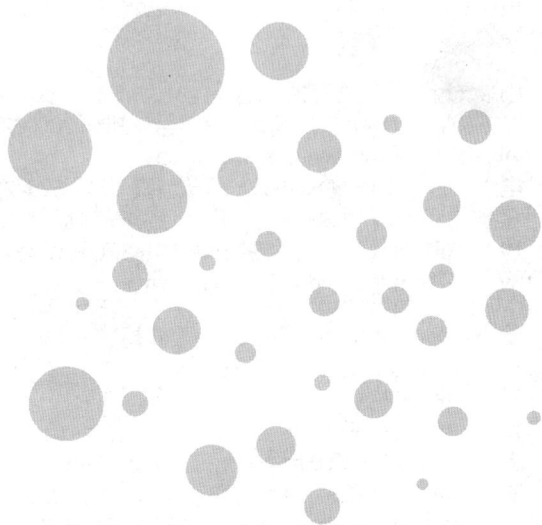

华东师范大学出版社

·上海·

图书在版编目（CIP）数据

　　文书处理和档案管理/杨戎，黄存勋主编. —上海：
华东师范大学出版社,2013.3
　　高校秘书学专业系列教材
　　ISBN 978－7－5675－0514－8

　　Ⅰ.①文… Ⅱ.①杨…②黄… Ⅲ.①文书工作－
高等学校－教材②档案管理－高等学校－教材
Ⅳ.①C931.46②G271

　　中国版本图书馆 CIP 数据核字（2013）第 060661 号

文书处理和档案管理

主　　编　杨　戎　黄存勋
项目编辑　范耀华
审读编辑　林雨平
责任校对　胡　静
装帧设计　卢晓红

出版发行　华东师范大学出版社
社　　址　上海市中山北路 3663 号　邮编 200062
网　　址　www.ecnupress.com.cn
电　　话　021－60821666　行政传真 021－62572105
客服电话　021－62865537　门市（邮购）电话 021－62869887
地　　址　上海市中山北路 3663 号华东师范大学校内先锋路口
网　　店　http://hdsdcbs.tmall.com

印 刷 者　杭州名典古籍印务有限公司
开　　本　787×1092　16 开
印　　张　17
字　　数　391 千字
版　　次　2013 年 6 月第一版
印　　次　2023 年 7 月第五次
书　　号　ISBN 978－7－5675－0514－8/I·955
定　　价　34.00 元

出 版 人　王　焰

（如发现本版图书有印订质量问题，请寄回本社客服中心调换或电话 021－62865537 联系）

总　序

　　秘书学专业已于2012年被正式列入教育部本科专业目录。我们努力了30余年,终于使学科正式跻身于高等教育本科专业之林,这是学科发展史上里程碑式的跨越,是学科正规化大发展的起步。秘书学科的春天真正来临了!

　　教材建设成为专业建设的首要任务之一。近年来,全国多家出版社纷纷组织编写秘书学专业系列教材,呈现出百家争鸣、百花齐放的势头,这是专业兴盛的表现;同时,通过竞争,教材也能越编越好。

　　回顾30余年来,秘书学专业的教材大致经历了两代。

　　第一代教材产生于20世纪80年代前期,名称有《秘书学概论》、《秘书工作》、《秘书学和秘书工作》、《秘书学》等等。各书的内容一般分三部分:对秘书工作粗浅简单的经验总结;大部分篇幅是文书工作程序介绍和法定行政公文的介绍及写法;再加些秘书工作、档案工作等法规的附录。对这一代教材,宽容者称之为集专业教材、学术著作、工作手册三位一体的连体。批评者斥其难以用作教材,不成工作手册,更远非学术著作,属生硬拼凑、不伦不类的三不像和大杂烩。客观而论,与文史哲等成熟的学科教材相比,这一代教材确实粗糙、幼稚、难登大学殿堂。然而,任何学科总是从低级到高级,从幼稚逐步到成熟的,因此,其开拓、铺路之功不可抹杀。

　　第二代教材产生于21世纪初,以全国统编秘书专业自考教材为代表作。其主要标志是将秘书学专业的内容分解为"论"、"史"、"应用"三部分,出现了《秘书学概论》、《中国秘书史》、《秘书实务》、《文书学》、《档案学》、《秘书写作》、《公共关系学》等教材。这些课程教材既有相对独立的内容和理论框架,又彼此联系,初步形成了学科体系。但是,这一代教材一定程度上存在着基本概念含混、学科界限不清、研究对象欠明、体系不够完整等不足之处。

　　近年来组织编写的一系列教材,总结了30余年来的经验,是为第三代教材。本系列教材就是试图弥补第二代教材的缺陷,希望成为第三代教材中的集大成者。为此,我们要求各册做到基本概念明确、研究对象明确、课程界限明确,体系基本完整。

　　本系列教材具有专、全、新的特点:

　　专——秘书学已成为独立的本科专业,其系列教材应当具有明显的专业性，即：

第一，每册教材都有各自专门的基本概念、研究对象、课程界限、基本体系。而不再是既夹有"史"，又有所谓"论"，还有文书写作、实务等等于一书的三不像和大杂烩，也不能是相互混淆、重叠的复制品。

第二，本系列教材全部由长期从事该课程教学、研究的具有高级职称的专业教师对口主编，凝聚了他们十多年或者几十年的教学经验和研究成果。例如：我们邀请了四川大学知名文书学专家杨戎教授、知名档案学专家黄存勋教授主编《文书处理和档案管理》，邀请山西省写作学会会长、山西大学郝全梅教授主编《秘书应用写作》，邀请从事秘书专业管理学课程教学近20年的常州工学院人文学院院长钱明霞教授主编《管理学原理》，等等，以此保证本系列教材的专业性和高质量。

全——我们同时着手编撰秘书学专业系列教材和涉外秘书专业系列教材，这两个系列教材可相互交叉使用。这是迄今最全的秘书学本科专业系列教材。

秘书学专业的主干课程，经学界在哈尔滨、杭州、厦门等召开的几次全国研讨会上反复讨论，认为应以七门课程为核心课程，并在此基础上编写教材，即《秘书学导论》、《中国秘书史》、《秘书实务》、《秘书应用写作》、《秘书公关原理与实务》、《文书处理和档案管理》和《管理学原理》。本系列教材除此七册外，还包括了专业主要课程《秘书心理学》、《秘书实训》等教材。

鉴于涉外秘书专业与秘书学专业有明显区别，我们策划、组织一批长期从事涉外秘书课程教学的专家编写了涉外秘书专业系列教材，共七册，包括《涉外秘书导论》、《涉外秘书实务》、《涉外秘书英语综合》、《涉外秘书英语阅读》、《涉外秘书英语写作》、《涉外秘书英语听说》和《涉外商务单证》。

新——各册尽可能增加新内容、新观点，选用新案例、新数据、新材料。同时，文风和版面适应新时代大学生的需求，力求新鲜活泼，一改秘书专业教材严肃、刻板的面貌。

参与这两套系列教材编写的专业教师，多达几十人，来自各高等院校，北到哈尔滨、南到湛江、东起上海、西到广西，遍布全国，是一次学界的大兵团作战。我们希望将教材编写得尽可能好些，能成为受大家欢迎的教材，我们为此也付出了不少努力。但是，由于秘书学专业尚是发展中的新专业，还在摸索探讨中行进，也由于参编人员能力有限，所以，书中不足之处难免，还望学界同仁批评指正，不吝赐教。

总主编：杨剑宇

2012 年 12 月于上海

目录

绪　　论

一、适用对象与课程开设背景

（一）本课程及教材适用对象

《文书处理与档案管理》属于高校秘书学本科专业系列教材之一，适用于秘书学本科以及相关本科专业。

"文书处理"与"档案管理"本是两门独立课程，即"文书（管理）学"和"档案管理学"，为适应秘书学专业本科教学的需要，将二者主要内容整合成为一本专业基础课教材。

（二）本课程开设背景

在秘书学本科专业将原本独立的两门课程整合成一体，基于以下理由：

其一，文书处理与档案管理均为秘书工作的重要组成部分，是实现秘书职能的主要手段之一和其他秘书工作的重要辅助手段。

秘书机构处于机关及其他社会组织的枢纽位置，工作内容繁杂。其中的公文的拟制、办理、整理归档，会议文件的办理，档案整理和管理，分属于文书处理或档案管理范畴，这两项工作在秘书事务中前后衔接。如秘书调查研究工作，需要将调研结果以调研报告文字方式表达，属于公文拟制；调研过程中要查阅之前的文件资料，离不开档案检索利用；其他如公务信息、会务工作、参谋咨询、信访接待等秘书工作，都与文书处理和档案管理密不可分。所以，文书处理和档案管理是秘书人员的重要任务，了解其相关知识，掌握其工作技能是秘书人员必备的专业素质。

其二，文书与档案、文书工作与档案工作之间存在密切联系。将"文书学"与"档案管理学"整合成一体，符合文书处理与档案管理的客观规律，适应了文书工作与档案工作实现一体化管理的时代需要。

在我国历史上，文书与档案同出一源，文书处理与档案管理长期融为一体，直到唐宋时期才逐渐分离，成为各自独立的两项工作。其后历史中，二者分分合合，若即若离，分开来表明各自的成熟和发展，合起来显示彼此的密不可分。随着社会的发展，信息时代文书处理和档案管理实现现代化是必然趋势，包括实行文件档案一体化管理模式以达事半功倍、信息共享之效。具体说来，即现代机关及其他社会组织办公环境中的文书和档案，被要求改变过去分段管理的模式，尤其在数字化世界中，电子文件与电子档案没有明显界限，文书人员与档案人员的界限不再分明，需要重新规划整个工作流程，强调统筹兼顾、协同管理，以期发挥各自及总体的最大效能。可见文书工作与档案工作实现一体化管理是时代需要，也是当代秘书工作的需要，这种需要应该在现代秘书教育中得到体现。

二、研究对象与主要内容

（一）研究对象和范围

本教材所谓"文书"，主要是机关及其他社会组织工作中产生和使用的公文、文件；所谓"档案"，主要是由公文转化而来的文书档案，也涉及科技档案、专门档案以及特殊载体档案。"文书处理"与"档案管理"是依据一定的原则和规范，通过一系列科学有效的方法对文书和档案实施办理和管理的工作活动。

因为整合了文书学和档案管理学的内容，这两门课程及教材的研究对象也就成为本课程及教材的研究对象和逻辑起点。文书学的研究对象是文书和文书工作，档案管理学的研究对象是档案和档案工作，所以，本课程及教材的研究对象有四个：公文（亦称文书、文件）、文书工作（亦称文书处理）、档案、档案工作（亦称档案管理）。

公文与档案是社会组织管理信息中的核心信息，公文是"实施领导、履行职能、处理公务"的重要工具；[①]档案是处于特定运动阶段的公文（文件），是办理完毕、仍有价值并集中保存的文件，是"国家机构、社会组织或个人在社会活动中直接形成的有价值的各种形式的历史记录"。[②] 文书工作指对公文信息酝酿生成直至办理完毕予以有效管理的全部活动，包括公文的拟制、办理、管理以及整理归档等各项环节；档案管理是指用科学的原则和方法管理档案，并提供档案和档案信息为用户服务的活动，包括档案的收集、整理、鉴定、保管、检索、编研、利用服务与统计。这些都属于本课程的研究范围。

（二）本课程及教材的知识体系与创新点

文书处理和档案管理属于应用学科，具有很强的实践性、操作性，其知识体系包括基本理论、操作程序与技能要求。本教材上编文书处理分别介绍公文部分，包括公文的形成与发展、特点与功能，种类与文种；文书工作部分包括任务与基本原则、文书工作的组织与制度、文书处理流程等内容。下编档案管理分别介绍档案和档案管理概说、档案实体管理、档案资源开发、档案的利用服务与统计、专门档案与特殊载体档案管理入门、档案信息化等内容。

本教材在继承保留学科及教材原有基本体系与内容基础上，还突出了以下创新点：

上编文书处理：一是突出法制社会和信息社会对于秘书工作和文书工作的要求，增加了依法治国背景下机关及其他社会组织依法行文，规范类公文的办理，行文关系与行文规则的相应变化等内容。二是针对新时期文书处理工作向规范化、制度化和科学化方向发展趋势，准确把握 2012 年最新的《党政机关公文处理工作条例》的精神和要求，体现新时期文书工作理念、方式以及技术的发展。三是内容覆盖面不局限于党政机关公文，而是涉及各类机关及其他社会组织公文和文书工作，介绍了内外有别、专业有别、上下有别的公文分类处理要求及各类行文方式。

下编档案管理：一是深入浅出，注意把档案学研究的新成果转化为档案管理的新思路、新方法；二是规范严谨，关注档案法规、规章、标准的新规定；三是与时俱进，关注信息化对档案工

---

① 中共中央办公厅、国务院办公厅：《党政机关公文处理工作条例》（2012 年 7 月 1 日起施行）第三条。

② 中华人民共和国档案行业标准：《档案工作基本术语》（DA/T1—2000），2000 年发布。

作全面而深刻的影响;四是循序渐进,务实而系统,既可用作相关专业的教科书,也可视为文秘档案人员的工作手册。

三、开设本课程的意义及与相关课程的关系

(一) 开设本课程的意义

首先,研究探索公文、档案以及文书处理与档案管理的实践规律和发展趋势,科学组织机关及其他社会组织的文书处理和档案管理工作,实现其规范化、现代化,是秘书部门面临的一个共同问题,也是本课力求解决的问题。

其次,从理论的深度和广度上进一步丰富和发展现代文书处理与档案管理研究(重点是对现代办公环境中公文与文书工作、档案与档案工作的研究与探讨)。

(二) 与相关课程及教材的关系

在秘书学本科专业课程中,本课程及教材是在文书学和档案管理学基础上整合而来,与这两门课程之间的关系自然十分密切。此外,还与秘书学概论、秘书实务、秘书写作等课程有着关联。

1. 与文书学和档案管理学的关系。本课程及教材首先与文书学和档案管理学有着基本一致的研究对象,其次包含文书学除公文写作之外的所有内容和档案管理学的部分内容。长期以来,文书学和档案管理学课程及教材内容主要是为档案学专业设置,不完全适合秘书学专业的要求。本课程及教材将文书学和档案管理学中与秘书工作关系密切的部分充分吸收整合,主要针对机关及其他社会组织的文书处理和档案管理内容,对与秘书工作没有关系或关系不大的部分及内容进行删削或精简,突出秘书学专业的特点。

2. 与秘书学概论的关系。秘书学概论是研究和传播秘书、秘书工作的性质、规律、特点、组织、职能等秘书学知识的课程,属于秘书学学科体系中的基础理论学科。文书工作与档案工作属于秘书机构工作的重要内容,是实现和体现秘书职能的重要方面,所以秘书学概论必然涉及文书、档案工作,概论中有关秘书和秘书工作的基本原则和要求,也适用于文书处理与档案管理课程。但是概论对具体文书、档案、文书工作、档案工作没有展开阐述,可以说,本课程及教材内容是秘书学基本原则和要求在文书工作与机关档案工作中的具体体现。

3. 与秘书实务的关系。秘书实务是研究秘书工作各项具体事务的办理程序、方法、原则和技巧的实践性课程,重要的秘书事务都属于其研究范围,其中的公文拟制、办理和管理、档案整理、保管和利用属于文书处理与档案管理范畴。所以秘书实务和本课程之间是从属关系。秘书实务课程涉及范围极广,包括秘书重要事务所有内容,但带有"概论"性质,对每项具体工作多为基本程序和原则的简单概括介绍,未能详细介绍其具体操作要领与技能。机关文书处理和档案管理专业技能性内容,则需要本课程及教材来详尽讲解。

4. 与秘书写作的关系。秘书写作是研究机关及其他社会组织各种实用文书,尤其是公文的写作过程和技巧的一门实践性课程。秘书写作属于文书学的内容范围中文书处理的"公文拟制"环节。由于公文种类繁多,其写作逐渐从文书学中独立出来成为一门分支学科进行研究。秘书写作主要研究各种常见公文写作,包括文本起草、写作过程、格式规范和写作技巧。

本课程及教材上编文书处理部分主要阐述完成公文起草之外的拟制、收发文办理、管理程序中其他环节,不涉及有关公文写作的内容。

5. 与秘书史的关系。秘书史是研究秘书与秘书工作发展演变历史的课程。为保证教材内容体系的完整,又要避免课程之间的内容重复,本教材上编文书处理保留了相对简要的公文沿革部分,但局限于重点阐述与现代公文有明显渊源的部分,如重要历史时期的文书工作特点、影响至今存在的重要的文书工作制度和规范。由于文书档案同出一源,下编档案管理中则省略了与史相关的内容。

另外,本课与管理学、计算机科学、网络传播等学科或专门知识也有着一定的关系。

四、学习方法与要求

(一)学习方法

1. 案例分析　通过列举分析关于公文文种、行文规则和文件处理程序、机关及其他社会组织档案管理的实际案例,深刻理解公文与档案,认识文书处理与档案管理。

2. 纵横比较　通过对不同时代、不同地区和国家公文与文书处理、档案与档案管理理论和实践的比较研究,鉴别异同,取长补短,开拓视野,深化理解。

3. 模拟操作　根据不同条件,采用力所能及的办法,制造文书处理与档案管理的"仿真"环境,弥补学习者缺乏实际工作经验的缺陷。实战操作既可以培养实际动手能力,又能提高学习兴趣和参与教学活动的积极性。

(二)学习要求

1. 通过学习掌握文书处理和档案管理的基本理论,了解本学科理论前沿知识、不同的学术观点以及最新发展动态和研究成果;

2. 掌握机关及其他社会组织通用公文的特点与功能、种类与文种、行文方式;掌握现行机关和其他社会组织文书档案、科技档案、专门档案及其他特殊载体档案的类型、特点、管理要求等基本知识;

3. 掌握现代办公环境中组织、控制和开展文书处理与档案管理工作的基本理论、原则、法规制度、方法技能以及最新操作规范;

4. 具有处理公文及文件整理归档、各类档案管理的实际操作能力,成为秘书机构和其他部门具有复合型知识结构的高素质人才。

第一章　公文的形成与发展

"未谙治理,先识公文。"作为开篇之章,本章首先辨析了公文的不同称谓和使用,力求教材内容在相对一致的逻辑起点上展开;介绍了公文起源和发展演化的大致脉络,重点是各个重要历史时期文书工作的特点,影响至今的重要的文书工作制度和规范。学习本章,既要了解公文及其相关称谓的区分和界定,以规范现阶段实际工作中各种特定场合和情况下对公文称谓的使用;也要通过追溯公文的产生及历史沿革,领会和把握公文及文书工作的形成、发展与演变规律。

第一节　公 文 称 谓

一、公文诸种称谓的含义

(一) 实际应用中的公文诸种称谓

在我国,公文称谓的使用环境历来相对宽松,有着模糊处理公文含义及诸种称谓的习惯,使以下名目繁多的近义词得以并存共用。(见表 1-1)

表 1-1　实际应用中与公文相关的称谓

文　书	公　文	文　件
应用文	公务文书	公务文件
机关应用文	干部实用文	准公文
文件材料	红头文件	白头文件……

长期以来,业内使用者通过对诸种公文称谓多角度的灵活变通或补充解释,弥补了意义上的含混,也避免了工作中的若干不便。文书、公文和文件的含义在本章后文有专门辨析,这里仅对其余称谓作如下解释。

1. 应用文:含义模糊。1933 年,中国现代著名语文学家叶圣陶在他和夏丏尊合著的《文心》中,提出了文艺文与普通文的分类方法,几十年来为人们所接受。现在,人们仍是把文学创作的成果称为作品,而把其他写作的成果称为文章;将文章分为记叙文、议论文、说明文和应用文等四大类。应用文又因其用途和价值不同分为两类:一类是不能直接处理公私事务的,如个人的日记、教师的教案等,称之为一般应用文;另一类是可以直接处理公私事务的,如通知、信件等,称之为文书。[①] 可见严格地说,应用文与文书并非同一层次的概念,后者只是前者的一

---

① 陈天恩:《公文是什么文章》,《新闻与写作》2006 年第 2 期。

个重要组成部分。

2. 公务文书、公务文件：文书或文件中不包括私人文书或私人文件的部分，实际使用常以公文、文件为其简称，以文书为其泛称。

3. 机关应用文、文件材料：泛指机关及其他社会组织处理公务时形成使用的、具有一定惯用体式的各类文书，包括法定正式公文①、规范类公文、会议类公文、计划决策与信息反馈公文、事务文书及相关材料（如各种载体、各种形式、形成于公务活动各阶段的信息记录材料）。②其中的法定正式公文部分一般习惯称公文、文件。

4. 准公文："准"为比照，作某类事物看待之意。准公文指法定正式公文之外的那部分机关应用文，虽然仍包括在广义公文范畴之内，但"事属公务，体非公文"，在生效程序、法定效用、行文格式、使用阶段和场合上或异于法定正式公文。准公文作为比较书面化的称谓，目前主要局限在部分研究部门和人员中使用。

5. 红头文件、白头文件：是社会对于公文的约定俗成的称谓，即按照公文的版头颜色分别称谓，具体所指对外正式发文有规范格式，有红色版头的称红头文件，而没有版头的内部行文则称为白头文件。在正式场合一般不用这类称谓。

据有关资料，在世界各个国家和地区，对于公文称谓、含义和具体范围所指也存在差异。因为公文既是国家机关及其他社会组织实施管理的工具，也是公务活动的副产品，其称谓、概念和含义必然要打上不同国家和地区、不同时期公文活动的烙印。不同的语源取向、观察角度和限定范围，以及公文自身不断发展演变等因素，也必然会对公文称谓产生影响。所以公文称谓目前不能完全统一是可以理解的。

（二）海内外公文诸种称谓解释例示

以下是近年海内外有关规范和著述中对于文书、公文、文件等称谓的具有代表性的用法，包括工作定义、学术探讨和释义说明。忽略语言翻译上的差异，这些对于公文诸种称谓的用法和解释可以从不同角度给有关研究和实际工作以启示。

1.《电子公文归档管理暂行办法》（国家档案局令第6号）

该办法所称的"电子公文，是指各地区、各部门通过由国务院办公厅统一配置的电子公文传输系统处理后形成的具有规范格式的公文的电子数据。"

2.《电子文件归档与管理规范》（中华人民共和国国家标准GB/T 18894—2002）

"3.1 电子文件（electronic records）指在数字设备及环境中生成，以数码形式存储于磁带、磁盘、光盘等载体，依赖计算机等数字设备阅读、处理，并可在通信网络上传送的文件。"

3.《文献与信息——词表》（国际标准化组织第46届技术委员会制定，1983年）

所称文件（records）是"由某自然人、法人或公共组织在履行其法定义务或在处理任何一种事务中形成或收到并加以保存的任何形式或实体特征的文献（documents）"。③

---

① 参见本教材第三章第一节"一、按形成和作用领域分类"的解释："法定通用公文 本教材亦称为法定正式公文，即根据有关规定在各类机关单位形成、使用的正式公文。"
② 叶黔达：《应用写作》，成都：四川人民出版社，2002年，第10页。
③ 陈琼：《文件论》，见《文件论与档案管理》，北京：中国档案出版社，1993年，第12页。

4.《档案术语词典》(国际档案理事会主持编撰,1984 年)

所称文件是"由机关、团体、组织或个人,在履行其法定职责或处理事务中所形成并保存的记录下的信息(文献),其形式和载体不论"。①

5. 联合国教科文组织综合情报计划处委托国际档案理事会所作的《文件与档案规划》(Records and Archives Management Programme,简称 RAMP)

作为让世界 100 多个国家认可采用的工作定义,所称文件是"一个机构或组织在从事其工作中形成、收到并保存的全部被记录下来的信息,不论其物质形成或特点如何"。②

6.《美利坚合众国联邦文件管理法》第 2901 条(1976 年)

该法所称文件是"指美国政府各机关根据联邦法律或在开展公务活动中产生或接收的,或者由机关(或其合法的继承者)作为政府的组织、职能、方针、决议程序、工作或其他活动等的证据,或者其本身有情报价值而进行保存或适于保存的,包括各种形式和特点的簿册、证件、地图、照片、机读材料和其他文件材料"。

7. 苏联国家标准《文书工作与档案工作的术语和定义》(1983 年颁发,1985 年生效)

该标准所称文件是"为了在任何时间和空间传递,而由人们用创作方法加以固定的信息资料实体"。

8. 第一个文件管理国际标准 ISO15489(2001 年)所下的定义

文件:"机构或个人为履行法定义务或处理事务而形成、接收和妥善保存的具有证据价值和情报价值的信息。"

9. 我国著名文件学专家陈兆祦教授所下的定义

文件是"组织或个人在社会活动中,为了相互联系、记载事物、处理事务、表达意志、交流情况而制作的又构成该项活动组成部分的记录材料"。③

10.《党政机关公文处理工作条例》(中共中央办公厅　国务院办公厅发布,2012 年)

党政机关公文"是党政机关实施领导、履行职能、处理公务的具有特定效力和规范体式的文书"。④

11.《香港政府公文写作手册》(香港特区政府法定语文事务所,1997 年)总论

"政府公文,泛指政府机关日常使用的各类公务文书。公文和一般的文牍不同,格式较为规范化,但会配合实际需要而更改。

"常用政府公文都有一些共同点。第一,必须由政府机关的负责人发布。(机关首长或授权的代行人)第二,都有明确的受文对象。第三,每份公文都有特定用途……不少公文有法定效力,也是执行公务的指引。"

---

① 《档案术语词典》中译本,北京:中国档案出版社,1988 年,第 83 页。
② 《文件与档案规划》是由联合国教科文组织综合情报处主持和资助,委托国际档案理事会 1979 年起持续到 21 世纪的,在世界范围内连续地有计划地开展的档案业务专题调研和专项试点工作。
③ 陈兆祦:《文件》,载《档案学通讯》1991 年 4 期。
④ 中共中央办公厅、国务院办公厅:《党政机关公文处理工作条例》(中办发〔2012〕14 号)第三条。

12. 台湾《公文程式条例》①（1973年）第一条

"称公文者，谓处理公务之文书"。

13. 台湾《文书处理手册》②（2001年2月）第一、二条

"本手册所称文书，系指处理公务或与公务有关之全部文书。凡机关与机关或机关与人民往来之公文书，机关内部通行之文书，以及公文以外之文书而与公务有关者，均包括在内。……上述文书，系指一切记录之数据，不论其形式或性质如何，皆属之。"

14. 方子丹著《最新应用文》（台湾三民书局印行，1990年）

公文的定义，"应为处理公务的文书，易言之，凡是因处理公家事务而制定的文书，均谓之为公文，政府各级机关或公共法定团体，在公的事务上有必须为：意思之表示，情况之转达，事实之记录，而促其付诸实施时，无论下行上达，或平行联系而以书面为之者，此即为具体之公文也。至于人民有须向政府请示、告发、请援、诉愿，以及公私法人之财团法人及社团法人有须向政府投递之文书，亦为公文，但文书往来于收授两者之间，其收授的一方，必须为政府机关或为法定机构，或为公共法定团体，方得称为公文，假若收文者或发文者为机关内之私人，即不属公文范围，也就不能称之为公文了。再就机关内部人员为处理公务，所为之记录、签注、签拟、签呈、批示、条示、手谕……等，在性质上言之，应为公文之附页，在档案处理上应属要件，在定义上言之，只能谓之为公文中之有关文件，究与对外行文之具体文书有所分别也"。

比较以上材料，我们得到的启示是，当代公文形成和使用的客观环境很复杂，行文主体出现多元化倾向，文书、公文和文件称谓的使用不能仅局限于机关之间的公务范畴，而是适应着各种现实需要，包括不同国情、社会发展阶段、法律规范、使用场合和习惯等因素。公文各种称谓可以从广义或狭义的不同角度去理解，可以在统一的大原则下具体使用于官方或非官方的不同领域、机关外部或内部的不同范围、公务未决或完结的不同阶段等，由此适应公文形成和使用面临的更大的发展空间。

二、文书、公文、文件称谓辨析

通过去粗取精，当前并存共用的文书、公文和文件（以下简称公文相关称谓）是公文诸种称谓中是最常用和最需要辨析的。

（一）公文相关称谓并存共用的原因③

其一，保留了历史遗留的习惯称谓。从古至今，我国公文称谓形形色色，为数不少，经过历史存优汰劣大多数已不复存在。公文相关称谓中，"文书"早在西汉时期已经见于文献记载，④

① 台湾《公文程式条例》，1972年1月25日公布，1973年11月3日修正公布。
② 台湾《文书处理手册》，1985年8月16日颁布，2000年8月16日修正公布，2001年2月13日修正发布。
③ 杨戎：《公文诸种称谓并存使用的现象及其原因试析》，载《档案学论丛》第七集，成都：四川大学出版社，1993年。
④ 《汉书·刑法志》："文书盈于几阁，典者不能遍睹"。《二十五史·前汉书·卷二十三》，上海：上海古籍出版社，1986年，第110页。

"公文"到三国时期也被广泛认同，①，"文件"晚到清代末年方始在汉语中使用，②，虽起点不同，它们却跨时代地"合理存在"下来，在历史的惯性作用下一直沿用至今。

其二，适应了不同场合的习惯称谓。公文的使用源远流长，在各个领域、不同场合，形成了不同的理解和习惯称谓。如习惯称"文书部门"、"公文旅行"，不称"公文部门"、"文件旅行"；习惯称单份为文件如"一份国务院文件"，不称"国务院公文"，而将文书、公文更多地用作集合名词使用，如"文书学"、"文书人员"、"文书处理"；习惯称具有正式格式的收发文件为"公文"、"文件"，而不具备正式格式的则称为"文书"、"文件材料"等。透过表面看实质，公文相关称谓在"大同"下存有"小异"，作为不同场合或某种行文现象的专门称谓。

其三，因时代发展使公文相关称谓原本一致的含义产生了差异。具体体现在：一、我国历代公文都以传统的纸质书面文字材料为主，公文相关称谓一直是其同义称谓。随着科学技术的进步和社会的发展，公文载体和形式发生了大变化，各种新型载体文件如图示文件、照片文件、音像文件、电子文件应运而生，公文相关称谓的适用范围更为广泛。二、据资料表明，各国对"文件"的解释与国际档案理事会编辑出版的《档案术语词典》的文件定义趋于一致。随着国家的改革开放，国际合作领域不断拓宽，我国在对外交往中接受并习惯于使用具有国际化意义的"文件"概念和称谓势在必然。这一"文件"称谓代表的新型文件，无论在使用范围、载体形式和制作处理方式、手段、技术上，均突破了我国传统"文件"称谓的狭隘所指，既反映当代文书工作的现实，也满足了我国对外开放对文书工作的新需求。三、近年来不少当代中外文件管理实践中的成功经验和研究成果被国内有关研究领域和实际部门认同和吸取，传统的"文件"名词被赋予具有现代意义的内涵，如认为文件是一种信息记录材料（包括一切记录形式的物体）；认为文件的普遍使用是现代社会的特征；认为文件从其产生到消失有一个"文件生命周期"，文件与档案不过是此周期中不同阶段的不同称谓等等。③ 这些让人耳目一新的学术见解表明，在我国，"文书"和"公文"称谓主要习惯用于传统书面文字材料，与赋予新含义的"文件"称谓的使用层面和领域已呈逐渐分开趋势。

综上，在广义上，公文相关称谓仍是同义称谓，以区别于私人文书称谓；但在特定场合和情况下，文书、公文和文件称谓却并存共用，难以相互替代，不能实现完全"统一"。

（二）公文相关称谓的理解与规范使用

尽管目前不能统一公文相关称谓，但是考虑到两个因素：一是对于一门学科和一项专门工作，其基本术语的含义要求规范准确是必需的，即在一定时期内基本术语所指概念及其称谓体系需要相对稳定，有大体统一的理解和使用；二是我国业内模糊处理公文含义及称谓的习惯，与当前依法行文和办公自动化（Office Automation，简称 OA）背景下对于相关名词术语的规范要求相悖，有必要在实践中实现公文相关称谓的区分和相对规范使用。因此，在具体使用中，开始对公文相关称谓分别从广义与狭义、总体与局部的角度进行区分和界定，以利现阶

---

① 《后汉书·刘陶传》："但更相告语，莫肯公文。"《二十五史·后汉书·卷八十七》，上海：上海古籍出版社，1986 年。

《三国志·魏赵俨传》："公文下郡，绵绢悉已还民。"北京：中华书局，1959 年，第 668 页。

② 宣统三年（1911 年）五月清廷颁布《内阁属官官制》15 项，其中第七项为承宣厅其职责之一是掌管"本阁公牍文件"。

③ 参见本教材下编档案管理第七章第一节一、档案是处于特定运动阶段的文件。

段的规范使用。

1. 公文相关称谓之间的统属关系

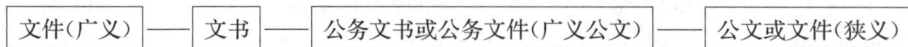

| 文件(广义) | —— | 文书 | —— | 公务文书或公务文件(广义公文) | —— | 公文或文件(狭义) |

文书是文件(广义)的一个种类。

公务文书或公务文件(广义公文)是文书的一个种类。

公文或文件(狭义)是公务文书或公务文件(广义公文)的一个种类。

公文或文件(狭义)一定是公务文书,而公务文书或公务文件不都是公文(狭义);公务文书或公务文件一定是文书,而文书不只是公务文书或公务文件。

2. 公文相关称谓的规范使用①

文件(广义)——即社会组织或个人为处理事务而制作的记录有信息的材料,是人类记录、固定、传递和储存信息的一种工具。② 文件(广义)的具体含义及其使用与当前国际社会对于"文件"概念的理解和使用基本一致。即从制成材料和方式看,既包括书面文字记录材料,也包括以摄影、录音、计算机制作、绘制等记录方式形成的各种形式的信息记录材料,如照片文件、录音文件、电子文件以及各种图示文件;从载体看,既包括传统的纸质文件,也包括各种现代新型载体文件;从制发主体、格式和内容看,既包括机关及其他社会组织制发的具有标准格式的法定正式公文,也包括具有专门格式的专用公文、约定俗成惯用格式的其他公文,以及个人、家庭、家族形成、持有或使用的私人文件;从时间跨度看,既包括现行文件,也包括历史文件;从使用习惯看,既可用于指集合名词,也可用于指单份文件。

文书——即社会组织和个人为处理公私事务所形成使用的、具有直接使用价值和文章体式的文字材料。③ 在我国一般习惯专指书面文字材料。广义的"文书"包括公务文书和私人文书。狭义"文书"在社会组织内用于公务文书的泛称。另外,"文书"也是一种职务称谓,如连队文书、乡镇文书。

公务文书或公务文件(广义公文)——即机关及其他社会组织在公务活动中为行使职权、实施管理而形成和使用的,具有各种形式的、特定实用价值的和一定惯用体式的文书。"一定惯用体式"分为有关领导机关规定的或形成单位自己约定俗成的。当需要在文书中特指公务文书或私人文书时,公务文书或公务文件(广义公文)即为文书(广义)或文件(广义)的下位概念。

公文(狭义)——即狭义文件,是党政机关、团体、企事业单位在管理过程中形成的,按照规定程序办理并在法定范围内使用的、具有法定或特定效力和规范体式的公务文书。所谓狭义,是指针对具体某一部分或某一份文件的行文,如针对具有法定效用或特定效用、具有标准格式或约定俗成的格式、是否正式收发文件、制发主体性质等,直接称之为法定正式文件、通用文件、专用文件、收发文件、内部文件、党的文件、行政文件、规范性文件等,亦可直接称之为法定

---

① 杨戎:《对现阶段规范使用文书、公文、文件称谓的思考》,载《档案学通讯》1993 年 2 期。

② 陈兆祦:《文件》,载《档案学通讯》1991 年 4 期。

③ 叶黔达:《应用写作》,成都:四川人民出版社,2002 年,第 1 页。

正式公文、通用公文、专用公文、收发公文、内部公文、党的公文、行政公文、规范类公文等。目前，这些狭义称谓在机关及其他社会组织的工作中已被普遍认可和使用，比起笼统地称文件、公文或文书，狭义称谓既准确直观又不失其规范，使用范围还可以根据实际工作的需要延伸扩大。本教材即主要采用此类狭义称谓的"公文"或"文件"；为照顾实际工作的习惯用法，本教材涉及会议公文时一律称为"会议文件"，在涉及归档以及档案工作相关内容时，一律称为"文件（广义）"。

第二节　公 文 沿 革

古往今来，中国历史上公文及文书处理工作绵延不断，有源可溯，有迹可循。荡涤了尘埃，拂洗掉污垢，其中的精华至今仍熠熠生辉，使后人从中获得启示。

一、公文的产生

公文是人类社会实践活动的产物。据史书记载和考古发掘证实，在我国上古时期公文出现之前，先人们依靠原始的结绳记事和刻契绘画彼此交流。斯大林在《马克思主义与语言学问题》中指出，"生产往前发展，出现了阶级，出现了文字，出现了国家的萌芽，国家进行管理工作需要比较有条理的文书……"[1]我国早期公文学者徐望之在《公牍通论》中写道，"人类有政治之组织，即有法令；有文字之法令，即有公牍"；[2]中外口径大致一致的论述，科学地阐明了公文产生的社会背景和条件，即文字的出现使公文的产生成为可能，而社会组织的出现（包括阶级、国家）则使这种可能成为现实。如《周易·系辞》所记载，"上古结绳而治，后世圣人易之以书契，百官以治，万民以察"，[3]有了公文，人们的交流信息可以留于异时，传于异地，可见公文是人类社会发展到了比较高级阶段的文化产物和治世工具。尽管各个时期的公文在内容和形式上存在区别，但是作为公务活动必不可少的工具，它还将伴随着人类社会的发展而持续发展，发挥其重要作用。

二、历代公文沿革[4]

1. 先秦时期——公书与文书工作初创期

在我国奴隶社会夏商周时期，出现最早的公文，商代末年出现了我国历史上第一个专门的国家文书工作机构太史寮，公文有了分类，形成了初步的文书工作制度及代表作。

我国最早公文。19世纪发现于河南安阳殷墟的甲骨文书，是镌刻在甲骨上的三千多年前商代后期王室占卜活动的记录文字。其内容涉及政治（世系、王事、征伐）、经济（年成、田猎）、文化（祭祀、天时、旬夕）等方面的卜辞或记事刻辞；结构完整，由前辞、命辞、占辞与验辞构成，

① 《斯大林选集》（下），北京：人民出版社，1979年，第518页。
② 徐望之：《公牍通论》，北京：中国档案出版社，1988年，第1页。
③ 《十三经注疏》（上），北京：中华书局，1990年，第87页。
④ 参考《我国历代公文沿革概述》www.yw66.net/yuwen/whbk/wxcs/yuwen_31341.html - 28k；王健：《文书学》，北京：中国人民大学出版社，2007年，第12—19页。裴燕生等：《历史文书》，北京：中国人民大学出版社，2003年。

开始形成较为固定的格式、周密的制作过程及严格的签名制度,被认定为我国最早的公文。

初步的文书工作制度。

（1）创立了公文签名制度。商代甲骨文书上刻有占卜人（贞人）名字、镌刻者的名字（入者、示者），签名不仅意味着权限，还意味着对公文负责。这是我国公文签名制度的发端。

（2）创立了公文正副本制度。西周时规定，凡重要公文除正本外，须抄录数份作为副本，分别保存在"太史、内史、司会及六官"处，①以备查对。其中一份或数份交天府（我国最早的中央档案机构）保管。

（3）初步形成拟文制度。当时诸侯国对于公文拟制工作非常重视。《论语·宪问》篇记录了郑国子产在执政的20多年中，逐步确立了拟制公文完整的程序："为命，裨谌草创之，世叔讨论之，行人子羽修饰之，东里子产润色之。"②体现撰写公文包括起草、讨论、修改、润色四个环节，各个环节都有专人负责。

（4）出现用印制度。即印章、封泥制度。印章在西周时出现，当时仅作为个人凭证，春秋战国时才用于公文的封印。当时的印章称为"玺"，是官员权力和身份的象征。任职时授予，免职时收回。所谓封泥，就是在所要发的简册封页的结绳处糊上一块黏泥，泥上加盖印章，作为公文生效标志，防止伪造公文。

与公文有关的文献。春秋战国时期长期汇集而成的《尚书》，汇编了尧、舜、禹到夏、商、周时代的典、谟、训、诰、誓、命，是记载政绩、告贺、教戒、进谏、受命、誓众、命令等方面口头或书面的文献，是我国最早的公务文书和政论的汇编。

2. 秦汉时期——公文与文书工作的确立期

秦汉时期建立大一统中央集权专制社会，全国从中央到地方的文书工作机构随之产生，文书人员的设置已成体系，文书工作制度和公文种类也进一步建立和健全，为以后历代王朝所仿照和沿袭。故这一时期成为我国古代公文与文书工作的确立期。

公文种类。已有大致固定的下行文和上行文的区分。秦并六国后，下行文改命为制，改令为诏，上行文改书为奏、议。汉代继承和发展了秦代的公文体制又有新的发展，根据《文心雕龙》③的记载，当时皇帝使用的下行文为"汉初定仪则，则命有四品：一曰策书，二曰制书，三曰诏书，四曰戒敕。戒敕州部，诏告百官，制施赦命、策命王侯"；大臣给皇帝上书用的上行文有章、表、奏、议，"章以谢恩，奏以按劾，表以陈情，议以执议"；还规定了密奏用封事，以及其他上行、平行、下行的各种文体如疏、状、白、事、露布、移、檄、教、牒等等。

文书工作制度。为维护皇帝的绝对权威，有了严格的公文体式，对固定格式、严格程序、专用语等都有相应规定。重要制度包括：

（1）抬头和避讳制度。抬头制度，即为突出秦始皇的独尊地位，在行文过程中，凡遇到皇帝字样，就要换行或顶格，叫抬头或抬写。到汉代更发展到凡遇"皇帝"、"制"、"诏"等涉及皇帝的字都要抬写。避讳制度，即为尊者讳、为贤者讳，规定文书不得涉及皇帝的名字，甚至连读音

---

① 《周礼·秋官·司寇》。

② 《论语》宪问篇第十四。

③ 刘勰：《文心雕龙》，古代文学理论著作。成书于南朝齐和帝中兴元、二年（501—502）间。

相同和相近的字也不准用,须换用其他字。

(2) 用印制度。秦朝统一中国后,对文书用印进行了统一和调整。规定皇帝的印章称"玺",皇帝有六玺(皇帝行玺、皇帝之玺、皇帝信玺、天子行玺、天子之玺、天子信玺),不同公文加盖不同印玺。百官之印统称为印,根据官职大小分别授予不同质地的印,系不同色彩绶带。官府公文均须加盖印章,以证明公文的真实性和有效性。凡未加盖印玺或加盖假印玺称为"伪书",凡丢失、私制或盗用官印者要依法论处。

(3) 公文传递制度。传递制度始于春秋战国时期,至秦始皇时期,为迅速有效传递公文到辽阔疆土各个角落,首先实行书同文、车同轨的政策,以咸阳为中心,开辟四通八达的交通网;在交通线上,五里设邮,十里设亭,三十里设驿,各县衙所在地设"传舍"(舍馆),为传递者提供食宿,保证了公文传递速度。汉代还规定以封囊的颜色来区别公文缓急程度,如平件用青色,急件用赤白二色,密件用黑色。

(4) 公文的校勘制度。秦朝公文草拟以后规定必须校勘,知道准确无误才可发出。尤其对上行文书校勘十分严格,一词不当或错误,都可能受到严厉处分甚至被免职。此制度保证了公文的准确性和权威性,成为历代文书工作基本制度之一保留至今。

公文书写材料。汉代以前,我国公文书写材料一般为甲骨、金石、缣帛、竹木等,其中竹木的使用延续数朝。西汉初年出现麻纸、絮纸,东汉蔡伦改进造纸术,廉价易得的纸张逐步代替简牍成为文书载体材料。

3. 魏晋南北朝时期——公文与文书工作的发展期

魏晋南北朝时期我国长期处于分裂割据之中,社会的动荡不安使得各朝的文书机构及文书名称不尽统一。中央文书机构初步形成中书、门下、尚书三省。这一时期主要特点是公文文体的演变和文书理论的成熟;纸张成为公文唯一的书写工具,催生一系列新的文书工作制度。

公文文体的演变。随着公文写作实践的丰富和发展,这一时期出现了明显的"文"、"笔"之分。所谓"文",即文艺类文章,要求有声韵文采之美,如散文、诗赋等,以欣赏为主;所谓"笔",即应用类文章(包括公文),要求叙事清楚、语言简洁,如章表、奏议等,以实用为主。先秦至两汉,公文多以散文体为主。而发端于两汉的骈体,经魏晋,至南北朝时兴盛,成为公文写作的主流。骈体文讲究对偶、辞采、句式的整齐和音律的和谐,追求文章的形式美,具有进步意义,尤其是对于文学作品。但不顾内容过分追求形式,导致了公文注重形式的浮华文风。

公文写作理论有突破。总结文笔划分,在理论上对此进行概括阐述的,首先是曹魏时期曹丕的《典论·论文》,其中首次明确提出公文写作的重大社会价值,"盖文章,经国之大业,不朽之盛事"。同时还首次对各种文体进行了概括分类,指出了文章的共同本质及其各自的基本特征。所谓:"夫文本同而末异,盖奏议宜雅,书论宜理,铭诔尚实,诗赋欲丽。"其中,奏、议、书、论为公文,铭、诔为私人文书,诗赋为文学作品。这是中国历史上最早的文章理论总结。南北朝时期刘勰的《文心雕龙》被称是我国历史上第一部系统研究公文起源、发展、文种变迁及写作要求和规律的学术著作。它系统探究和汇总了上古、战国及秦以后公文的演变,对各类文种的写作要求与规律进行了概括,提出了精辟见解,如指出公文是"艺文之末品,政事之先务",说明好文人轻视公牍,而又不得不在重要政务上小心应用公牍的矛盾,此况历代存在。刘勰对于私人文书种类的研究之系统也是前所未有的。其研究成果对于今天的公文写作至今仍不乏借鉴作用。

公文书写材料的变化。我国在西汉末已能造纸,但不普遍。及东晋末桓玄下令"古者无纸故用简,今诸用简者,宜以黄纸代之",[①]当时的纸分为黄纸白纸,帝命和大臣上奏的公文多用黄纸(一种加染的纸张,可防虫蛀),其他一般文书多用白纸。纸张从此成为公文唯一书写材料。这一变革,引发文书工作的里程碑式的一系列变化。一是引发了书写工具的改进。毛笔成为主要书写工具,字体由隶书而形成楷书,进而产生草书,公文书写速度和质量都大幅度提高。二是直接催生了一系列新的文书工作制度,大大提高了文书工作效率。

文书工作制度的演变。(1)卷轴制度。始于缣帛而非纸张,但是在纸张应用后得以普及。即将写在若干纸张上的一篇公文粘连起来成为一幅,在一端粘附上一根细木棍作为轴,可将公文自左至右卷在轴上成为一束,便于阅读、携带和收藏。(2)用印制度。使用纸张后,公文封泥盖印改为朱色水印,印迹清晰、经久耐用、卷面美观,使用方便。(3)骑缝、押缝制度。骑缝是指在两张粘连的公文纸的连接处加盖印章;押缝是指在两张公文纸的粘连处或公文末尾署名,又称押字、押尾,它们来源于书法的题名(在首尾纸缝间),为公文起到防伪作用。(4)连署制度。也称联署制度,即几位官员同时在公文上联合签署姓名,以表示对该公文内容共同负责。对于公文规格和写作程式的要求也趋于严格。

4. 唐宋时期——公文与文书工作成熟期

这一时期随着中央集权的进一步加强,社会经济、文化空前繁荣,进入我国封建社会的顶峰,我国古代公文和文书工作也进入成熟期。在此时期,文书工作和档案工作全面分离,文书工作分工日益细密,文书制度进一步完善,文风得到有力整顿,出现了一大批优秀的公文写作大家和公文作品。宋代活字印刷术的发明,大大改进了公文制作手段。

文书工作和档案工作全面分离。在唐以前各朝,文书工作和档案工作一直混为一体,工作机构和人员分工也没有区别,如秦代的尚书和汉代的兰台令史,都是既兼制诏之职,又负责保管重要档案。唐代始创专门的档案库——甲库,分别存入人事档案,长官为甲库令史,只负责抄录和收藏档案,属于单纯的档案人员。表明唐代的文书工作和档案工作已经划分开来,标志着我国文书、档案工作的成熟。到了北宋崇宁年间,尚书省首先设立了专门化的档案房——架阁库,之后从中央到地方架阁库普遍设立,表明宋代文书、档案工作在唐代基础上已经全面分离。

公文种类。品目繁多,体制纷繁。《唐律》规定,仅行下之"王言",即有七种,其中"敕"占四类(发敕、敕旨、敕书、敕牒)。按《唐六典》规定,唐代的正式公文有十五种。行下文书有六种:制、敕、册、令、教、符;行上文书也有六种:表、状、笺、启、牒、辞;诸司自相质问,行文有三种:关、移、刺。宋代公文名目繁多,不下三四十种,多为沿袭前代。在使用场合和范围上有所变化。

公文文风整顿。盛行于六朝时期的骈体文至隋朝时愈演愈烈,专重文辞和骈俪的形式主

---

① 《太平御览》卷 605。

义文风流行。唐初政治家兼文学家的陈子昂提倡有"风骨"、有"兴寄"的好文章,且在写作上作出表率。但骈俪之风在初、盛唐时期仍然盛行。以韩愈、柳宗元为首的"古文运动"①把正文风的改革推向了高潮。韩愈的"唯陈言之务去"、"文从字顺各识职"等主张,极具针对性,他的《论佛骨表》等公文完全用散体写作,明白如话,为其后的公文写作树立了榜样。宋朝一批散文大师如欧阳修、王安石、苏东坡等继唐代的古文运动,反对六朝骈俪文风,在长于说理的特色中并不泛泛空谈,而是"论事说理,情理兼备",对公牍文风有一定积极影响,逐步形成朴实明快的风格。这个时期出现了中国文化史上著名的"唐宋散文八大家",出于八大家之手的公文名篇不胜枚举。

公文制度。利用刑律确立,更趋严密。如在《唐六典》、《唐律疏义》等典籍中,针对公文拟制中的犯避讳制者、写错字者、委托他人代制公文者、内容失实者、违期者,在公文处理、传送方面,伪造、盗窃、毁弃公文方面,公文保密方面,均规定有严格刑罚和处罚条例。此外还形成一套相当系统和完备的文书工作制度。

(1)一文一事制度。唐代提出,宋代巩固为制度。南宋规定:群臣"奏陈公事皆直述事状,若名件不同,应分送所属,而非一宗事者,不得同为一状"。② 此制度有效地防止了行文关系混乱,加速了公文运转速度,是沿用至今的有效行文规则之一。

(2)贴黄制度。也称帖黄制度、押黄制度。宋代的贴黄制度沿用唐代,但涵义有所不同。唐代贴黄是一种首创的公文纠错更改制度,即公文的制敕文书如有需要改动之处,就用黄纸贴在错处,然后改写。宋代的贴黄制度有所变化,已逐渐发展成为对奏章内容的补充说明,以黄纸附言,贴于正文之后,称为"贴黄"。

(3)签押判署制度。即公文制作完毕后,由制作人和主管官员签字画押,称为签押;然后交监印官,监印官审核无误后加盖印章,称为判署或判押。之后还要注册登记。此制度进一步保证了公文的准确性、有效性和严肃性。

(4)引黄制度。即宋代把章、奏、表等文书的内容要点,日、月、内容概要书写于公文的封面或文首,称为引黄,有摘引之意,是公文摘要制度的开始。使公文的收受、批阅者对公文内容一目了然,提高处理效率。

(5)公文封装和保密制度。唐代规定公文封装必须装入一定规格的封套,分通封和实封两种。一般机要公文用实封,其余公文用通封,不能混用。宋代创造了实封制度,即官员奏呈的札子和表状,如事关机密、灾异、狱案、军事等,皆须将札子、表状的封皮折角重封,两端盖印,无印者书官员名,封面不准贴黄。在外奏者,只贴"事机密"或"急速"字样。如违反此制度,主管官员要受罚。

(6)上下行文区别甚严。唐代规定:"诸事应奏而不奏,不应奏而奏者,杖八十。应言上而

① 唐宋古文运动是指唐代中叶及北宋时期以提倡古文、反对骈文为特点的文体改革运动。因同时涉及文学的思想内容,所以兼有思想运动和社会运动的性质。"古文"这一概念由韩愈最先提出。他把六朝以来讲求声律及辞藻、排偶的骈文视为俗下文字,认为自己的散文继承了两汉文章的传统,所以称"古文"。韩愈提倡古文,目的在于恢复古代的儒学道统,将改革文风与复兴儒学变为相辅相成的运动。在提倡古文时,进一步强调要以文明道。除唐代的韩愈、柳宗元外,宋代的欧阳修、王安石、曾巩、苏洵、苏轼、苏辙等人也是其中的代表性人物。

② 《庆元条法事类·卷十六·文书门》。

不言上,虽奏上,不待报而行,亦同。不应言上而言上及不由所管而越言上,应行下而不行下及不应行下而行下者,各杖六十。"[①]

5. 元明清时期——公文与文书工作完备期

元代文书制度在继承基础上有不少创新。明代废除了在中国古代沿袭1600多年的丞相制度,使得皇帝直接指挥国事的秘书机构及秘书人员得到极大发展。明代的内阁和清代的军机处规模之大,效率之高,人员之精前所未有,所以其公文与文书工作制度也发展到了完备阶段。[②] 这一时期公文分类愈详,种类繁多。在应用文研究方面渐趋深入。明代的整套文书工作制度集我国古代文书工作制度之大成,对清代以至近、现代文书工作均有直接影响。

公文种类和体制。明代公文种类大大扩展,分为5大类32种,同一大类的文种功能分支越来越多,划分更细。仅上行文就有题、奏、启、表、笺、讲章、书状、文册、揭贴、制对、露布、译等,下行文、平行文类别也很多。还出现了专门文书,如"赋役黄册"与"鱼鳞图册"等,用以记载土地丁口;"军册"是控制束缚军户与军士的特殊户籍文书;图册形式的公文是公文的简化形式。清代公文基本上是延续明制,除臣僚给皇帝的"奏"、"表"外,官府之间公文来往日多,种类繁杂,如移、答、资呈、呈文、申文、照会、牒……等外,尚有谕(上谕,按下达途径分为明发、明寄、廷寄、传谕等类)、堂谕、札、牌、详、揭、禀、折、谕帖等。随着商业经济的发展与资本主义列强的侵略,清代专门文书中出现了银钱赋役文书如会计册、丈量册等,外交文书中出现照会、申陈、国书、护照等。晚清光绪二十四年规定,官方电报也具有公文性质。[③]

文书工作制度。

(1) 首创照刷、磨勘制度。是一种监督检查文书处理过程的方法,元代首创,对后代影响很大。元代监察官检查官府公文文卷称为"照刷",主要看公文是否有稽迟、失误、遗漏、规避、埋没、违枉等。"磨勘"是在照刷之后,再做一次检查,看其中的错误是否已经更正。这一制度为防止和纠正文书处理中的各种错误、疏忽,防止各级官员在处理公文中的渎职现象起了积极的作用。

(2) 完善公文传递制度。驿传制度起于先秦,贯穿了整个封建社会。元代的驿传制度最为发达,"驿站"一词即始于元代。除以马匹递送为主体的驿站网外,还有一套以步递为主体的急递铺网,专门传送官方文书。紧急重要公文分为"最速"、"次速"、"平常"三个等级,分别要求日行450里、350里和300里。该制度有效地提高了公文传递速度,使中央与地方信息渠道畅通,为统治者加强统治起到重要保障作用。

(3) 条旨(票拟)制度。是一种处理章奏的办法。从明宣德皇帝始到弘治时期完全确立。凡内外衙门的上奏公文由皇帝命内阁大学士先以皇帝名义在小纸票上拟出初步的处理意见,当时称为"条旨",类似于现代文书处理中的"拟办"。利于皇帝在公文处理中听取臣僚的意见,值得肯定。

(4) 屡禁繁文及贴黄制度。明朝公文浮文繁芜。明朝开国皇帝朱元璋对于明初繁文冗篇

① 《唐律疏议》卷一〇《职制》。
② 裴燕生等:《历史文书》,北京:中国人民大学出版社,2003年,第60页。
③ 付军徽、白延庆:《公文处理与写作》,北京:中国金融出版社,2003年,第5页。

之弊非常不满,说过:"虚辞失实,浮文乱真,朕甚厌之,自今有以繁文出入人罪者,罪之。"①他大力整顿文风,提倡直叙事由、简洁朴实的文风,颁布了唐宋名儒的优秀公文作为范例格式,并制定了一系列针对繁文的处罚措施。明代嘉靖、隆庆时也曾先后颁诏"令诸司奏章不许烦词","违者部院及科臣劾治之"。尽管一再申禁,实际未见收效。自明成化后,八股文盛行,至于以骈文作判牍,追求词藻格律,以公文为游戏文章,公文文风受到影响。对清代也很有影响。明末朝皇帝崇祯即位后命内阁制定统一的贴黄格式,把进呈的章奏主要内容用100字以下概括出来,贴附于文尾,称为贴黄。与唐之贴黄名同实异,明代贴黄为公文的简介之制,实为宋代之引黄制度的进一步完善。此制度有助于公文处理效率的提高。

(5) 公文格式制度。明代公文不仅在公文的拟办、核查、处理程序方面有严格规定,在书写字体、甚至在公文格式、抄写符号及用纸方面也首次有了明文规定。明代所有正式公文均有固定书写规范,且其中官府行移文书还以法令条例形式予以颁布,洪武十五年(1382年)颁布《行移署衔体式》和《行移往来事例》,官府所有公文往来必须遵守,也是前代文书工作的总结。

研究专著相继推出。明代吴纳的《文章辨体》,徐师曾的《文体明辨》,清代姚鼐的《古文辞类纂》,刘熙载的《艺概·文概》等,都是影响广泛的文章学专著,其中对公文的各种体式有独到论述。

第三节　公文的发展

一、近现代公文的发展

(一) 辛亥革命至中华民国时期的公文与文书工作变革

辛亥革命结束了两千多年的封建君主专制。从中华民国成立到其被中华人民共和国取代的几十年间,公文与文书工作发生重大变革。

1. 南京临时政府发布《公文程式条例》

辛亥革命以后,为适应政权建设之需,南京临时政府于1912年元月颁发了《公文程式条例》。废除了封建王朝的公文种类和程式,规定了新的公文文种,分为令、咨、呈、示、状五种,明确其新的适用范围,划一了公文程式。《公文程式条例》在我国公文发展史上具有反封建的进步意义,还强化了文书工作与行政管理的联系。

2. 国民党政府的文书工作改革

在北洋军阀政府和国民党政府统治时期,为提高行政效率,历届政权曾先后多次对文书工作进行改革,国民党政府进行了三次规模较大的文书工作改革,先后七次修订公文程式。②

(1) 1927年至1933年的文书工作改革。当时的国民党政府先后颁布了三个公文程式,明确规定政府机关使用的公文文种,确定了机关之间的行文关系;对公文形式作了统一规定。1928年颁布的《暂行公文革新办法》规定"公文往来,有如晤对,无论上行、平行、下行,均以真挚明显为要。凡艰涩语句,孤僻典故,及虚伪誉词,应一律免用"。即公文必须浅近明白,取消

---

① 《明实录》,卷一四九。
② 杨树森:《南京国民党政府(1927—1949)的秘书工作》,载《秘书之友》2007年第6期。

公文中的习用套语,提倡公文使用白话文;行文要用新式标点符号,分段书写以便提高阅文效率。1929 年颁布的《划一公文用纸办法》对公文用纸的尺寸、颜色、质料以及装订要求等做了统一规定。1928 年颁布的《修正内政部办事细则》对公文处理程序作了统一规定。这次改革形成了国民党政府文书工作的基本模式。

(2) 1933 年至 1935 年的公文改革。这期间国民党政府发起了一场"行政效率改革"运动,推行"文书档案连锁法",规定各机关由总收发室将全部收文、发文统一分类、编号、登记,然后送往主办单位办理,办理完毕的公文由机关档案室立卷归档,对于统一文书档案处理程序起到一定的积极作用。由于阻力较大,改革为时不长,一些行之有效的做法未能在较大范围推广。

(3) 1938 年至 1945 年的文书工作改革。为维护自身的统治,进一步提高行政效率,这一时期对文书工作和制度进行了多项改革。包括拟定和实施以文书工作为主要环节的《行政三联制大纲》等,文书工作实行分层负责制,加强了统一管理和集中指导。

综上,国民党政府这一时期对文书工作的多次改革,在简化公文结构、规范公文用语、限制公文篇幅、统一公文办理程序等方面有积极的尝试,取得显著效果,其中对于带有封建等级色彩的公文格式、称谓以及抬头避讳制度坚决革除,革新公文撰制制度,包括规定新式的公文纪年方式、使用新式标点符号、划一公文用纸和格式、提倡使用语体文而摒弃封建公文套语、制定并多次改革公文程式,加强公文催办、保密、协商办理制度,实施公报制度等均为值得肯定的做法。这些改革对于促进我国文书工作的近代化进程有前所未有的积极意义。但是历史的局限性使得这些改革措施的有效推行受到限制。

3. 民主革命时期中国共产党领导的政权机关的文书工作

1931 年 2 月,周恩来邀请瞿秋白拟写了中国共产党历史上最早的关于文书、档案工作的规范性文件——中央秘书处《文件处置办法》,并从组织上、制度上加强文书工作建设,对于公文的种类、形式、传递、处置和保密等都有严格规定。

抗日战争时期,为了适应抗日民族统一战线形势的需要,在中国共产党内和根据地政权内,对旧公文进行了改革与创新,一扫其在内容和体式上存在的流弊,突出鲜明的革命特色。1938 年 4 月,晋察冀边区行政委员会发布《改革公文程式的理论与实际》的指示信,重点改革有关公文名称的使用与格式。1940 年 7 月,又发布了《公文程式再加改革令》,对公文程式进一步做出新规定。1942 年 1 月,党中央所在地陕甘宁边区政府颁发了《陕甘宁边区新公文程式》。新公文规定为两类:一类为主要的公文,一类为辅助的公文。主要的公文为五种:命令、布告、批答、公函、呈文。辅助的公文为五种:指示信、报告、快邮代电、签条、通知。

解放战争后期,陕甘宁边区政府又颁布了《陕甘宁边区政府公文处理制度》,对文书处理工作做出了更加明确的规定。东北行政委员会办公厅发布了《简明公文程式》和《公文处理办法》。华北人民政府制发了《公文处理暂行办法》和《办事通则》。说明当时的文书处理工作已经进一步趋于系统化、制度化。在这一时期,公文的种类和写作较前更为统一和规范,其中上级对下级的行文有令、训令、指令、指示、决定、决议、布告、批复、通知、通报、通令等;下级对上级的行文有呈、报告(含请示);平行或不相隶属机关之间的行文有函(公函)、信、电报(在当时以及后来较长一段时间内习惯上将其视为文种使用)等等。此外,计划、统计、会计、司法等领域的专业公文也大量出现。

民主革命时期我党领导的华北人民政府、陕甘宁边区政府等人民政权的文书工作,为新中国建立后的公文与文书工作提供了丰富经验,亦为发展基础之一。

(二) 新中国公文与文书工作的发展

中华人民共和国成立,翻开新的历史篇章。公文成为国家管理公务活动的重要工具,公文与文书工作进入一个全新的发展时期。

1. 完善文书工作制度,实现有章可循

建国以后,我国党政领导机关十分重视公文和文书工作,对其制度、法规的建设作出了不懈努力,使我们党和国家的文书工作制度体系不断完善和发展。

建国之初,一系列文书工作规范出台,为百废待兴的共和国各项工作创造了条件。1950年4月,中共中央办公厅印发了《关于统一文件纸形与格式的规定》,要求使用16开纸,在文件上写明发文机关和发文年月日,文字竖排,左侧装订等,对于规范建国初期的公文具有指导意义。1951年2月,中共中央专门发布了《关于纠正电报、报告、指示、决定等文字缺点的指示》,针对当时机关文书处理实践中文电所存在的问题,提出了五点纠正办法:不得滥用省略;必须遵守文法;纠正交待不明的现象;纠正眉目不清的现象;凡文电必须认真压缩。1951年4月,中共中央办公厅和政务院办公厅在北京召开了第一次全国秘书长会议。会议后,党中央和政务院批准颁布了一系列关于文书处理方面的重要文件。1951年9月29日,政务院正式颁布了《公文处理暂行办法》,这是建国以后第一个有关文书工作的专门性法规,也是新中国历史上第一次以中央政府名义发布的针对公文和文书工作的规定,其中对文书工作的原则、种类、体式、撰写要求、办理程序、行文关系等方面首次作了比较全面、具体的规定。特别是对国家行政机关的公文体式做出了明确规定,要求以语体文为原则,加注标点符号;废除旧公文套语,尽量避免使用简称;除综合性报告以外,实行一文一事制;统一公文用纸尺寸;文字采用直行竖写形式;多页的文件必须加盖骑缝章等。这一办法的发布实施,加快了我国行政机关文书工作规范化的步伐。

1953年到1966年,党中央、国务院和中共中央办公厅、国务院秘书厅又先后下达了一系列关于文书工作的文件。在行政机关文书工作方面,主要有《国务院秘书厅关于改变国家机关公文用纸格式的通知》(1956年1月)、《国务院秘书厅关于对公文名称和体式问题的几点意见》(1957年10月)、《国家机关文书立卷工作和档案室工作暂行通则》(1957年2月国务院批准)、《国务院秘书厅、国家档案局关于请勿使用圆珠笔、铅笔拟写文件的通知》(1964年1月)等等,明确、具体的规定有的沿用至今。在党的机关文书工作方面,颁发了《关于文电处理工作的几项规定》、1955年和1956年中共中央和中央办公厅先后批准制定了《中国共产党中央和省(市)级机关文书处理工作和档案工作暂行条例》、《中国共产党县级机关文书处理工作和档案工作暂行办法》等一系列规范性文件。

多年来,我国党政两大系统公文处理法规性规定一直是单独制定。其中党的机关从1989年到1996年先后由中共中央办公厅印发过两次,即1989年4月25日的《中国共产党各级领导机关文件处理条例(试行)》和 1996 年 5 月 3 日的《中国共产党机关公文处理条例》;国家行政机关从 1981 年到 2000 年先后发布修订过 4 次,即 1981 年 2 月 27 日由国务院办公厅发布的《国家行政机关公文处理暂行办法》,1987 年 2 月 18 日的《国家行政机关公文处理办法》,1993 年 11 月 21 日的《国家行政机关公文处理办法》和 2000 年 8 月 24 日由国务院发布的《国家行政机关公文处理办法》(国发〔2000〕23 号)。值得一提的是由于依法治国、建设社会主义法治国家的基本方略的实施,国务院 2000 年 8 月 24 日发布的《国家行政机关公文处理办法》第一次以行政法规的形式发布,并提出行政机关公文是"依法行政"的工具,这一法规的发布施行对于进入 21 世纪新形势下提高我国国家行政机关依法办事的能力和水平,实现公文处理工作的规范化、制度化、科学化,产生了重大影响。

2. 建立健全文书工作体系,进入发展新时期

建国以后,逐渐建立健全了国家机关、企事业单位和其他社会组织的文书工作机构,逐步形成了从上到下布满全国的文书工作网络,完善了文书工作的组织领导体制。国家行政机关公文种类经过六次较大的改进以适应公务活动的发展变化;公文格式逐步规范并推行了标准化体系。从 1988 年以来,我国先后两次发布公文格式国家标准。一是国家技术监督局于 1988 年 9 月发布施行的国家标准 GB/T 9704—1988《国家机关公文格式》。二是国家质量技术监督局于 1999 年 12 月发布施行的国家标准 GB/T 9704—1999《国家行政机关公文格式》。公文的书写载体及办文手段和技术在现代科技的武装下发生了革命性变化,并开始与国际标准接轨。

目前,我国正在建设现代化国家。随着依法治国方略的实施,改革开放的深入进行,社会主义市场经济体制的建立和完善,科学技术的发展和信息时代的到来,我国的公文及文书工作进入一个崭新的发展时期。2012 年 4 月 16 日,经党中央、国务院同意,由中共中央办公厅和国务院办公厅联合印发《党政机关公文处理工作条例》(中办发〔2012〕14 号),于 2012 年 7 月 1 日起施行。与此配套的国家标准 GB/T 9704—2012《党政机关公文格式标准》同时发布施行。这一条例将党政公文处理法规性规定合二为一,是我国当代公文法规建设进程中一次具有划时代意义的重大变革,对于进一步推动各级党政机关以及其他机关单位文书工作的科学化、制度化和规范化,提高文书工作的质量和效率,具有重要的现实意义和深远的历史意义。

二、公文演变发展规律

多少代王朝更迭,数千年演变发展,公文种类、载体、体式、制度及其制作方式,在历史的长河中大浪淘沙,存优汰劣。总结探讨其演变、发展规律,可以为当代的公文和文书工作的发展提供历史的借鉴。

一是公文的演变、发展反映了历代政权的性质,也反映了统治者的需要及其对于公文在行使政治权力中的重要性的认识程度。从主观上看,公文是历代统治者实现其统治的重要工具,受到重视并纳入统一控制之中,推行实施制度,力求革除弊端,以期提高行政效率,强化自身统治;从客观上看,我国历代公文及制度在剔除糟粕之后,其精华被继承并有所发展和完善,如古代政权使用刑律保障公文制度实施,使之政令畅达;近代政权为摆脱封建制度影响,多次

进行公文改革,注入资产阶级民主思想,作为管理政务、临民治事的工具;当代政府强调依法治国,公文成为依法行政、执政为民的工具。可见一个历史时期统治者的重视,社会政治、经济和文化的发展对于公文及其制度的确立和完善会产生重要作用。

二是公文的演变、发展与社会的生产力的发展水平和科技的进步有密切关系,尤其在公文的载体、书写材料、传递方式制度方面表现尤为明显。公文制成材料是公文信息内容的记述载体和物质承担者,通过甲骨文书、金石文书、缣帛文书、简牍(竹木)文书、纸质文书、新型载体公文的变迁更替,带动了公文记录材料、传递方式和技术的进步和革命,也彰显了社会生产发展和科技进步的一次次成就,记录了人类文明发展的历史足迹。

三是公文的演变、发展必须服从和服务于社会管理方式的需要,与人类社会的管理体制及其运行方式的变化发展密切相关。集中地体现在文书的名称、分类、格式及处理程序方面:人们交流形式增加,文书从公务领域伸展至私人交往活动,就有了区别于公务文书的私人文书;社会组织功能的拓展,文书从公共事务领域逐渐向专业领域延伸,就有了区别于通用文种的专用文种;管理内容的复杂化和管理职能的强化,文书就从较为单一的传递向多种传递方向发展,分类标准就由单一的标准趋向多标准并逐步细化,从而有了近年来的内外有别、专业有别、上下有别的公文分类处理要求;管理方式的规范化和管理技术的现代化,文书格式就日趋固定并逐步实现标准化,文书处理程序最终就要向规范化、制度化和科学化方向发展。

思考练习题

1. 如何理解文书、公文、文件的相互关系?

2. 阐述唐宋时期主要的公文制度及其对当代文书工作的启示。

3. 结合公文的历史沿革谈谈怎样理解公文演变、发展规律。

4. 解释以下名词术语:

(1)照刷、磨勘制度;(2)连署制度;(3)甲骨文书;(4)引黄制度。

第二章　公文的特点与功能

"一字入公门,九牛拔不出","章表奏议,经国之枢机",[①]前人用形象逼真的比喻来说明公文的特点和功能。今人将复杂的行文现象一一梳理,使公文以其鲜明的特点和不可替代的社会功能区别于图书、情报、档案等文献形式。学习本章,应深刻理解公文特点,即特定的制发主体、效用、体式和处理程序,明确公文基本功能及若干具体作用。重点掌握公文法定作者、多元化作者与多种行文方式、公文现行效用的空间和时间范围、溯及力以及效力等级。

第一节　公文特点

通过公文特点能够深刻理解公文:法定作者是公文具有法定权威和现行效用的前提;具有法定权威和现行效用是公文最本质的属性;规范体式是公文具有法定权威和现行效用的标志;法定程序是公文具有法定权威和现行效用的保障。

一、特定作者——公文由法定或多元化作者制成发布

(一) 法定作者制发正式公文

"法定作者"指依法成立并能以自己的名义行使权利和承担义务的机关及其他社会组织或其法定代表人。"依法"成立是一个广义概念,主要通过两种方式:一是根据法律法规或行政审批而成立。如国家机关一般都是由法律法规或行政审批而成立的。二是经过核准登记而成立。如公司等经工商行政管理部门核准登记后,成为企业法人。法定作者可以根据自己的职权范围制发正式公文,并对以自己名义行文所产生的法律后果承担责任。主要行文名义包括三种:

其一,以法定机关的名义。党政军机关、人民团体机关、企事业单位机关及其他社会组织(以下简称"机关及其他社会组织","机关、单位")的管理机构即机关,能够对外行具有法定效力的正式公文。如中共××市委、××市人民政府、××法院、××市工会、××集团公司、××大学等。

其二,以机关某一组织单位的名义。(1)包括党政军机关及其他机关下属的能够独立行使职权的业务主管部门、职能部门(以下简称"部门"),这些部门隶属关系明确,具有一定的职权范围,即在人事管理、财力安排和设备物资购置等具体业务方面都具有一定的独立处置权力和活动能力,所以具有独立对外行文资格。如××省水利厅所属二级单位省水文资源管理局、

---

① 刘勰:《文心雕龙·章表》。

省水产资源局、省农田水利局、省地方电力管理局等的行文。（2）包括机关及其他社会组织下属的企业和事业单位（以下简称"单位"），如中国科学院各直属事业单位、教育单位等的行文；某大学附属医院、出版社、公司的行文；某集团公司下属的具有独立法人资格的子公司、托管单位等的行文。

其三，以机关法定代表人的名义。机关法定代表人是依照法律或者章程规定，代表组织行使职权的负责人。其在职务前提下能够代表机关单位发出公文，如以公司董事长、总经理、工厂厂长、学校校长名义等的行文。

为证明制发主体的法定地位与身份，公文在制发时必须具备法定的生效标志，以上三种名义行文，前两种是以机关单位名义行文，应在发文机关署名和成文日期上加盖该机关单位印章作为生效标志；第三种以法定代表人名义行文，应由发文机关单位签发公文的负责人在公文正本落款处编排其职务、签名章或者签署姓名作为生效标志。

（二）多元化作者与多种行文方式

公文产生于公务活动。公务活动包括：

——政务和事务，政务是机关及其他社会组织领导所主管的人员安排和组织发展的大事；事务是机关及其他社会组织全体成员从事的业务性、日常性工作；[①]

——内务（即机关单位内部管理）和外务（即处理与外机关单位的关系）；

——公务未决阶段和完结阶段的工作活动；

——涉及单个和多个机关单位职权范围的工作活动；

——限于机关单位自身职权范围或超越自身职权范围的工作活动等等。

公务活动的纷繁，导致了当代公文作者（制发主体）的多元化和行文方式的多样化：正式与非正式行文并行，对内与对外行文交叉，直接与间接行文兼用，单独与联合行文同在，职权与授权行文共存。

1. 正式行文与非正式行文

正式行文——即法定作者行使职权，制发具有法定效力及规范体式的公文。

非正式行文——即不属于正式行文的行文。一是对作者并不强调具有合法资格，一般是机关单位或部门的内设机构（以下简称机构）或其他不能独立行使职权的社会组织的对外行文；二是行文内容一般限制为"工作联系"，不包括政策性、规范性和正式审批性事项；三是行文形式采用公文的特定格式——信函式格式。[②]

如：教育部发展规划司关于同意××大学设立独立学院的复函（受文机关：××大学）

2. 对内行文与对外行文

对内行文——即机关单位及其内设机构在自身内部运行的公文，其格式、处理可相对简

---

① 陈功伟：《最新公文写作模式大全》，广州：广东旅游出版社，2005年，第5页。

② 在《国务院办公厅关于实施〈国家行政机关公文处理办法〉涉及的几个具体问题的处理意见》（2000年1月1日　国办函〔2001〕1号）中有这样的解释："部门内设机构不得向本部门机关以外的其他机关（包括本系统）制发政策性和规范性文件，不得代部门审批下达应当由部门下达的事项；与相应的其他机关进行工作联系确需行文时，只能以函的形式行文。"

化,版头中发文机关标志有的不必套红印刷,俗称"白头文件"。

对外行文——即机关单位传递至其他机关单位乃至社会的公文,其中部分公文版头中发文机关标志套红印刷,俗称"红头文件"。

3. 直接行文与间接行文

直接行文——即发文机关直接向需要承办或执行有关公务的受文机关行文。直接行文是最常见、最基本的行文方式,公务活动中应以直接行文为主。

间接行文——机关单位受行文关系所限制,不直接向最终承办或执行公文中有关公务的机关单位行文,而是通过中转机关批转或转发该公文以达到最终目的的行文方式。公务活动中应以间接行文为辅。

如:国务院批转中国人民保险公司关于加快我国保险事业的报告的通知

教育部转发人事部关于博士后研究人员期满出站后分配工作若干问题的意见的通知

4. 单独行文与联合行文

单独行文——即单个机关单位作为制发主体的行文。

如:××市人民政府关于解决水利建设资金的请示

联合行文——即两个或两个以上同级或级别相同的机关单位作为制发主体的行文。

如:××省人口计生委 省人民检察院关于在全省人口计生系统共同开展预防职务犯罪工作的意见(受文机关:该省各市、州人口计生部门和检察机关)

5. 职权行文与授权行文

职权行文——即在机关单位或机构的职权范围内行文。如行政机关为行使行政权力、管理公共事务而制发公文,必须依据法律规定;在其职权范围内,当行文不予行文是失职;不在其职权范围内,不应行文反而行文即是越权。二者都是错误的。

授权行文——即机关单位或机构被其所隶属的上级机关单位所授权而行文称为授权行文。这类行文应在文中写明"经……同意(批准、授权)"作为授权依据。授权行文一般有两种类型。

一是授权办公厅(室)行文,即授权本机关单位的办公厅(室)根据领导层意见向本机关、各部门或下级机关单位行文,多为执行性通知(含转发性公文)。这是授权行文的主要部分。

二是授权部门行文,即上级机关单位授权本机关单位有关业务主管部门根据领导层意见就重要业务问题向下级机关单位行文,多为答复下级的请示。这一类行文经过一定手续可径直在文中写明"经……同意"字样。如"需经政府审批的具体事项,经政府同意后可以由政府职能部门行文,文中须注明已经政府同意"。[①]

(三) 与公文特定作者相对应的特定受文者

对应公文特定的作者,公文的受文者也具有一定的特定性。按文书处理有关规定,受文者分别为"主送机关"、"抄送机关"和"传达(阅读范围)"。至于公布性公文,虽然在文面上并没有明确出现收文机关或阅读范围,但由于制发主体的职权范围所限,使公文读者范围不言自明。

---

① 见《党政机关公文处理工作条例》第十六条(二)规定。

二、特定效用——公文具有法定权威和现实执行效用

(一) 公文具有法定权威

机关单位在公务活动中制发公文,是行使法定职权的行为,具有相应的法定权威。具体体现在:

公文在特定的时间与空间范围内能够对特定受文者的行为产生强制性影响和其他特定效用,具有约束力,如强制贯彻实施、阅读知晓、执行办理或要求及时予以批准答复、解决问题等。

公文在特定范围的公务活动中针对特定对象产生的执行力和凭证功能,具有法律认可的其他任何文献形式所无法替代的权威;上级机关单位公文的权威性大于下级机关单位公文的权威性。

(二) 公文具有现行效用

现行效用又称现实执行效用或时效,是公文法定权威性的作用形式,指直接形成于公文内容所针对的现行公务活动并发挥实际效用,如一份决定要求所属单位认真贯彻实施,一份通知告知对方周知执行,一份请示请求上级批准答复……发文机关通过公文显示本机关单位的决策和办事意图,收文机关以公文作为办事凭据。

1. 公文现行效用的空间范围

即公文的权威性和合法效力,是由制发机关的合法职权和法律法规章程赋予的权力所决定的,要注意避免超越制发机关的隶属关系、职权范围或地域范围行文。如下级机关越权制定违反上级规定的细则公文,制发者超越自身职权范围行文,某机关内设机构越权行使该机关的职权对外正式行文,这些越权行文都不具备现行效用。

2. 公文现行效用的时间范围

即公文的有效期有时间限制,没有一份公文会永远有效。尽管这种时间性有的明显有的不明显,有的确定有的不确定,但旧公文始终要被新公文所替代。

签发或会议通过是我国公文成文的法定程序。签发是由机关单位负责人对公文草稿进行最后审批,签署发文意见、签发人姓名和完整的年、月、日,使公文最后定稿成文的法定程序;会议通过是按照有关规定由法定会议完成对于公文的集体审议通过成文的法定程序。不同公文分别以签发日期或会议通过日期为成文日期,这是表现公文现行效用时间范围的明显标志。但是公文的成文日期并不完全等同于公文的生效日期。

(1) 确定公文生效时间

一是即时生效,即一份公文正文中没有专门规定生效日期,其成文日期即为生效日期。本方式适用于一般公文及内容敏感的规范类公文(这类规范类公文需要在文中专门说明生效时间,如"本通告于发布之日起执行"等)。

二是定时生效,即在公文正文中专门规定具体实施生效日期。本方式适用于规范类公文以及一些内容涉及政策施行、人事任免的公文。一般应规定在成文日期之后的特定时间方可生效。详见本教材第五章第六节一(四)规范类公文的制定和办理要求。

(2) 确定公文失效时间

——内容已经执行(有效期届满,明示废止)。

——内容过时，新公文代替旧公文（默示废止）。为避免工作失误，针对这一情况，实际工作中不少机关单位明文规定："如对原有政策、规定进行调整或修订，应在颁布新的政策、规定时对原有政策、规定予以废止。"①

——被调整的社会关系或制发机关不复存在，且无新机关接替其职能。

只要符合以上三个条件之一，现行公文即终止其现行效用，转化成为历史文件。

3. 公文现行效用的溯及力

现行效用的溯及力即公文溯及既往的效力，指公文可否适用于制发以前的事件或行为。②

一般公文可以规定溯及力，因为其本身就是为解决公务活动中产生的各种问题而形成的。规范类公文则比照"法律不溯及既往"的原则，一般不规定溯及力。即不能以现在制定的规范类公文指导、约束过去的行为，更不能利用规范类公文对现在属违规而过去不违规的行为加以惩处。

4. 公文现行效用的效力等级③

（1）发文机关地位越高，公文效力等级也越高；

（2）在同一主体制发的公文中，按照特定的、更为严格的程序制定的公文效力等级高于按一般程序制发的公文；

（3）同一发文机关就同一问题先后制发的公文比照"新法优于旧法"原则；

（4）同一发文机关制发的公文，通常特殊性公文的效力优于一般性公文，即"特殊优于一般"；

（5）授权行文的效力等同于授权机关制发公文的效力。

5. 公文不是机关单位唯一的办事工具

公文只是公务活动的副产品，虽然具有现行效用，但形成与办理公文不是公务活动的目的，而是作为"以文辅政"的要花费成本的工具，而且不是唯一的办事工具。机关单位应该根据工作的实际情况和条件，选择高效率、低成本的办事工具和方式，如根据实际情况分别采取召开会议、电话联系、现场办公、深入实际调研、当面洽谈等方式办理公务，以达最佳办事效果。只有需要郑重发文作为白纸黑字的文字凭据时，选择公文作为办事工具方为上策。

三、特定体式——公文具有特定文体和规范格式

体式即文体与格式。公文具有规范体式，是其区别与其他文献形式的明显标志和具有合法性的象征。拟制公文时必须按其特定文体和规范格式要求行事，以维护公文的权威性、准确性和有效性。为避免与秘书写作教材内容重复，以下内容阐述从略。

（一）公文文体

文体是文章体裁，即表达方式。

公文被规定以现代汉语的书面形式（即白话文）作为必须使用的符号系统。

① 中国科学院：中国科学院标准 ZKY/B001－2005《公文处理标准》2005 年 11 月 18 日发布，2006 年 1 月 1 日实施。
② 付军徽、白延庆：《公文处理与写作》，北京：中国金融出版社，2003 年，第 20—21 页。
③ 同上。

公文文体兼有议论文、说明文、记叙文的一般特点,属于以语体文为原则的应用文体。

(二) 公文格式

1. 公文格式的含义及分类

公文格式指组成公文的各部分文字符号在载体(纸张等)上排列的规定。

公文文面格式分类:

(1) 公文式文面格式:按国家标准分为公文一般格式和公文特定格式。

(2) 专业规范文本式文面格式:如合同示范文本格式、保险文书、司法文书等的格式。

(3) 一般文章文面格式:如讲话稿、各种汇报材料、调研材料等的格式。

2. 公文格式组成部分与规范的范畴

(1) 公文格式组成部分:

公文用纸主要技术指标;

公文用纸幅面尺寸及版面要求;

印制装订要求;

公文格式各要素编排规则;

公文中的横排表格;

公文中计量单位、标点符号和数字的用法;

公文的特定格式,即命令(令)格式、信函格式和纪要格式;

公文式样。

(2) 公文格式规范的范畴包括:

公文的组成要素,以及这些要素在页面上的标注位置;

承载公文的介质,主要包括纸张的开本、规格、印刷、装订等要求;

公文数据的表现形式,包括文字、数字、外文字符、计量单位和标点符号等的使用规范。凡有法律法规规范性文件或国家标准规定的,一律按有关规定执行。如:

《通用规范汉字表》(2013 年 6 月国务院公布);

《中华人民共和国国家通用语言文字法》(2000 年 10 月 31 日通过,自 2001 年 1 月 1 日起施行);

GB/T 9704—2012《党政机关公文格式》(2012 年 6 月 29 日国家质量监督检验检疫总局和国家标准化管理委员会发布,自 2012 年 7 月 1 日起实施);

GB/T 15834—2011《标点符号用法》(2011 年 12 月 30 日国家质量监督检验检疫总局和国家标准化管理委员会发布,自 2012 年 6 月 1 日起实施);

GB/T 15835—2011《出版物上数字用法》(2011 年 7 月 29 日国家质量监督检验检疫总局和国家标准化管理委员会发布,自 2011 年 11 月 1 日起实施);

《国务院办公厅关于加强对行政机关公文中涉及字母词审核把关的通知》(2010 年 4 月);

GB3100《国际单位制及其应用》(1993 年 12 月 7 日国家技术监督局发布,自 1994 年 7 月 1 日起实施);

GB/T 14706《校对符号及其用法》(1993 年 11 月 16 日国家技术监督局发布,自 1994 年 7

月1日起实施）。

四、特定程序——公文制发与生效须履行法定程序与手续

程序性是现代法治的一项重要要求。公文写作与处理体现公务活动组织与运行的规律，直接关系到机关单位开展工作的质量和效率。为此，机关单位通过建立健全公文管理系统与秩序，统一规定公文办理流程，以保证文书处理程序的有效运行。例如，规范类公文必须经过公布程序；联合行文必须经过会签程序；公文生效必须经过签发或会议通过程序等等。

第二节　公　文　功　能

公文的功能是指公文在公务活动中所发挥的有利作用。与其他文献形式的信息记录相比较，公文最大优势在于突破了管理活动的地域、层次和时间的限制，有效记录、传递和存储具有权威性、凭证性的公务信息。理解和发挥这一优势，有助于我们正确使用公文，扬长避短。

所谓权威性信息，即对受者的行为具有强制性影响的信息；所谓凭证性信息，即从法律意义上能对有关事物的性质、状态提供有效证据的信息。正是由于公文具有法定作者可为其内容的真实性承担法律责任，保障其记录、传递和存储的信息具有法定的权威和效用，并以规范格式、印章或签署、履行法定的程序和手续等提供保障，因此，用公文记录、传递和存储具有权威性、凭证性的信息比之其他信息记录更为有效。

公文在社会生活的各个领域中得到普遍应用，充分体现和发挥了它的基本功能和具体作用。

一、公文的基本功能

公文的本质属性是工具，其基本功能表现在两个方面：

（一）是公务管理的工具

这是公文的首要功能。管理是指一定组织中的管理者，通过实施计划、组织、人员配备、指导与领导、控制等职能来协调他人的活动，以共同实现既定目标。任何公文制作者将公文作为自己的代言工具，根本目的都在于传递公务管理信息；文书工作的有效组织与控制，是为了实施对公务管理活动的组织与控制。所以，公文内容、公文运转以及行文规则，都是管理理论和原则的具体应用。脱离管理活动，背离管理活动原则，公文的存在毫无意义。

（二）是信息沟通的工具

公文发挥公务管理功能的同时，在客观上也成为机关单位之间、机关单位内部、机关单位与民众之间信息上传下达、左右沟通的有效工具。

二、公文的具体作用

公文的基本功能通过具体公文在不同的使用中得以体现。由于内容以及作用领域不同，公文具体作用表现形式亦不相同。如党政机关公文"是传达贯彻党和国家方针政策，

公布法规和规章,指导、布置和商洽工作,请示和答复问题,报告、通报和交流情况等的重要工具"。[①]

（一）法律和行为规范作用

我国各种法律、法规和规章以及其他的规范类公文本身就属于公文种类之一,有关国家机关下达的公文中还有相当部分作为发布法律、法规、规章和行政措施的载体,这些公文一经制定发布生效,就成为社会生活中具有法律规范或行为规范的体现形式。在其有效期限和实施范围内,国家或特定主体以强制力保护其权威,违者要追究法律责任或受到行政处分。

（二）书面领导与指导作用

各级具有领导及管理职能的机关单位,通过制发公文将党和国家的方针、政策,把决策意图和要求传递给受文者,组织与领导指导各地区各部门工作。

（三）联系与处理公务作用

公文适合于各级各类机关单位,既在上下级之间上传下达、协调沟通,也在平级和不相隶属的机关单位之间交流信息,通报情况,商洽事务,取得配合。

（四）宣传教育作用

为保证法律法规、党和国家的方针政策的贯彻实施,各级各类机关单位经常制发一些旨在对干部、职工或公众进行思想教育的公文,以便共同提高认识。更为常见的是一些并非以宣传教育为目的的公文,如一份事故报告、一份表彰通报,在处理相关公务的同时也会起到公文所特有的宣传教育作用。

（五）凭证依据作用

专门用于作为凭据的公文数量有限,如协议、合同以及各种证明性公文。但是从整体上看,几乎所有公文在其生命周期的各个阶段都具有宝贵的凭证依据作用。因为各机关单位以公文为工作依据,一份"不足为凭"的公文,不可能具有法定权威,更不可能具有其他方面的作用。也正是由于公文的凭证依据作用,使它办理完毕后有资格和条件被作为档案保存,成为令人信服的原始凭证。

公文的上述具体作用相互依存、彼此联系。一般情况下,一篇公文往往同时具有几个方面的具体作用,从不同方面显示出公文的基本功能。

思考练习题

1. 简述公文的特点。

2. 举例阐述何谓正式与非正式行文、对内与对外行文、直接与间接行文、单独与联合行文、职权与授权行文。

3. 简述公文现行效用对于时间范围和溯及力的有关规定。

4. 简述公文现行效用的效力等级。

5. 如何理解公文的基本功能和具体作用？

[①]《党政机关公文处理工作条例》(中办发〔2012〕14 号)第三条。

第三章 公文的类别与文种

当数量庞大、内容庞杂的公文通过不同角度和标准划分为不同类别时，同其所同，异其所异，全方位地认识和把握它们就成为顺理成章之事。学习本章需要重点掌握通用公文和专用公文的区别、电子公文的要素与主要种类、规范类公文的概念与种类、上行文平行文下行文的划分、各种公文稿本的形成、作用和价值。同时需要了解正确选择公文文种的意义，熟练掌握通用公文文种的选用依据、党政机关主要通用公文文种的概念和适用范围，学会正确使用文种。

第一节 公 文 类 别

公文分类是根据实际工作需要，运用某一种标准将公文划分为不同类别分别进行管理。而公文分类又是相对的，不同的标准可划分出不同类别，类别归属不会影响每一份具体公文本身的性质和作用。以下几组最为常见的公文分类方法，对于机关单位的文书工作具有实际指导意义。

一、按形成和作用领域分类

分为通用公文和专用公文。

（一）通用公文

是指机关单位在管理活动中制发、传递和办理的公文，又可以分为法定通用公文和内部通用公文。

1. 法定通用公文

本教材亦称为法定正式公文，即根据有关规定在各类机关单位形成、使用的正式公文，具有法定性、规范性和通用性特点。

法定性体现在这类文种的数量、名称及其适用范围有法规性文件的明文规定，使用有法定依据。如在《党政机关公文处理工作条例》中对于15种党政机关法定正式公文文种的名称及其适用范围的明确规定。

规范性体现在严格限定公文制发主体的法定资格，明确要求完整的内容要件与形式要件，使之用规定名称、套标准格式、循特定方向、遵相同规则、行固定程序。

通用性即法定正式公文的名称、数量及适用范围在各机关单位有关规定中基本相同。如《党政机关公文处理工作条例》规定的15种法定正式公文文种作为公文文种的主体部分，其规范使用对于其他机关单位有重要导向作用，这些机关单位也可以参照使用。

2. 内部通用公文

俗称内部文件或内部公文,即在机关单位内部通用的公文,具有内部性、复杂性和灵活性的特点。

内部性体现在主要用于机关单位的对内行文。从制发主体来看,除了合法主体,其他不具备对外正式行文资格的机构或人员也可行内部公文;从格式来看,虽多数内部公文具有约定俗成的格式,但并非法定;从效力范围来看,多在机关单位内部和特定的工作阶段以及非正式场合使用,如在部门之间、机关内上司与下级负责人之间、会议期间、公务未决阶段需要磋商、调研、陈述、征询意见、协调会商、通报信息时常常使用;从发文形式来看,内部公文文种如果要转化为对外发文,需要通过随文形式上行(关于报送……的报告)、平行(关于发送……的函)、下行(关于印发……的通知),方可正式行文产生效用。

复杂性主要体现在内部公文数量大,种类多,使用范围、效力等级差异较大。除部分可在机关单位外部和内部使用的法定正式公文之外,还包括规范类、会议类、计划、决策与反馈类、公务信息类公文以及其他事务类文书等。

灵活性主要体现在内部公文适用的文种、格式灵活,形成运转程序和手续便捷,以适应公务活动复杂多样的需求和降低行文成本。

（二）专用公文

亦称专门文书,是业务系统、专门部门在专门业务工作范围内使用的公文,使用范围具有极强的专门性和限制性。如外交文书(国书、照会)、外事文件(外事函件、外事专用批文)、纪检监察文书、财务文书(发票、账簿、报表)、保险文书、税收文书、计划文书、司法文书、行政处罚文书(处罚决定书)、人事工作文书(人员登记表)等等。

机关单位在履行自身专门职能或业务工作中内部使用的公文有的也归入本类。如电信部门的电信公文、盐业公司的盐务公文、某研究院的科研管理公文等。另如某省财政厅规定"除正式公文外,我厅在行政过程中出具的检查结论、整改意见、处理决定、移送处理意见书、承诺书等特殊公文继续保留",显然这类特殊公文也属于该机关的专用文书。

近年来由于各项专业管理工作的发展,专用文书的使用领域不断拓宽,专用文种也在不断增加,其规范化使用由各专业主管部门负责统筹安排最为合理和可行。

二、按物质载体分类

分为纸质公文、感光介质公文、磁介质公文和电子公文等。具有不同载体特征的公文,其制作方式、处理方法和保管要求各不相同,需要根据各自的特点和要求区别对待。

纸质公文:以纸张为物质载体的公文,是目前使用最为普遍、使用频率最高的载体。

感光介质公文:以感光胶片、像纸等感光材料为物质载体的公文。习惯称为照片文件、缩微胶片文件、显微照片文件等。

磁介质公文:以磁带、磁盘、磁鼓等磁性材料为物质载体的公文。习惯称为录音文件、录像文件和磁盘文件以及光盘文件等。

电子公文(Electronic Records):是指在数字设备及环境中生成,以数码形式存储于磁带、磁盘、光盘等载体，依赖计算机等数字设备阅读、处理，并可在通信网络上传送的公文。

以下重点介绍公文家族中的新成员——电子公文。①

第一，电子公文的三要素

内容：公文中所包含的表达作者意图的信息。

结构：公文内容信息的组织表达方式，如文字的段落安排，电子公文所使用的代码、格式，以及载体、附件等方面的信息。

背景信息：能够证明公文形成过程和公文之间相互关系的信息，包括表示公文来源和传送目的地的信息、与内容信息相关的其他信息，如发文者、签署人、公文生成日期、收件者等。

究其实质，电子公文具备公文的本质属性，仍是公文家族中的成员，也同样具有法定的权威性和现行效用，具有特定的处理程序，随之转化而来的电子档案也同样应具备真实的历史记录的特性。不同的是，电子公文处于高科技平台上，具有诸多传统载体公文所不具备的表现形态和技术特性。

第二，电子公文的主要种类

从信息表现形式和存储格式的角度，对电子公文（以下称电子文件）可作如下划分：

文本文件（Text）：指使用文字处理软件（如 WPS、Word 等）生成的文件，常用的文件格式有 WPS、DOC 等。纯文本公文不包含格式代码，常用的格式有 TXT 等。文本公文以 XML、RTF、TXT 为通用格式。

图形文件（Graphic）：指用计算机辅助设计或绘图软件等获得的图形文件，常用格式为 EPS 等。如：CAD（计算机辅助设计）、GIS（地理信息系统）或绘图系统中产生的设计模型、图纸、图画等。

图像文件（Image）：指使用扫描仪、数码相机等数字设备采集或制作的图像文件，常用的文件格式有 JPG、TIF 等。如：用扫描仪扫描的各种原件画面，用数码相机拍摄的照片。

影像文件（Video）：指使用数码摄像机等视频设备或动画软件等生成的动态影像文件，主要格式有 MPEG、AVI 等。如：数码影片、Flash 动态画面等。

声音文件（Audio）：指用数码录音机等音频设备录入或用编曲软件生成的文件，主要格式有 WAV、MP3 等。如：MP3、数码录音文件等。

多媒体文件（Multimedia）：指包含文字、图形、图像、影像、声音等两种或两种以上的复合信息记录形式，采用多媒体技术制作的公文。如：PPT 幻灯片、数码影视片等。

超文本文件（Hypertext）：指包含信息链接功能、采用 WEB 技术制作的浏览器文件，目前主要采用 HTML 格式。如：网页上使用超文本技术制作的链接文件。

程序文件（Program）：指用计算机语言编写的系统软件、应用软件以及相关的资源、支撑软件等。

数据文件（data）：指用计算机系统进行信息处理形成的各种参数、管理数据等。如：Excel 软件制作的数据表。

---

① 参考王健：《文书学》，北京：中国人民大学出版社，2005 年，第 17—20 页。

数据库文件(database):指用数据库系统制作和存储的公文。如:政策法规数据库、学生成绩数据库等。

三、按内容性质分类

分为规范类公文、领导指导类公文、报请类公文、知照类公文、契约类公文和会议类公文等。注意把握每一类公文不同的写作特点和不同的处理方式。

规范类公文:详见以下重点介绍。

领导指导类公文:由各级领导、指导机关及其负责人制发的用于颁布政令、部署工作、批复事项的公文。

报请类公文:由被领导、指导机关、组织向有关上级机关单位汇报工作、反映情况、答复询问、提出建议、请求指示或批准时使用的公文。

知照类公文:面向社会或特定范围(各类机关单位之间、内部机构之间)为公布、通知有关事项、通报情况、联系工作、商洽事宜、交流信息而制发的公文。

契约类公文:由双方或数方为实现一定目的、明确双方权利、责任、义务而签定的作为工作依据或法律凭证的公文。如合同、协议书等。

会议类公文:指在会议活动中形成和使用的文件材料。围绕着一个会议,会形成一种或多种文书,可以依照不同的标准划分成不同的类型。

以下重点介绍规范类公文的分类。

第一,规范类公文的相关概念

规范类公文是统称,涉及以下概念(见图3-1):

规范类公文——即"为人们的行为提供标准、指明方向的,以书面形式或成文形式所必须的,以一定社会主体的强制力保证实行的,一定行为规范的结合体。"①简言之,即由各类社会组织在其职权范围内制定的公开发布并反复适用,用以规范行为、具有普遍约束力的公文。依据制定主体的立法权限、职责权限以及法定效力的不同等级,规范类公文可划分为法律法规类文件和一般规范类公文,并呈现不同的效力等级。

法律法规类文件——即通常所称的"法",是我国目前具有法律法规效力文件的总称。由

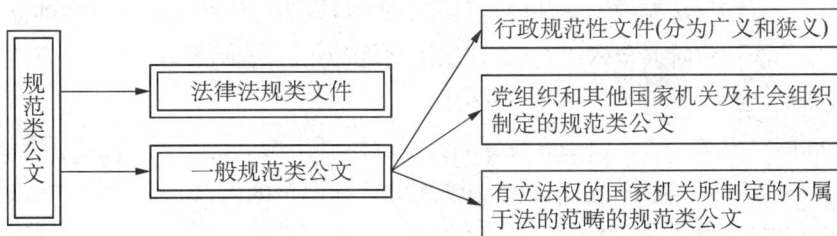

图3-1 规范类公文相关概念的关系

---

① 周旺生:《规范性文件的起草》,北京:中国民主法制出版社,1998年。

宪法、法律、行政法规、地方性法规、自治条例和单行条例、规章等层次组成。①

一般规范类公文——是法律法规类文件之外的所有规范类公文的总称。

行政规范性文件——俗称"红头文件",概念有广义和狭义之分。广义行政规范性文件,指所有国家行政机关依法制定的具有普遍约束力的决定、制度、规定、办法等行政文件,包括行政法规和规章在内。狭义行政规范性文件,指除行政法规、规章外,国家行政机关为执行法律、法规和规章,对社会实施管理,规范公民、法人和其他组织行为,依法定权限和法定程序公开发布的具有普遍约束力、可反复适用的决定、命令等行政文件。本教材使用狭义概念。

第二,规范类公文的类别

我国社会主义法律体系是由不同层级法律法规文件构成的,这种层级即法律位阶。所谓法律位阶,是指每一部规范性法律文本在法律体系中的纵向等级。具体体现在:宪法具有最高的法律效力;法律效力高于行政法规;行政法规的效力高于地方性法规、规章;地方性法规效力高于地方政府规章;省政府规章高于较大市规章;自治条例、单行条例、特区地方性法规在本辖区内使用;规章具有同等效力;特别规定优于一般规定,新规定优于旧规定;同一事项规定不一致时,由上级机关裁决;违反立法规定的应予撤销或变更。按照法律位阶,下位阶的法律必须服从上位阶的法律,所有的法律必须服从最高位阶的法,任何法律法规都不得同宪法相抵触。类推到所有规范类公文的效力等级亦如此。(见图3-2)

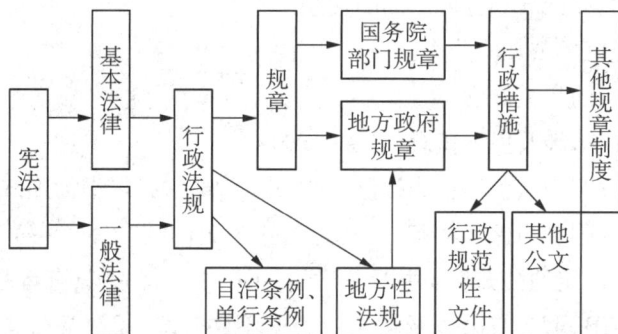

图3-2　规范类公文效力等级(法律法规类文件法律位阶)示意图

1. 法律法规类文件

我国目前具有法律法规效力文件的总称。在我国,按照宪法和立法法规定的立法体制,法律法规类文件的法律位阶共分六级,从高到低依次是:宪法、法律、行政法规、地方性法规、自治条例和单行条例、规章。②

宪法。即国家根本大法。由最高权威的创制主体制定的、调整社会生活中最重要事项的法律,是国家一切法律法规的立法基础。中华人民共和国全国人民代表大会作为最高国家权力机关,是唯一有权制定和修改宪法的机关。

---

① 《中华人民共和国立法法》(2000年3月15日中华人民共和国主席令第31号发布)第二条。
② 同上。

法律。是全国人民代表大会及其常务委员会根据宪法或依据宪法规定的职权制定的法律文件,包括全国人大制定的基本法律和全国人大常委会制定的一般法律,它是制定其他规范类公文的依据。如《中华人民共和国立法法》(2000 年 3 月 15 日第九届全国人大会第三次会议通过,自 2000 年 7 月 1 日起施行)、《中华人民共和国公务员法》(2005 年 4 月 27 日第十届全国人大会常委会第十五次会议通过,自 2006 年 1 月 1 日起施行)等。

行政法规。是国务院根据宪法和法律,按照《行政法规制定程序条例》①的有关规定,制定的政治、经济、教育、科技、文化、外事等各类法规的总称。行政法规是宪法和法律的具体化,在全国范围内适用。名称一般称条例、规定和办法。如《农业保险条例》(国务院令第 629 号发布,自 2013 年 3 月 1 日起施行)、《女职工劳动保护特别规定》(国务院令第 619 号发布,自 2012年 4 月 28 日发布,自发布之日起施行)、《外国企业或者个人在中国境内设立合伙企业管理办法》(国务院令第 567 号发布,自 2012 年 3 月 1 日起施行)。

地方性法规。是省、自治区、直辖市和国务院批准的较大的市("较大的市"专指省、自治区政府所在的市、经济特区所在地的市和经国务院批准的较大的市,下同)的人民代表大会及其常务委员会,为在本行政区域内实施宪法、法律和行政法规,根据本地方具体情况和实际需要,在不同宪法、法律、行政法规和上位地方性法规相抵触的前提下制定的法规文件。其效力等级低于宪法、法律和行政法规,高于本级地方政府规章,在本行政区域内有效,一般称条例、规定、实施办法、规则等。如《海南经济特区促进中小企业发展条例》(2009 年 3 月 25 日海南省第 4届人大常委会第 8 次会议通过,海南省人大常委会第 14 号公告公布,自 2009 年 7 月 1 日起施行)、《安徽省城镇供水条例》(2012 年 4 月 24 日安徽省第 11 届人大会常委会第 33 次会议通过,安徽省人大常委会第 44 号公告公布,自 2012 年 7 月 1 日起施行)。

自治条例和单行条例。民族自治地方的人民代表大会有权依照当地民族的政治、经济和文化的特点,制定自治条例和单行条例。自治区的自治条例和单行条例,报全国人民代表大会常务委员会批准后生效。自治州、自治县的自治条例和单行条例,报省、自治区、直辖市的人民代表大会常务委员会批准后生效。属于我国地方立法的一种特殊形式。自治条例和单行条例可以依照当地民族的特点,对法律、行政法规和地方性法规的规定依法作出变通规定,只在该自治地方适用。如《围场满族蒙古族自治县土地管理条例》(围场满族蒙古族自治县人大常委会 2012 年 7 月 31 日发布生效)。

国务院部门规章。是国务院各部门(包括各部、委员会、中国人民银行、审计署和具有行政管理职能的直属机构)为执行法律和国务院的行政法规、决定、命令,根据法律和国务院的行政法规、决定、命令,在本部门的权限范围内,依照《规章制定程序条例》制定的法律法规类文件。一般称"规定"、"办法",但不得称"条例"。如《危险化学品输送管道安全管理规定》(2012 年 1 月17 日国家安全生产监督管理总局令第 43 号公布,自 2012 年 3 月 1 日起施行)、《绿色食品标志管理办法》(2012 年 7 月 30 日农业部令 2012 年第 6 号公布,自 2012 年 10 月 1 日起施行)。

地方政府规章。是省、自治区、直辖市和国务院规定的较大的市的政府,为执行法律、法规

---

① 《行政法规制定程序条例》(国务院令第 321 号发布)2002 年 1 月 1 日起施行。

的需要,涉及本行政区域具体行政管理事项,根据法律法规,依照《规章制定程序条例》制定的法律法规类文件,一般称"规定"、"办法",但不得称"条例"。如《北京市房屋租赁管理若干规定》(2007年11月3日北京市人民政府第194号令发布,根据2011年5月5日北京市人民政府第231号令修改)、《安徽省农村饮水安全工程管理办法》(2012年5月22日安徽省人民政府令第238号发布,自2012年5月1日起施行)。

2. 一般规范类公文

是法律法规类文件之外的所有规范类公文的总称。在我国现阶段主要包括[1]:

——没有立法权的国家行政机关所制定的规范类公文。如无行政法规或者规章制定权的行政机关制定的具有普遍约束力的决定、命令。

——党组织和其他国家机关及社会组织所制定的规范类公文。如政党制定的规范类公文,无法律或者地方性法规制定权的国家权力机关制定的规范类公文,军事机关、审判机关、检察机关的规范类公文,社会团体、行业组织、企事业单位制定的规范类公文等。

——有立法权的国家机关所制定的不属于法的范畴的规范类公文。

四、按涉密程度分类

(一)具体将公文分为绝密、机密、秘密、限制和公开五个等级,并采取相应保密措施。[2]

绝密公文:又称绝密件,指涉及党和国家最核心的机密的公文,一旦泄露会使国家的安全和利益遭受特别严重的损害。

机密公文:又称机密件,指涉及党和国家重要机密的公文,一旦泄露会使国家的安全和利益遭受较大的损害。

秘密公文:又称秘密件,指涉及党和国家一般机密的公文,一旦泄露会使国家的安全和利益遭受一定的损害。

限制性公文:指内容不涉及国家秘密,但在一定时间内限制其交流和使用范围的公文。

公开公文:指内容不涉及任何秘密,可直接在国内外公开发行和交换的公文。

(二)要做好公文保密工作,首先需要区分涉及国家秘密、商业秘密、工作秘密的公文。

国家秘密:是关系国家的安全利益,依照法定程序确定,在一定时间内只限一定范围的人员知悉的事项。[3] 国家秘密是最高层次的国家利益所在,是文书工作保密的重点。政党的秘密事项中,符合国家秘密诸要素的,属于国家秘密。

商业秘密:指不为公众所知悉的,能为权利人带来经济利益,具有实用性并经权利人采取保密措施的技术信息和经营信息。[4]

---

[1] 郑先海:《行政机关规范性文件的制定》,北京:中国税务出版社,2002年。

[2] 按照国家质量监督检验检疫总局2003年7月25日颁发的国家标准《文献保密等级代码与标识》(GB/T 7156—2003)划分。

[3] 见《中华人民共和国保守国家秘密法》(1988年9月5日第七届全国人民代表大会常务委员会第三次会议通过,自1989年5月1日起施行)。

[4] 见《中华人民共和国反不正当竞争法》(1993年9月2日第八届全国人民代表大会常务委员会第三次会议通过,1993年12月1日起施行)。

工作秘密：是在公务活动中产生的，不属于国家秘密、商业秘密，又不宜于对外公开的秘密事项。

作为国家机关公务人员，企事业单位及其他社会组织的成员，在公务活动中行文，应该严格保守国家秘密、商业秘密和工作秘密。此外，公务活动中涉及的个人信息（个人隐私）、决策前的内部讨论研究且尚未形成决议的信息、刑事司法信息以及有关法律禁止公开的其他信息亦不属于公开范畴，在文书处理阶段也具有一定保密价值。

五、按行文方向分类

分为上行文、平行文和下行文。

上行文：指下级机关单位向所属的上级机关单位报送的公文。

平行文：指具有平行或不相隶属工作关系的机关单位之间往来的公文。

下行文：上级机关单位向下级机关单位下发的公文。

此外，还有公布性公文如公告、通告等不适合按行文方向分类，被称为泛行文或通行文。

这类行文，反映了机关单位之间不同的工作关系和行文关系，其产生的效用及其价值亦不相同，在拟制和办理中应加以区别，选择适当文种和格式、使用规范用语。

六、按办理时限分类

分为特急件、加急件、平件。

特急件：内容至关重要且特别紧急，必须在最短的时间内以最快的速度优先传递、处理的公文。

加急件：内容重要且紧急，要求打破工作常规迅速传递、处理或在规定的时限内办理完毕的文书。

平件：无保密和时限方面的特殊要求，按工作常规传递、处理的公文。

电报应当分别标注"特提""特急""加急""平急"。①

特急、加急公文有具体办理时限规定。应将紧急程度的标记标注于文面和封套之上，按期办理；没有特别时限要求的公文也应抓紧时间办理，确保时效。

七、按授受角度分类

分为发文（内部发文、对外发文）和收文。

发文：指本机关单位制发的公文，发往其他机关单位或本机关内部机构。

收文：指本机关单位收到的其他机关单位制发的公文。

收发文各自有不同的处理程序；可以相互转化，收文可以通过批转、转发性通知转为发文。内部公文通过随文形式，以通知下发、函件送达、报告上报，可以转为对外发文。

---

① 见《党政机关公文处理工作条例》（中办发［2012］14 号）第九条（三）规定。

八、按处理方式分类

分为阅知件(阅件)、阅办件(办件)。

阅办件(办件):需要办理或答复的公文。

阅知件(阅件):不需要办理或答复的公文。

当前机关单位收文的分流处理,办公自动化系统的设计、纸质公文的精简都需要按此分类标准处置公文。

九、按公文稿本分类

一份公文在拟制、办理和使用过程中,会形成不同文稿与文本。从性质和作用方面划分,目前公文主要稿本包括:

(一) 草稿

是拟制过程中最初期的公文原始文稿,供机关单位内部对公文稿讨论、修改、审批、征求意见之用,按用途和性质称之为讨论稿、报批稿、征求意见稿、代拟稿,如《上市公司重大资产重组管理办法(征求意见稿)》等。草稿具有非正式、无执行效用的特点,除少数用于征求意见之外,一般不向外发出,亦不需归档。对于某些特别重要的公文,经反复修改而产生多次草稿,或带有负责人重要批示的草稿,具有查考价值,可归档保存。

重要公文、法规性公文草稿拟就后需要提交法定机关或会议通过称为"草案"。

(二) 定稿

又称原稿、底稿,是经负责人审阅签发或经会议通过的公文最后完成稿,是缮印正本的依据。草稿经过负责人签发或法定会议通过,便履行了法定的生效程序成为定稿,不经同意不得再作任何修改更动。定稿完成了公文拟制程序中起草、审核、签发的全过程,已经具有公文的法定或特定效用,也具有重要的参考价值和凭证价值。因此,归档公文的定稿应予保存。多数定稿由草稿直接转化而成,所以定稿格式除特有的签发或会议通过标记外,其余均同于草稿。

(三) 正本

根据定稿缮印的、供受文者使用的具有法定或特定效用的公文正式文本。除内部公文或非正式公文外,公文正本一般是具有规范格式和生效标志的主送件,具有法定或特定效力,其证据价值得到法律的认可和保护。在实际工作中,根据内容的成熟程度和生效期限的久暂,正本还有以下三种特殊形式:

试行本:指发文机关认为规范类公文的内容尚不成熟,日后需根据实践的检验情况予以修订时,先行发布的试行文本,在试行期内具有法定效力。如《广州市事业单位公开招聘人员试行办法》、《公务员考核规定(试行)》。

暂行本:指发文机关未及制定供长期执行的内容完善的规范类公文时,暂行制发的文本,在暂行期内具有法定效力。如《企业国有资产监督管理暂行条例》、《跨校副(辅)修专业学士学位学籍管理办法(暂行)》。

修订本:指对已发布生效的规范类公文,经实践检验重新予以修正改补后再行发布的文本。自修订本发布之日起,原文本即行失效。如《中华人民共和国中外合资经营企业所得税法(修订本)》。

(四) 副本

指再现正本内容及全部或部分外形特征的公文复份或复制本,代替正本和定稿供制作、抄送、传阅、参考和存档之用。包括三种形式:

存本:内容同于定稿,外形同于正本,并与发文定稿一同生成、归档备查的公文文本。

复制本:为工作需要或其他目的以正本为蓝本派生出来的公文副本。这类副本在多数情况下毋需归档保存,但在特定情况下,亦可代替正本使用,如下级机关收到上级机关直接翻印下发的更上一级机关的公文、原件批回的复印公文等,这类副本如经过认证(翻印机关加相应认证标记、复印机关加盖证明戳记),效用等同于正本。

复本:指根据定稿与正本同时制作的公文副本,包括抄送件、主送的多份公文、留发文机关供催办、备查的公文(存本除外),以及代替定稿供打字排版用的公文样本等。只要定稿或正本在,这类副本一般不能作为勘误或执行的标准稿本。

(五) 不同文字的稿本

指同一份公文根据需要而生成、采用两种或两种以上语言文字的文稿和文本。当涉外公文中使用中文与外文,或国内民族自治地区公文使用汉文与民族文字时,会形成公文不同文字的文本。一般来说,同一公文不同文字的同样稿本具有同等效用。必要时,需作特殊规定。如文字解释发生争议,则以其中某种文字或第三种文字稿本为准,其使用方式和生效程度应在有关规定中作出具有法定意义的认定。

各种稿本在形式、作用和价值上存在一定差异,处理、使用中需要明确其区别和联系,确保在公文的整个生命周期中正确发挥各自功效。

第二节 公 文 文 种

文种是文书的具体名称,公文文种即为表明公文的特性与适用范围而赋予一份公文的具体名称。

一、选用公文文种的意义与依据

(一) 正确选用公文文种的意义

实践证实,公文文种包含若干信息,如体现公文性质,反映行文方向,表达行文目的,揭示公文特点。正确选用文种,对于文书处理具有重要意义。

第一,有助于促进公文写作的规范化。不同文种具有不同的写作特点和要求,正确选择文种,就可遵循其写作模式和规范,提高写作效率,优化公文质量。例如:同为上行文种,需要上级答复用请示,不需要答复用报告,二者行文规则和写作模式各具特色,各有要求。因为文种不同,有的公文内容宏观、用语精练成型(如命令),有的公文则内容具体、用语周详得体(如通知);有的公文用文章式结构表述(如大多数通用文种),而有的公文则专门使用条款式结构写成(如规范类公文文种)。

第二，有助于提高公文的处理效率。不同文种揭示和要求不同的发文意图和不同的处理方式。比如：请求上级领导机关给予指示或批准时应使用请示，如错用为报告，则会贻误公文的办理，得不到批复。又如：公文办理完毕之后，通过不同的文种，可以迅速准确地判断和采用合适的处置方式。如介绍信、事务性通知、便函等公文材料一般不具备查考价值可予以销毁；会议记录、纪要、各种统计报表等往往按文种名称特征组卷归档。

第三，有利于维护公文的严肃性、权威性和有效性。不同文种性质和功效不同，错用、混用和生造文种，如某民营公司向所在地政府行"决定"，某市政府在发生危及社会安定的重大事件时应使用法定通告却错用社会事务性文书"传单"，都给其工作带来负面影响。

（二）正确选用公文文种的依据

要正确地选用文种，应该以四方面因素为依据：

1. 根据发文机关与主送机关的行文关系选用文种

机关单位对外行文时，首先需要明确与其主送机关的工作关系，以此决定行文关系，然后再定文种。比如：同是具有答复功能的文种，答复上级机关的询问，应该选择上行文种"报告"；答复平行或不相隶属机关的询问，应该选择平行文种"函"；答复下级机关的"请示"，只能选用下行文种"批复"。文种选择使用得体，利于维护机关单位之间正常的工作关系。

2. 根据行文目的选用文种

每份公文都有特定行文目的，故应该以此需要选择不同文种。以公布性文种的使用为例，某国家机关需要向社会宣布体现出发文机关的权威和法定效用，要求周知和执行的事项时，采用法定文种"通告"；如果某旅游景点向公众宣布某特色服务项目，不需要强调发文机关的权威，而是需要吸引大众，则选用随意亲和，简洁便利的社会事务性文种"启事"；用于发布商品、服务信息时可用经济文书的文种"广告"；内部发布教科文卫体及会展信息采用宣传性事务性文种"海报"；需要书面阐明立场，维护自身合法权益时采用事务性文种"声明"等。选择使用得体的文种，有助于受文者准确地理解行文目的。

3. 根据发文机关的权限选用文种

每个机关单位都有自己特定的职权范围和社会地位，部分文种只限于一定级别或拥有相应职权的机关单位才能使用，因此行文时要在发文机关权限范围内选择适宜的文种，否则行文无效。如：规范类公文的文种按有关规定有"条例"、"规定"和"办法"。其中"条例"是法规的专用文种，所以某省人民政府制定规章不得使用"条例"，某大学也不能制发《××大学学生学籍管理条例》。又如一般的企事业单位不能使用"命令"和"公告"，所以我们经常在报纸上看到的《某律师事务所搬迁公告》、《某公司招聘公告》等都属于越权使用文种行为，应予纠正。

4. 根据国家机关的统一规定选用文种。

建国以来，公文文种经历的数次调整基本上是"大稳定、小调整"，随着时代的发展，公文文种在不断发展完善。目前《党政机关公文处理工作条例》统一规定的 15 种法定公文文种既适用于党政机关公文，其他的机关和单位公文也可参照执行。

二、法定公文文种及其适用范围①

决议：适用于会议讨论通过的重大决策事项。

决定：适用于对重要事项作出决策和部署、奖惩有关单位和人员、变更或者撤销下级机关不适当的决定事项。

命令（令）：适用于公布行政法规和规章、宣布施行重大强制性措施、批准授予和晋升衔级、嘉奖有关单位和人员。

公报：适用于公布重要决定或者重大事项。

公告：适用于向国内外宣布重要事项或者法定事项。

通告：适用于在一定范围内公布应当遵守或者周知的事项。

意见：适用于对重要问题提出见解和处理办法。

通知：适用于发布、传达要求下级机关执行和有关单位周知或者执行的事项，批转、转发公文。

通报：适用于表彰先进，批评错误，传达重要精神和告知重要情况。

报告：适用于向上级机关汇报工作，反映情况，回复上级机关的询问。

请示：适用于向上级机关请求指示、批准。

批复：用于答复下级机关的请示事项。

议案：适用于各级人民政府按照法律程序向同级人民代表大会或者人民代表大会常务委员会提请审议事项。

函：适用于不相隶属机关之间商洽工作、询问和答复问题，请求批准和答复审批事项。

纪要：适用于记载会议主要情况和议定事项。

三、其他公文文种及其适用范围

（一）规范类公文文种及其适用范围

1. 条例

条例适用于对某一方面工作作比较全面、系统的规定，是行政法规、地方性法规、党内法规和军事法规等的主要专用文种。如执行性条例：《中华人民共和国土地管理法实施条例》；独立性条例：《物价管理条例》。其制定者被严格限定，规章以及其他规范类公文不得使用"条例"②。

2. 规定、办法

规定适用于针对某一方面或某项工作、事项提出的属于管理性质的要求和规范。如：执行性规定《中华人民共和国海上航行警告和航行通告管理规定》就是根据《中华人民共和国海上交通安全法》的有关条款做出的具体规定；独立性规定《国务院关于行政区划管理的规定》。

办法适用于在办事标准、方法、步骤和措施方面制定的规范的具体规定。办法既体现规定的原则性，又具有细则的具体性。如：执行性办法《福建省渔业管理实施办法》；独立性办法《国

---

① 见《党政机关公文处理工作条例》（中办发〔2012〕14号）第八条规定。

② 《行政法规制定程序条例》（2001年11月16日国务院令第321号发布）自2002年1月1日起施行。

家公务员任职回避和公务回避暂行办法》。

规定与办法可用作法规和规章的文种，也可使用于其他的规范类公文。

3. 章程、简章

章程适用于政党、团体、企业等对于本组织的性质、宗旨、任务、组织机构、组织成员、活动规则；或对于社会组织的权利、义务、经济性质、业务范围和规模、活动制度以及就某项业务所制定的规范类公文。章程需要区分组织章程，其次是企业、业务章程。如《中国共产党章程》、《××市秘书学会章程》等。

简章适用于针对某项工作、某一事项的办理原则、要求、方式、方法制定的规范。如《某大学网络学院 2012 年秋季招生简章》。简章可由任何社会组织制定发布。

4. 守则、准则

守则适用于规范一定范围、系统或行业内有关人员行为，使之有所依循的规则。如《国务院工作人员守则》、《××省人民政府办公厅秘书人员守则》。

准则适用于规定党派、团体、机关规定所属成员特定的要求和较为严格的行为、道德规范。如《关于党内政治生活的若干准则》。

以上两个文种的规范对象均是针对人的行为，强制性与约束力不明显。

5. 规程、规则、制度、公约

规程适用于针对机关、组织的某项工作，活动任务的操作过程和规范制定分解性说明。如《中小学校电化教育规程》。

规则适用于规定一定范围内某项工作、活动中大家共同遵守的行为规范。如《杭州市行政机关制定规范类公文指导规则》《××省人民政府政务督办工作规则》。

制度适用于规定有关人员在某项具体工作、具体事项中必须共同遵守的规则和程序，可使工作规范、有序地进行。如《安徽省档案规范类公文备案审查制度》。

公约有两个含义。作为外交条约的名称之一，一般指三个或三个以上的国家缔结的某些政治性的或关于某一专门问题的条约。作为规范类文书，用于规定人民群众在自觉自愿基础上，经集体讨论，共同约定遵守，主要是涉及道德约束的事项。如《首都市民文明公约》。

以上文种的规范对象均是针对事；内容要符合有关法规规章和政策，与有关部门协调一致。

6. 细则

一是为具体执行有关法律法规规章以及其他规范类公文，针对其全部或部分条文制定的一种解释性、操作性的详细规则。这类实施细则从上位法母体派生，是其细化和补充，具有明显依附性和衔接性，常被称为实施细则。无上位法母体的原本文书不能单独称为细则。

二是为细化某项工作的具体操作制定的一种规范类公文。如《中国科学院院士增选工作实施细则》(1992 年 12 月 4 日学部主席团会议通过，2004 年 10 月 18 日学部主席团会议修订)。

（二）会议类公文文种及其适用范围

习惯称为会议文件，种类和数量较多。每一次会议形成使用文件种类和数量的多少，取决于具体会议。按照会议活动进程，会议文件可作如下分类：

1. 会务管理文件。指从会议的筹备到善后的一系列活动中形成和使用的文件。主要包括：

全年会议计划：根据全面的工作、主要职能和中心工作，制定出的全年重要会议计划，以使一年中历次会议疏密相宜，达到预期效果。

会议安排：参照当前或今后某一阶段工作的主导面和侧重点，通常以月(周)为单位，对会议活动所作的书面安排。

会议通知：用于会前向与会者告之有关事项。一般以定向传递或张贴的方式发出、公布。

会议议程：按事理逻辑对会议议题的顺序所作的安排，适用于会期较长，议题较多，内容较为重要的会议。

会议程序：按先后顺序对会议各项活动(如仪式、讲话等)步骤所作的安排。

会议日程：根据会议计划和进程，对会议活动逐日列出的安排。

会议须知：针对会议中后勤保障、安全保卫及其他各方面应知事项所作的规定。

会议指南：新近出现的一种会议文件。即将一次会议的会务管理类文书集于一册，包括会议议程、日程安排、与会人员名单、会议须知等内容，方便与会人员使用。

此外还有主席团名单、与会人员名单、选举表决办法、签到册(簿)以及各类证件(如代表证、采访证、住宿证、通行证)等。

2. 会议主旨文件。指体现会议主要议题，阐明会议宗旨、任务和要求的文件。主要包括：

开幕词：指大型会议开幕式上有关负责人的讲话，用于宣布会议正式开始，并阐明大会的宗旨、召开背景、中心任务、议程、要求等。

闭幕词：指大型会议闭幕式上有关负责人的讲话，用于总结和评价大会的成果，并对贯彻执行大会精神提出要求，宣布大会结束。

会议工作报告：是机关、单位、团体主要负责人代表领导机构或会议主办单位，在重要的代表会议、全体会议或工作会议上所作的总结工作状况、布置工作任务、研究重要工作事项的书面报告。

专题讲话(包括座谈会、讨论会发言)：在各种会议上有关负责人或来宾就与议题有关的某一专门问题、某方面(某项)工作所作的介绍性、指导性乃至预测性的讲话；以及围绕会议主旨的讨论发言、介绍情况或经验的讲话等。

会议决议：会议对重要问题、重大事项或重大行动作出的安排与决策。

会议纪要：亦称为"纪要"，用于记载和传达会议的主要精神、议定事项和有关情况。

会议公报：将会议召开的主要情况、主要议题、重大结果和重要精神公布于众的公布性文书。

会议决定事项摘要、催办登记簿：为全面贯彻会议决定的重大事项，明确各承办单位(部门)的办理责任和要求，对需承办、催办的会议决定事项进行登记的表格式文书。

3. 会议提议审批文件。指通常用于提交各种法定会议(代表会议、代表大会、委员会)审议批准的文件草案或报批稿，需经与会代表讨论、完善结论、充实材料、润色文字，最终将修正草案提交会议通过。主要包括：

提案:泛指各类代表会议的代表按规定人数联名提交大会讨论决定的书面意见与建议。特定情况下也特指政协提案。

议案:一般指列入会议议程的提案;也特指依法提出的各类议案,即:各级人民代表按法律程序向同级人民代表大会或其常务委员会提请的审议事项。

建议:人民代表针对各方面工作以个人名义或联名提出的建议、批评、意见;此外议案草案不被列为会议议案的,也改为按建议或意见处理。

4. 会议动态文件。指如实记录、反映会议过程中的动态信息的文件。分为两类:

会议记录。包括大会记录、分组记录、汇报记录、小型会议记录,按记录方式可分为文字记录、录音记录等。

会议简报。包括综合性简报、专题简报、动态简报、会议信息等。

5. 会议参考文件。指会议筹备、召开过程中收集、使用的参考性文件。分为两类:

与会议议题有关的参考文件。如统计数据、典型事例调查报告、情况报道等;

与会议有关的各种背景文件。如历史资料、档案材料、有关法律、法规、规章和政策性文件的汇编以及其他有关书籍报刊。

6. 会议宣传礼仪文件材料。指为保证会议达到预期效果而进行的必要的宣传礼仪活动中形成和使用的文件材料,如贺信(电)、祝词、讲演词,有关会议的消息报道(新闻通稿底稿)、宣传提纲、会议口号等。

(三)计划与信息反馈类公文文种

含计划、规划、纲要、工作要点、方案、设想、预测报告、调查报告、签报、总结、信息、简报等。

(四)其他事务类文书文种

含各类书信、条据等文种不一一列举。

思考练习题

1. 怎样正确理解通用公文和专用公文的划分,上行文平行文下行文的划分,各种公文稿本的形成、作用和价值。

2. 简述电子公文的要素与主要种类。

3. 简述规范类公文的相关概念与种类。

4. 联系实际谈谈正确选用公文文种的意义与依据。

5. 通过实际案例分析以下公文文种的异同:报告和请示;通知和通告;通知和决定;报告和函;请示和函;批复和函;决定和通报;意见和报告。

第四章　文书工作概述

文书工作是本课程研究的主要对象之一。通过对其概念、任务和地位，基本原则，组织工作以及行文规则的介绍，机关单位内外如何开展文书工作的轮廓清晰可见。学习本章，需要了解文书处理广义和狭义概念、其主要任务和地位；理解和掌握文书工作的基本原则、组织工作的具体内容，包括组织领导、机构人员、组织形式、工作制度等；本章的难点和重点在于深刻理解各机关单位之间的工作关系和行文关系，熟练运用行文规则，包括正确运用行文方式和执行行文制度。

第一节　文书工作的任务与地位

文书工作，亦称为公文处理工作、文书处理，通常有广义和狭义两种解释。广义的文书工作，即按照公文拟制、办理和管理的规律，对其一系列相互关联、衔接有序的操作环节、工作步骤的组合和安排。狭义的文书工作，主要专指由机关单位文书工作机构和专(兼)职文书人员所承担的那部分工作。

一、文书工作的主要任务

（一）收文办理

指对收到公文的处理。主要任务：

其一，收文的接收：包括签收、初审(收文审核)、退文、分办(分发)；

其二，收文的办理：包括拟办、批办、承办、注办。

（二）发文拟制和办理

指以本机关单位名义制发公文。主要任务：

其一，发文定稿的拟制：包括起草、会商、审核、签发；

其二，发文的办理：包括复核、注发、印制、用印或签署、核发。

（三）公文管理

指对整个文书处理流程的组织管理和施行监督控制。主要任务：

其一，出口进口严把关——收发文登记；

其二，沟通协调快运转——传阅；

其三，反馈信息重利用——收文信息加工、答复；

其四，监督控制高效率——催办、督查等。

（四）办毕公文处置

指对处理流程办理完毕的公文进行终结处理。主要任务：

其一，归档整理；

其二，清退；

其三，销毁；

其四，暂存。

从上述任务可见，文书工作既是各机关单位办理公务、完成本职工作实现其职能的重要形式和主要手段，又是其综合职能机构（文书处理机构）的日常基础性工作；既融汇在机关单位内部各项工作中，又与外部有着广泛而密切的联系。

二、文书工作的地位

有的人认为，文书处理不过是"抄抄写写、收收发发"的纯事务性工作；有的单位配备文书人员的条件仍是"政治上可靠，文化水平过得去就行"；有的单位的工作人员（包括一些负责人在内）每天经手处理公文，却对其形成使用及处理规则懵懵懂懂，失误频发，这在很大程度上都是因为对于公文及其处理活动的地位缺乏正确认识。

文书处理是形成公文并使其产生实际效用的手段，其作用不可替代。

（一）文书处理是机关单位行政信息管理工作的重要组成部分，是一项基础性管理工作。由于公文信息是行政管理信息中基本的、核心的部分，各机关单位中行政信息处理、行政管理活动多实际表现为具体的文书处理活动。据有关资料统计，在不同类型机关单位中，文书处理约占其工作总量的 25％—60％[①]。文书处理的质量和效率往往是衡量机关单位工作水平高低的重要尺度，同时也是展现其公务活动形象的重要窗口。以政府机关为例，对于公文及文书处理的广泛依赖性贯穿其活动范围始终，少有例外。国际著名档案学专家 T·R 谢伦伯格对此有精辟分析。他认为，尽管所需文件（即广义公文，下同）种类可能不同，但文件的重要性对于行政阶梯的最高一级和最低一级却毫无区别。具体体现在：文件是反映一个政府产生和成长的过程，了解该政府一切活动的主要情报来源；是一个政府籍以完成其工作的基本行政工具；是信息时代政府合法行政的基石；是政府和所有组织的行政证据（包含着必须加以保存以保障政府和组织免受攻击的财务和法律证据）；体现着大量的政府公务经验，政府需要借助于这种经验使自己的行动具有连续性和一贯性，需借鉴这些经验去制定政策、处理社会、经济以及组织、程序等方面问题。[②]

（二）文书处理是档案工作和国家档案事业的基础。档案主要是从文件转化而来的，它的质量取决于文件的产生方式、保管方式和处置方式；档案工作者在工作过程中遇到的很多问题，都要溯源于文件的形成和处理方式；档案工作所提出的原则和实践，同档案部门接受文件的具体条件密切相关。从这个意义上说，文书处理的质量和水平不仅影响文件质量，也对各机

---

① 曹润芳：《机关文件管理》，北京：中国人民大学出版社，1990 年。

② T·R 谢伦伯格著，黄坤坊译：《现代档案——原则与技术》，北京：中国档案出版社，1990 年。

关单位的档案工作的质量和水平有直接影响。从这个意义上理解,文书工作对档案事业的发展有决定性影响。

(三) 国际社会对于文件管理(文书处理)工作十分重视。随着信息化建设的深入,信息资源的核心地位得到越来越广泛的认同。文件是政府及社会组织重要的信息资源,目前其电子化程度正在快速提高。美国、加拿大、新加坡等电子政务水平较高的国家在分析评估电子政务实施状况时认为:"从全球的角度来看,令人担忧和不解的是电子政务的实施怎能忽视文件管理!"

国际档案理事会和联合国教科文组织于 2002 年 5 月在北京召开"信息社会世界峰会"筹备工作磋商会议,再次强调文件和档案是人类活动直接的真实产物,是记录人类和环境发展的证据。建议峰会通过以下原则和行动:

1. 档案和文件是唯一的,不可替代的。促使各国和国际组织制定有关承认档案和文件专业以及档案和文件机构的重要作用的政策;制定能够提高公众档案和文件意识的政策。

2. 档案和文件是今天和未来的所有公民权利和权益的凭证。要以平衡兼顾的方式,促进传统和数字文件的管理、利用和保护。

3. 促进公共部门实施有效的文件管理是有效的政府管理的基础,是责任制的先决条件。

4. 通过提高公民文化能力,制订和实施国际标准及国家政策等途径,完善和促进更广泛的文件信息利用。

5. 推动公共和私人部门建立有效的信息、知识和文件管理系统,促进其长期的真实性、完整性和可利用性。在当今信息易于丢失和变更、电子载体不稳定并且迅速遭到技术淘汰的时代,这项工作更显重要。

不可否认,文书处理过程中存在大量琐碎、具体的事务性环节,即使实现了办公自动化管理,仍不能避免其中会有大量手续性、程序性的简单枯燥的操作性工作要做。但就整个工作系统看,正是这些平凡琐碎的工作,如一个个闪亮的光点铸成了沟通社会组织管理信息系统的生命线。机关单位只有科学组织和精心安排文书处理活动,才能充分满足各项工作的正常开展和有效管理;整个国家只有建立一套统一、科学、规范的文书处理制度,开辟一条畅通无阻的文书处理通道,才能使全部国家机构上下通达、令行禁止、相互协调、运转自如。

第二节　文书工作的基本原则

文书工作的基本原则是对其内在客观规律的正确反映,是开展这项工作的总体方针和指导思想。在当前,文书工作应遵循以下几项基本原则:

一、依法行文原则

要求依照法律法规规章及其他规范性文件的规定对文书工作各构成要素及其活动进行组织、协调和规范,依法拟制、办理和管理公文。

在过去大一统的计划经济体制和高度集权的行政领导体制下,党政公文的内容囊括了国家的主要活动,加之中国特色的"红头文件至上"的传统观念影响,官方公文违法、代法、压法的做法并不鲜见,体现了重"人治"、轻法治的时代特征。近年随着我国改革开放的深入,社会主义政治文明建设的推进，为落实依法治国方略，2000 年《国家行政机关公文处理办法》首次规定行政机关的公文是"依法行政"的重要工具。① 2004 年国务院发布了《全面推进依法行政实施纲要》（以下简称《纲要》），系统提出了未来 10 年我国全面推进依法行政、建设法治政府的目标、基本原则和要求、主要任务和措施。《纲要》提出合法行政、合理行政、程序正当、高效便民、诚实守信、权责统一等依法行政基本要求，对于重要的行政工具——公文，对于依法行文，是同样适用的基本要求。

在现代社会，依法行政之"法"不仅包括法律法规，还包括法律的一般原则、法律精神和法律目的，②而依法行文之"法"亦然。近年来各国家机关根据自身公务活动的特点、性质、环境、进程的特点，陆续制定、修订和发布了一批针对或者涉及文书处理活动的法规规章和行政规范性文件，有关的国家标准、行业标准也相继出台，内容涉及文书处理、公文保密、政府信息公开、行政规范性文件的制定备案、电子公文管理和归档、归档文件整理、公文精简等各个方面，涉及到制发主体的合法、发文依据和内容的合法、文种格式等形式的合法以及办文手续和程序的合法，文书处理活动已经纳入法制轨道。

依法行文原则体现在具体的文书工作中，其一，要建立、完善文书处理法规规范的体系，建立其工作的秩序和行为准则，为文书处理提供法律法规依据和保障。其二，在文书处理过程中必须依法办事和行文，在包括发文主体资格，发文依据，公文内容、文种、格式，行文规则，办文程序和手续等各个方面，处处以法律法规规章、国家标准、行业标准以及有关规定为依据并严格执行，使依法行文真正落实。

二、实事求是原则

要求文书处理活动中做实事求实效，深入实际，调查研究，反映真实情况，解决实际问题，判断合乎实际，措施切实可行，克服官僚主义、文牍主义和形式主义。

这一原则关系到机关领导作风问题。领导群体作为各机关单位的负责人和决策者，其活动与文书处理活动的关系尤为密切，自然对公文产生效力影响最大。因此机关领导作风常常能够对该机关单位的文书处理活动的开展情况产生决定性影响。当前多少严肃的政令，在形形色色的"花架子"下成为一纸空文和官僚文章，"污浊的官僚主义使我们陷入滥发文件，空谈法令，乱写指示的境地，而生动活泼的工作却淹没在这浩如烟海的公文中了"。③ 所以在文书处理中坚持实事求是原则十分重要。

实事求是原则体现在具体的文书工作中，必须坚持对领导负责和对人民负责的一致性，公文既要成为如实反映领导意图的喉舌，也要为如实反映人民群众的意愿大声疾呼，报告工作反映问题时既要报喜也要报忧。必须注重实际效用，纠正一些思想误区，如把发文规格和数量简单地视同于工作政绩和领导重视程度；把照抄照转、层层发文等同于对待上级指示的态

① 国务院：《国家行政机关公文处理办法》（国发〔2000〕23 号），第一章第二条，2000 年 8 月 24 号发布，2001 年 1 月 1 日起施行。2012 年 7 月 1 日起停止施行。
② 曹康泰：《依法行政典型案例读本》，北京：中国法制出版社，2005 年。
③ 《列宁论苏维埃国家机关工作人员工作》，北京：人民出版社，1967 年，第 205 页。

度;把发文当作领导指导工作的唯一方法和形式等,在此基础上对文书处理工作方法和制度进行改革创新。

三、准确规范原则

要求科学而严密地组织文书处理,完善其工作质量保障体系,实现其构成要素、过程和质量指标的全面优化。

这是对公文和文书处理的质量要求。文书处理的全面优化是机关工作作风和工作水平的直接反映,能够有效提升党政机关以及其他国家机构、社会组织的形象和办事效率。公文质量出现问题,小则成为阻挠公务活动顺利进行的败笔,大则可能使国家机关决策的公信力和执行力受到致命伤害,甚至造成不可挽回的政治、经济损失;同样,对于其他社会组织,质量低下粗制滥造的公文也是降低其办事效率和破坏其组织信誉的可怕杀手。

准确规范原则体现在具体的文书工作中,一是要求全面把关,做到公文内容、文字和形式准确周密,符合规范;运转处理组织科学、设计合理,权责清楚,赏罚分明,手续齐全、方法缜密。国务院某负责人在全国政府系统文书处理工作座谈会上一段令人振聋发聩的讲话,是对优化原则落实在具体工作中的最好诠释:"对重要文件的起草、修改、审核把关直到公布,我们一定要有严谨的作风、锲而不舍的精神,精雕细作,精益求精,在文件上倾注心血,朝思暮想,推敲斟酌,这样才有可能形成一个好文件、好作品"。二是必须强化全员质量意识,包括加强领导,完善文书处理机构在公文质量控制中具体指导、协调、督促检查、信息反馈等方面的职能;建立一支稳定可靠、具有专业性、技术性、高素质的公文专业人员的队伍,并通过教育培训,全面提高各级各类工作人员的办文素质。三是要建立健全灵敏有效的公文质量信息监督反馈机制,以对文书处理质量施行有针对性的监控。

四、精简高效原则

精简要求注重效率,精简公文。即要求消除一切不必要的发文;在保证有效的前提下提倡写短文;简化公文结构、文种、格式及写作模式;简化文书处理流程的运转、送审层次,操作程序和手续。高效要求办文及时,规定公文办理时限,加强督促与检查,防止公文办理积压、拖延,及时、快捷地处理公文,并逐步实现文书工作的标准化与现代化。

这是对公文和文书处理的效能要求,即是指行文主体在行文时应以最少的资源投入实现最优的资源配置效果。进入信息时代,公文数量激增与公文信息加工能力之间矛盾尖锐,使精简高效必须成为文书工作的基本原则。"简单就是可靠","便利更有生命力"已经被越来越多的管理者所认同。超过实际需要的多样性从来都是公文质量与文书处理效能的大敌。只有简单方便,才易于有效掌握和推行,才可以对所有人严格要求;才可以降低操作难度,减少中间转换环节,少出差错,提高公文质量。①

---

① 赵国俊:《关于进一步完善我国党政机关公文处理法规建设问题的几点思考》,2005 年 7 月 14 日,http://org. ahas. org. cn/ybgs。

精简高效原则体现在具体的文书工作中,首先,必须树立正确的公文信息观念,从文书工作大环境入手,如在机关及其他社会组织的管理体制、工作流程、工作作风、机构设置、文书工作的组织形式、办公方式以及工作人员的办文意识、办事能力和制度要求等方面,形成和保证实现精简高效的机制和氛围。第二,必须从文书工作自身入手,如在保证质量和效率的前提下,坚持发文少而精;开通更多的公文公开渠道,提高公文信息共享程度;建章立制限制发文范围,改"按级发文"为"按需发文";简化公文文种与格式、结构与语言表达,创制并推广规范简约的公文写作模版;采取各种手段和方法简化文书处理流程、手续与送审层次,减少环节,注重实效;明确规定公文办理时限,加强办文督促检查;尽快推行公文标准化,实现文书处理的现代化。第三,应建立公文成本控制观念和制度,重视文书处理的投入(人力、物力、财力、时间)与实际客观效果之间的关系,合理配置和充分利用各种资源,降低办公成本和消耗,经济高效地完成文书处理各项工作。

五、安全保密原则

要求确保公文在政治上和实体上的安全。政治上的安全是指确立保密观念,严格执行保密规定,安全可靠地传递、办理与管理公文,确保涉密公文及文书工作的安全,积极防范各种窃密行为;尤其注意在计算机和网络环境下掌握必备的保密方法与技术,保证公文内容不被窃取、篡改或恶意销毁。实体上的安全是指对公文本身做好保管维护工作,防止污染、损坏和丢失。

文书工作机构作为公文的吞吐口和产生源头,是党和国家秘密、各机关单位工作秘密的总汇集处,比起一般人员,文书人员往往知密时间早、知密内容多、知密程度深,对于文书工作的安全保密负有重要和直接的责任。一方面,公文的安全保密,仍是对敌斗争的一种手段;另一方面,在组织内部,为确保党和国家的根本利益不受损害,社会的安定团结及各项工作的顺利开展,涉及国家秘密、商业秘密、个人隐私的文件材料,以及公文中涉及的机关单位内部尚在酝酿、讨论而未作出最后决定并实行的决策、措施等,在特定阶段和范围内均具保密性。

安全保密原则体现在具体的文书工作中,第一,依靠机关各部门和工作人员各方面共同努力,特别是依靠文书人员的政治觉悟和对于本职工作的认真负责精神。第二,必须熟悉和严格执行保密法律法规和规章。准确制定、掌握本行业、本组织公文的保密范围规定,科学确定密级和保密期限,对于涉密公文的拟制、印刷、传递、承办、收发、登记、借阅、保管、清退、归档、移交、销毁、翻印制度以及办公机构和要害部门的保密规章制度,都应严格遵守执行,确保安全。第三,设备工具的性能和质量应该有所保证。公文信息的失真失密常与设备工具的质量隐患有关。必须保证公文记录、加工、传递、存储设备工具的质量和性能处于优良状态。文书人员要学习掌握一定的现代保密知识和技术。使用现代化的设备工具,如计算机、传真机、网络等传输秘密公文,必须采取加密措施。绝密级公文不得使用计算机、传真机传输。第四,正确处理保密与公开的关系。研究公文保密规律,认真施行《中华人民共和国政府信息公开条例》①,依法建立健全和遵守公文定密(确定密级)、降密(降低密级)、解密(解除密级)制度及其

---

① 《中华人民共和国国务院令第 492 号》,自 2008 年 5 月 1 日起施行。

程序。由于历史的原因，我国不少关于公文保密的规定原都是由党的机关制定的，按照法制建设的要求，这些规定应逐步纳入我国法制建设的轨道。

六、集中统一原则

要求对文书处理实行统一领导与指导，遵循统一的制度和标准，部分环节必须由文书工作机构或专（兼）职文书人员负责完成，防止各行其是、放任自流。

这是对公文和文书处理的组织管理要求。以集中统一管理为原则，由公文的通用性和文书处理的重要性所决定，它使文书处理无论在全国范围还是一个机关单位内都得到有效控制和有序开展。

集中统一原则体现在具体的文书工作中，要求做到：

组织领导集中统一。即各机关单位的文书工作应置于其负责人的直接领导之下，并通过其授权，机关单位的综合职能机构，如办公室（厅）作为文书处理的管理机构，办公厅（室）主任具体负责统一领导、组织与安排，主管本机关单位的文书工作并指导所属下级的文书工作。

工作制度和标准统一。即根据有关法规规章以及其他规范性文件的精神，机关单位分别由其文书处理的管理机构统一制定文书处理规章制度及标准并监督施行，以保证公文质量。

处理渠道集中统一。即文书处理流程中能决定公文形成、消亡、流向、流速、数量和归宿的关键环节，如收发、分办、传递、用印、归档文件的整理和销毁等，应尽可能由各机关单位的文书工作机构或综合职能机构专（兼）职文书人员集中掌管，采用通行技术方法和处理规范；机关单位的其他机构或人员（包括各级负责人）均不能擅自收取、启封、滞留、发出或销毁公文。

第三节　文书工作的组织与制度

文书工作的组织，即为实现文书处理各项任务而将其构成要素以合理方式组合为一个整体的活动，包括管理体制、机构与人员、组织形式等内容。

文书工作的制度，即通过建章立制，在公文撰制、传递、处理和管理活动中形成的一系列工作规范，并由有关机构和工作人员共同遵守。

组织与制度，使机关单位内由不同机构和人员分散进行的文书处理责任明确、分工合理、运行有序，质量和效率得到保障和监督；其状况和水平直接影响机关单位的管理水平、工作效率和工作秩序，这在实践中已经得到验证。

一、管理体制

（一）全国范围文书工作实行统一指导

在我国，文书工作没有全国性垂直领导机构。按照集中统一原则，在全国范围由中共中央办公厅和国务院办公厅分别负责指导党政系统的文书工作，发布有关规章或规范性文件，负责召开有关的业务工作会议等。近年来在依法治国的大背景下，为保证依法行文，除了党政领导机关之外，其他国家机关如人大机关、审判机关、检察机关、军事机关等，也相继制定发布了有关规范性文件，分别由其办公厅作为文书工作的管理机构，负责指导所在系统的文书工作，实现了全国范围文书工作分系统在业务上的统一指导。

（二）各机关单位文书工作的领导指导

在各机关单位，综合职能机构即办公厅（室）是其文书工作的管理机构。办公厅（室）及其负责人承担了主管文书工作的领导职责。在具有上下级关系的机关单位中，上级的办公厅（室）对于所属下级文书工作负有业务指导职责，包括：组织施行有关规范及标准，制定规章制度；组织业务培训、检查；负责咨询及业务指导。如在各级党政机关，"办公厅（室）主管本机关的公文处理工作，并对下级机关的公文处理工作进行业务指导和督促检查"。[①]

（三）档案机构对文书工作的业务指导

鉴于公文与档案的密切关系，按照有关规定和习惯，各机关单位的档案机构历来将对本单位整理归档的监督、指导职责视为己任。《〈中华人民共和国档案法〉实施办法》[②]规定：机关、团体、企业事业单位和其他组织内的档案机构"要指导本单位文件资料的形成、积累和归档"；《电子公文归档管理暂行办法》[③]规定："机关档案机构应参与和指导电子公文的形成办理、收集和归档等各工作环节"，"副省级以上档案行政管理部门负责对电子公文的归档管理工作进行监督和指导"。可见，无论是针对传统的纸质公文还是新型的电子公文，档案机构除了履行对整理归档一贯的监督、指导职责外，对于本单位文书工作的业务指导范围已经扩大到公文形成、积累即公文拟制、办理阶段，符合近年文件档案实行一体化管理的趋势。但在实际操作中，目前这一业务指导和监督职能仍受到相当的限制，并未完全到位。

二、机构人员

由于文书工作是辅助管理、实现机关职能的通用手段，所以它渗透在机关单位的领导工作和各个业务机构工作之中，不属于哪一个机关单位的专门职能，也不可能由其内部一个机构完全独立地完成，而是需要全体工作人员共同完成。国家对于文书工作机构和文书人员的配备没有统一标准，为保证这项需由各机构参与、但又非它们主要职能的工作顺利进行，各机关单位应本着精干、高效、运转协调的原则，对文书工作机构与文书人员进行科学设置和合理分工。

（一）文书工作机构

机关单位内部机构一般分为两大类：一类称职能机构，即为分工专管某项业务而设立的机构；一类称辅助机构，亦称"中心机构"、"综合职能（办公）机构"，即为领导核心服务和各部门服务而设立的机构，如办公厅（室）、秘书处等。

据此，各机关单位文书工作机构基本上分为三种类型：

由综合职能（办公）机构负责——规模较小的机关单位直接由其综合职能（办公）机构作为

---

① 《党政机关公文处理工作条例》第七条规定。

② 《〈中华人民共和国档案法〉实施办法》1990 年 10 月 24 日国务院批准，1990 年 11 月 19 日国家档案局令第 1 号发布，1999 年 5 月 5 日国务院批准修订，1999 年 6 月 7 日国家档案局令第 5 号重新发布。

③ 《电子公文归档管理暂行办法》（国家档案局第 6 号令，2003 年 7 月 28 日发布，2003 年 9 月 1 日施行）第三、四条规定。

其文书工作机构,承担公文的传递、拟制、办理、管理等工作,一般设置专(兼)职文书人员具体负责。这种类型适合于基层机关、规模不大的企事业单位。

由专门机构负责——一般大中型机关单位往往在综合职能(办公)机构如办公厅(室)下设置专门机构,如收发、文电、秘书、机要、文印、通讯、值班、信息等处或科室。这些专门机构根据机关单位规模、职能、办公厅(室)所处的地位以及实际工作需要划分层次,一般不超过两层。如在文电处或秘书处下再设收发室、文书科、机要科等。

由综合职能(办公)机构与各部门的文书工作分支机构分工负责——大中型机关单位一般在综合职能(办公)机构设总的文书工作机构负责全面的工作,根据需要在内部职能机构的办公室设置文书工作分支机构或部门专(兼)职文书人员,负责该职能机构的分支的文书工作。

(二) 机关单位各层级人员的文书工作责任

由于规模、管理层级的划分,工作职责和任务不同,机关单位中参与文书工作的各层级人员各自负有相应的责任。各司其责,对于提高文书工作质量与效率有重要意义。

1. 领导群体的文书工作责任。领导群体属于文书人员中的决策层,对于文书处理负有既特殊又直接的重要责任。具体体现在:

其一,对本机关单位的文书处理负有总体决策和把关职责。负责组织形式的选择确定,机构人员的设置配备,制定本单位文书工作流程、计划、规章制度和标准,确定本单位文书工作系统实现自动化的重大方案及具体实施等方面的总体决策和把关,并领导解决单位内文书工作中带有根本性的随机事件和重大事件。

其二,对重要公文负有参与起草或亲自撰拟的职责。对此中共中央在《关于各级领导干部要亲自动手起草重要文件,不要一切由秘书代劳的指示》(1981 年 5 月 7 日)中早有明文规定,在《党政机关公文处理工作条例》第十九条(七)规定"机关负责人应当主持、指导重要公文起草工作",以保证方针政策的准确性和公文的质量。

其三,对文书处理中若干关键环节负有具体操作和把关责任。按照有关规定,机关单位负责人操作并负责的具体工作环节,需要把好"三道关",才有可能对于公文产生的社会、经济效益以及可能带来的后果承担有关领导责任。即批办"一枝笔",阅处重要来文并指示处理原则与方法,把握处理重要公文的决策权;审核"一道关",对重要发文从内容到文字全面把关;签发"一个口",审定签发以本单位名义制发的重要公文并承担其法律和行政后果,公文由此履行法定的生效程序而正式成文。①

学习和掌握文书处理的有关知识和相关规定,是领导群体履行自身职责时的一个基本条件。早在 1923 年,列宁在《宁可少些,但要好些》一文中就明确提出选用国家机关干部的四个基本条件之一是"必须通过国家机关基本理论、行政管理和文书处理的基本知识的考试"②。当前国家机关及其他社会组织在施行管理、履行公务中,时有公文抗法、行文"违规"、"逆向"运

---

① 杨戎:《工欲善其事,必先利其器——析领导群体与公文处理的关系》,载《四川档案》1999 年(6)期。
② 《列宁选集》,第 4 卷,北京:人民出版社,1972 年。

转、公文打架、公文"旅行"、失密泄密、贻误工作等等现象发生,给工作造成很大负面影响甚至损失。深究其因,除现行体制、领导作风、个人能力素质等方面的问题外,部分负责人在参与文书处理工作中存在"先天不足"也是重要原因。主要表现在轻视文书处理,文种混用错用,格式不符合规范,违反行文规则,违反文书处理流程的要求和规范操作,以致造成上行下效,给工作带来混乱和失误。各级负责人应该身先士卒,作出表率,重视文书处理知识的学习和掌握,依法行文,减少文书处理中诸多人为障碍,对于工作中增加科学性,减少盲目性,也可起事半功倍之效。

2. 综合职能机构负责人的文书工作责任。办公厅(室)主任、秘书处长(科长)等,是各机关单位文书工作机构负责人,属于文书人员中的控制层,对本单位文书工作负有全面而又具体的责任。体现在:

经常向本机关单位负责人介绍文书工作的法规规章、规章制度、基本流程、标准要求以及汇报文书工作情况,争取领导的重视、支持和配合;

制定本单位文书处理的各项规章制度以及相应的工作标准;

充实配备文书人员,实行岗位目标责任制或岗位规范标准,抓好业务培训、考核和检查;

组织印制文书处理用纸和购置符合规范的设备器材;

履行在文书处理流程中办公机构及其负责人的具体职责,如审核、拟办,起草重要公文等等。

3. 专职文书处理机构负责人的职责。即各机关单位设在办公室之下的数量不等、名称各异的专职文书处理机构如秘书处(科)、文秘处(科)、机要室、收发室、文印室的负责人,甚至包括目前一些单位内负责电子文件传递运行的信息技术中心的负责人,其主要责任是:在管理职权范围内负责制定文书处理的工作标准和制度,确定岗位分工的原则和具体责任,并具体领导文书工作,保证正常运转,提高质量和效率。

4. 职能(业务)机构负责人的文书工作责任。相对于专门的文书处理机构来说,负责起草和办理公文的职能(业务)机构称之为承办(办文)机构。其负责人的文书工作责任体现在:其一,负责机关单位名义的发文代拟稿的审核、草签,对公文内容的专业性、客观性、真实性和正确性严格把关。其二,负责以部门名义发出的公文的起草、审核和签发。其三,负责办文中的协调责任,对本机构主办的与其他机构联合发文或会商(会签)发文进行协商、会签,以保证政令统一。其四,主持本机构承办公文的拟办、承办、催办等工作。

5. 专(兼)职文书人员的职责。分为专门的文书人员和文书辅助人员,分属于文书人员中的操作层和辅助层,前者亦称"内收发"或"内勤",即具体负责公文的收发、传递、对内催办、盖印、销毁等工作;后者主要负责文印、计算机录入、外收发传递等工作。

6. 其他工作人员的文书工作职责。相对于专(兼)职文书人员,机关单位内部机构、直属单位中其他直接参与公文的创制和具体办理活动的人员,称为承办人或办文人,他们对于按时保质完成公文内容涉及的具体工作任务负有责任,如具体公文的承办、注办、办毕公文的收集处置等。

古今中外人类社会的共同经验都认定,文书处理决不仅仅是"抄抄写写"、"收收发发"的无师自通的纯事务性工作，它有自身科学的规律，严格的制度和特定的流程，有一整套需要形成使用者学习掌握的业务性很强的基本知识和技能。新时期要求十分注意提高文书人员的政治和业务素质，建设一支政治可靠、思想敏锐、工作勤奋、学习刻苦、作风严谨，具有良好业务能力和文字水平。现代文书处理，需要掌握政治理论、经济、法律、科技等各方面知识，需要现代管理观念和方法，需要掌握并运用现代化办公设备和技术。因此，过去那种要求文书人员"政治上可靠，粗通文化"的选材条件，那种仅靠耳濡目染的经验积累来提高文书处理技能水平的途径，那种"以师传徒"传授文书处理经验的方式，均已经不符合时代要求，需要相应地建立一套科学有效的对文书人员进行考核、选拔、任用和培训的制度。

三、组织形式

文书工作组织形式指在机关单位内对于文书处理的机构与各个工作环节予以分工组织安排的形式。正确选择和确定组织形式，目的在于建立合理的文书工作秩序，实行科学分工，使工作流程简捷高效。

（一）确定组织形式的依据

确定机关单位文书工作组织形式主要取决于其综合职能机构（中心机构）能否直接控制各专门机构和分支机构文书工作的状况。应根据实际情况，综合考虑一个机关单位以下几方面因素：

1. 工作性质、任务和职责范围；
2. 工作规模，即内部机构设置的层次与数量；
3. 年收发文件的数量；
4. 各机构的驻地分散或集中，各机构（部门）与综合职能机构（中心机构）的距离远近；
5. 工作人员的数量以及文书人员的配备情况等。

（二）组织形式的类别

1. 集中式

即一个机关单位的全部文书工作，除部分拟制与具体承办工作由有关职能机构承担外，其他处理环节基本上集中在综合职能机构（中心机构）——办公厅（室）、秘书科统一进行的组织形式。办公室直接负责对本机关单位文书处理的统一组织，直接同机关单位负责人和各职能机构联系有关文书处理事务，各机构不再设置专门的文书处理机构或配备文书人员。

本形式利于系统、全面地安排、规划和控制整个机关单位的文书工作，但缺乏灵活性。适用于小机关、基层单位；职能单一、机构层次少且不稳定，职能分工不明确，公文数量少的中型机关。

2. 分散式

亦称分工形式，即一个机关单位的文书工作分别由其综合职能机构（中心机构、文书处理机构）与各职能机构的文书处理分支机构，或专（兼）职文书人员分工负责进行的组织形式。具体分工形式：一是按照公文内容和涉及业务范围分工，将反映综合性、全面性、重大方针政策性的公文以及用机关单位名义制发的公文，主要放在机关单位的中心机构（办公室）处理；属于某项具体业务方面的问题的公文,以职能机构或其他名义制发的公文由其各自的办公室或文书人员负责处理。二是按文书处理流程的不同环节分工,将部分工作环节如公文的收发、分办、传递、缮印、用印等由综合职能机构统一负责,而另一部分工作环节,如公文的催办、承办、整理归档等则由各职能机构的办公室及专(兼)职文书人员负责。

本形式具有较强的灵活性和适应性,适用于规模较大、职能单一、内设机构分工高度明确、办公驻地分散的一般大中机关、组织。但本形式整体控制能力和各机构(部门)相互协调能力相对减弱。应采取一定措施加强综合职能机构的信息指导、监督以及控制力度,以保证整个组织公文管理效率的最大化。

3. 集中分散混合式

即部分职能机构成为独立的文书工作实体,其他的职能机构只承办公文,其余环节由综合职能机构负责的组织形式。

本形式兼有集中和分散两种方式的特点。适用于存在以下情况的机关单位:办公地点分散;有规模较大的若干业务机构(如外事、信访、大中型集团性企业等);公文数量在各部门严重不均衡等。

4. 分级式

即按照机关单位各职能机构的权限范围,采用分级负责的组织形式。

本形式将整个机关单位文书工作分为若干层次,分别具有相对独立的文件信息的控制能力和条件,通过简政放权,给予各职能机构权限之内的文书工作权限,使文书处理具有一定的灵活性;上一层次的综合职能机构对下一层次各部门文书处理分支机构的管理工作采取指导性、导向性的间接控制,机关单位既能对涉及全局和比较重要的文件保持很强的控制能力,又能从更高的层次上把握文件管理的制度与规范,实现整体性与灵活性的统一,有利于提高效率。本形式适用于大型机关单位以及内部机构较多,工作业务量大的机关单位。

总之,不同类型的机关单位必须实事求是地安排文书处理机构和处理环节,既要避免在小机关、基层单位过于分散,也不要在大中型机关单位过于集中,其标准应该是以既能使文书处理渠道畅通,又能节省人力提高效率为好。随着情况的发展变化,文书工作的组织形式还要注意适时调整和改革。如在现代办公条件下,网络将机关单位原本封闭式的金字塔状的组织结构从上向下编制成一种交错的相互沟通的网状结构,它打破了原来职能或业务机构之间的壁垒,职能或业务机构之间可以进行广泛的信息交流和协调沟通,共享信息资源,提高工作效率。机关单位中信息传递的方式由单向"一对多式"的层层上传下达向双向的"多对多式"转换,使信息无须经过中间环节就可达到沟通的双方。文书工作机构不再是公文信息的线性传递机构,而成为办公网络中一个双向、多向交互的信息中心节点,成为机关单位公文信息的组织和管理中心,使得文书工作组织形式由集中式向分散式转变,高层决策者直接与执行层接触,各执行层的自主权加大,办文和办事在职权责等各方面统一起来,要求越来越高。[①]

---

① 参见王健:《文书学》,北京:中国人民大学出版社,2005年,第52—53页。

四、制度建设

(一)加强文书工作制度建设的重要性

文书工作制度是指在公文拟制、办理和管理活动中,有关组织和工作人员应当共同遵守的一系列工作规范。文书处理常常"是一种具有特定法律后果的行为"①。针对这种行为,建立健全和实施相关的法律规范、制度规范就成为一种客观的必需。

其重要性在于:②

第一,有助于优化公文质量。通过制度建设,对于公文的质量提出评价指标和优化措施,保证公文信息不失真。

第二,有助于文书处理的顺利进行,从而提高行政效率。随着信息技术的高速发展和广泛应用,文书工作制度需要及时补充新内容,废止过时规定,在实践中修正与完善。

第三,有助于提高文书人员的整体素质。由于文书人员流动性大、导致人员的从业门槛低、素质参差不齐。通过制度建设,文书人员具有了从业标准和岗位技能要求和办事规范,使其队伍整体素质得到提高。

第四,有助于适应社会主义法制建设的客观要求。我国历史上就有以法(制度)治公文的传统,多年来我国文书工作制度发挥了有效作用,但也存在一些不完善之处。通过制度建设,进而向建立健全公文法制体系方向发展,对于依法治国、依法行文有十分重要的基础作用。

(二)文书工作制度的种类

1. 根据制定与颁发的层级与产生效力等级的不同可分为国家级、部委级、其他机关及社会组织制发的文书工作制度。

国家级文书工作法规规章及规范性文件。如《党政机关公文处理工作条例》。

部委级文书工作制度。如《全国税务机关公文处理实施办法》(国税发〔2004〕132 号,国家税务总局 2004 年 10 月 9 日印发,2004 年 11 月 1 日起施行);《国务院国有资产监督管理委员会公文处理暂行办法》(国资发〔2006〕171 号,2006 年 11 月 1 日起施行)。

各级各类机关及其他社会组织制定的文书工作制度。如《中国核工业建设集团公司公文处理细则》(核建发〔2001〕110 号,2001 年 11 月 30 日,2002 年 1 月 1 日起施行)、《政协四川省委员会机关公文处理实施细则》(川政协〔2005〕30 号,2004 年 12 月 27 日政协第九届四川省委员会第 27 次主席会议通过)、《上海市人民政府公文办理制度》(上海市人民政府办公厅 2000年 1 月 4 日印发)。

2. 根据内容所针对的具体工作活动不同可分为综合性制度和专门性制度。

综合性文书工作制度是涉及文书工作全面内容的制度。如《中国科学院公文处理标准》(中国科学院标准,ZKY/B 001—2005)。

专门性文书工作制度涉及的是公文起草、审核签发、印制、运转办理、保管利用、保密和公开等专门方面的文书工作规范。如《浙江省政府政府办公厅进一步规范公文报送和领导批示

---

① 赵国俊:《关于进一步完善我国党政机关公文处理法规建设问题的几点思考》,2005 年 7 月 14 日,http://org. ahas. org. cn/ybgs。

② 参考程英:《中国公文工作制度史研究》,四川大学硕士学位论文,2006 年 5 月。

件办理工作的通知》(浙政办发〔2003〕96 号)、《广州市人民政府会议文件公务活动运作办法》(穗府〔2004〕28 号)、《常见公文批示用语》(审计署办公厅,2004.2.16),等等。

3. 根据制度文种不同可分为:

规定、办法、规则、细则、规程、通知、标准等等。

(三)文书工作制度的具体内容

根据国家的有关规定和文书工作的特点,文书工作制度具体内容主要包括:

1. 公文拟写制度

公文拟写应遵循的原则、技术规则和操作流程的规定。具体包括:规定公文体式、结构和格式;公文语言、内容要求、拟写流程与方法;公文分类标准;公文文种的选用规则、适用范围及规范等。

2. 公文审核签发制度

为保证公文质量和效用在审核签发时应遵循的各种规定。具体包括:审核(含复核)制度。规定文稿审核(含复核)的范围、流程、内容及重点;审核(含复核)人的责任及任职资格条件;审核(含复核)修改文稿方式、退文条件及操作。

签发制度。规定公文签发种类;签发权限、签发人责任、签发流程;会商会签流程、范围、形式、流程、手段等。

3. 公文印制制度

印制公文的方法、原则和要求等方面的规定。具体包括:规定印制范围、批准手续、印制方式及其选择依据,印制前定稿的规范化处理;版式设计规范;校对的方式、次数与责任者;公文纸张和各种字迹材料的选择,文书处理表格种类、用纸规格要求;印制期限与数量规定等。

4. 公文用印制度

文书工作中印章使用的原则、要求和方法方面的规定。具体包括:印章的刻制、启用及废止的流程及规定;印章种类及其使用范围;印模使用规则;监印方法要求;印章管理者的责任与任职资格规定等。

5. 公文保密制度

严守公文中涉及的党和国家的秘密、商业秘密、个人信息以及组织管理中的工作秘密的规定。具体包括:划定和标识公文的秘密等级和保密期限的规定;公文解密、降密规定;涉密公文携带、传递、复制、利用、保管等方面的规定。

6. 收文办理管理制度

收文办理各工作环节的流程手续及责任等方面的规定。具体包括:收文接收范围,不同公文的启封责任及操作规范;收文登记范围、方式、内容以及登记点、登记种类的设置规则;不同类型公文的分办原则、方式,分办工作的责任者;拟办范围、方法及流程、拟办人的主要责任、拟办意见规范用语;批办范围、批办人的资格条件与责任,批办方法与流程、批办意见规范用语、批示意见反馈要求;收文承办范围,承办者资格条件与责任,承办方式、期限、流程、分工(主办、协办)和要求。

文书处理和档案管理

7. 阅文制度

特定范围内阅读公文方面的规定。阅读公文是机关单位有关人员法定的强制性行为,相关人员根据自身的职责需要有选择地阅读相关公文,避免时间的无效消耗,提高文书处理效率和实现公文效用。具体包括:根据机关单位内工作人员的地位、职权、职责等确定其阅读公文的范围、种类、内容、顺序、方式,规定收文传阅范围、方式、次序与流程手续;阅毕公文的签注内容与方法;传阅中的保密规定等。

8. 公文传递制度

机关单位之间传递公文的操作规则、发文流程及手续的规定。具体包括:公文发送范围、时间,封发责任与手续;发文字号的编制;行文关系、行文方式的确定,越级、多级、联合行文条件、抄送公文条件的确定;公文邮递方式的种类与适用范围,邮寄、公文交换、专送公文的流程、办法,邮递时限;公务电报、传真的使用范围与要求等。

9. 平时归卷制度

机关单位将办毕公文随时或定期收集集中,分门别类存入卷夹(盒)中,既方便平时的公文管理和查找利用,也为年终归档公文的整理奠定基础的规定。具体包括:注明文件分类的条目或分类号、立卷类目或文件分类表编制规范、归卷文件的整理规范等。

10. 公文复制制度

公文的翻印、复印的范围、方式、审批手续等方面的规定。

公文翻印制度。对上级机关公文,除绝密级和注明不准翻印的以外,下一级机关经负责人或者办公厅(室)主任批准,可以直接翻印。具体包括:翻印公文批准权限、翻印公文范围及技术性整理要求;翻印公文效力认证等规定。

公文复印制度。具体包括:复制公文方法、范围、批准流程与手续;费用的计算与控制标准;复印公文效力的认证等规定。

11. 公文生效、失效制度

各类公文生效、失效要件、范围及流程方面的规定。具体包括:公文生效要件规定,如制发者要件、内容要件、流程要件、外部形态要件等;公文效力范围规定,如公文时间效力范围、空间效力范围、机构效力范围、人员效力范围等;公文效力等级的划分及各等级公文关系的确定;公文失效的条件及其确认,失效公文的处置方式如撤销、终止、中止公文的范围、审批手续和具体操作流程;公文不同稿本、复制件的效力规定;公文附件的形式和效力规定;电子公文的效力认定等方面的规定。

12. 公文公布制度

公文公布的范围、操作流程和手续等方面的规定。具体包括:公文公布的重点和范围;公文公布机关和批准权限;公文公布的法定载体与方式;公文公开效力认证;公文主动公开与依申请公开的流程、手续和救济途径等方面的规定。

13. 公文监督制度

在公文办理过程中的各项具有监督功能的制度。

催办制度:根据承办时限和内容要求对公文的办理和贯彻情况进行督促检查的各种规

定。具体包括：催办查办范围；催办方式方法；催办流程。

文书处理和领导批示件办理退文制度；通过目标责任制考核，加强考核把关。

文书处理和领导批示件办理情况通报制度。

14. 公文清退制度

将办毕公文定期或不定期清退以防遗失的规定。具体包括：公文清退原则、流程范围和时间规定；清退方式方法与手续；清退工作者责任。

15. 公文销毁制度

对不具备归档和存查价值的公文进行毁灭处置方面的规定。具体包括：销毁鉴定者和审批者的资格与责任规定；销毁公文范围、流程与方式；监销手续与流程等规定。

16. 整理归档制度（立卷制度、归档制度）

文书机构将属于归档范围的公文进行系统化整理，并移交给档案机构的各项规定。具体包括：归档（立卷）范围、归档（立卷）时间、立卷点的设置、分工立卷的规范、立卷人的责任；归档文件（案卷）质量要求和标准；归档文件目录编制；归档手续与流程；合并、撤销机关文件的归档规则等。

17. 公文加工利用制度

对公文编辑加工和提供利用的规定和要求。公文加工利用主要指收文办理前或公文归档前由承办部门或综合办公厅（室）进行编辑加工和提供日常借阅。具体包括：公文借阅的范围、方式、时间、审批手续与制度；公文编辑加工的方式与技术性要求；公文汇编的技术要求与规范等。

18. 公文简化制度

在保证公文与文书工作质量的前提下，简化公文种类、格式、用语、处理流程的有关制度。

第四节　行文规则

行文规则是针对行文所制定的操作规范和标准，包括理顺行文关系，选对行文方式，遵守行文制度等内容。遵守行文规则，可以确保公文迅速、准确、安全地传递办理并尽快发挥效用，减少不必要的发文，避免行文紊乱，防止公文"旅行"，提高办事效率。

一、行文概说

行文，是发文机关以本机关名义拟制公文向受文机关运行的环节。正确行文，在公文拟制中，涉及到选择文种、确定受文对象、取舍内容、运用语言、设计格式。在公文办理中，涉及到发文机关确定发文方向、选择行文方式；涉及到收文机关的及时收文、顺利办理、有效施行，体现收发文机关的工作效能。

二、理顺行文关系

（一）行文关系的确定

机关单位之间按照工作关系行文，形成行文关系；行文关系应当根据各机关单位的隶属关系和职权范围确定。

隶属关系——指机关单位在其组织系统中所处的位置及其与上、下级机关之间的工作关系，即通常所说同一系统的上级机关与下级机关之间的领导与被领导关系（"块块"关系）或同一系统的上下级业务对口部门（即职能部门）之间的业务指导关系（"条条"关系）。

职权范围——职权是指机关在其组织系统中所负有的职能和所具有的权力。职权既是各级机关处理本机关管理范围内有关公务的必要条件，又是处理与公务相关公文的根据。机关单位职权一般概括为两种：一是本身职权，即机关单位依照法律规定或法律程序确定的本身职权，也称经常性职权；二是上级机关授权，即上级机关为进行某项工作或完成某项任务而有条件或有限制地把原属上级机关的部分职权授给下级机关的行为，也称临时性职权。[①] 实际工作中各级机关单位授权大多为授权其办公厅（室）行文和授权其部门行文（答复请示事项）两种。详见教材第二章第一节一（二）多元化作者与多种行文方式。

（二）行文关系的种类

根据我国现行管理体制，各级机关单位处于相同的或不相同的组织系统之中，具有以下不同工作关系：

1. 领导与被领导关系（存在于同一组织系统上、下级机关单位之间）；

2. 业务指导关系（存在于同一组织系统上下级业务对口部门之间，有的也是领导与被领导关系，大多属于本关系）；

3. 平行关系（存在于同一组织系统同级机关单位、部门之间）；

4. 不相隶属关系（存在于非同一组织系统的任何机关单位、部门之间）。

不同的工作关系，在行文中体现出不同的行文关系，一般情况下，以上 1、2 为上下级机关或上下级业务对口机关，行文关系体现上行文或下行文关系；3、4 为不相隶属机关，行文关系体现平行文关系。

（三）其他影响行文关系的因素

机关单位之间有时还存在综合管理与被管理、统管与被统管、监督与被监督、行政法律关系以及其他法律关系如合同关系等，这些因素也会对行文关系产生影响。

综合管理与被管理关系——指党政机关综合部门与专业部门之间业务上的综合管理与被管理的关系。我国党政机关的职能部门分为两大类，一类是综合职能部门，如党委、政府办公厅（室）、机构编制委员会、发展与改革委员会等；另一类是专门职能部门，如党委宣传部、组织部和政府的各厅（局）。综合部门负责统一统筹、协调管理其职权范围内的事项。其他部门要服从综合部门的统一管理，不能因本单位级别与综合部门相同或比综合部门的级别高一些而不服从管理。（归口管理与被管理关系亦属于此类：如党委宣传部对新闻、文化、出版部门等）

监督与被监督关系——指具有监督职能的机关与被监督对象之间的关系。依据我国宪

---

① 傅西路：《公文处理新规范——国务院〈国家行政机关公文处理办法〉释解》，北京：中国城市出版社，2001 年，第 89 页。

法及相关法律法规、各级人大及其常委会对于同级"一府两院"（政府、法院、检察院）实行监督、纪检监察部门分别对于同级党委政府各部门进行监督、国资委对中央所属企业国有资产管理工作进行监督、保监会对保险市场进行监督管理、银监会对全国银行业金融机构及其业务活动实施监督管理等等……。由于不同于普通的工作关系，所以监督与被监督机关虽不是上下级机关，有时也采用下行文或上行文方式行文。监督与被监督关系有时也使用专用文书，如行政监察文书。

统管与被统管关系——指设在地方党委、政府管辖区内的上级机关和上级机关的派出机构、外地机关与企事业单位的派驻机构、与当地党委政府没有隶属关系的其他机关和企事业单位等，与当地党委、政府之间的关系。在党的机关，有些是中央和其他上级领导机关垂直管理的机构，党组织关系在地方，在党的建设方面，这些机构应接受地方党委的统一管理。在行政机关，按属地管理原则，"省、自治区、直辖市、自治州、县、自治县、市、市辖区的人民政府应当协助设立在本辖区内、不属于自己管理的国家机关、企业事业单位进行工作，并且监督它们遵守和执行法律和政策"。[①] 在统管与被统管关系下的机关单位与属地地方党委、政府之间有行上行文和下行文的情况。

政府与企业的关系——一般国有企业单位有上级领导机关的同于行政机关之间的行文。但民营企业与政府机关按法律关系不按行政关系行文。

行政法律关系——指为行政法所调整的和规定的、具有行政法上权利与义务内容的各种社会关系。也就是说，行政法律关系就是受行政法调整的行政关系。[②] 行政法律关系以行政关系为基础，但它并不等于行政关系。

行政法律关系可以分为内部行政法律关系和外部行政法律关系。

内部行政法律关系存在于上下级机关、内部组成机构之间、行政机关与其工作人员之间。

外部行政法律关系是存在于行政机关或法律授权组织与公民、法人和其他组织之间发生的受行政法调整的行政关系。如政府公安部门对于社会治安秩序的管理，工商部门对市场交易的管理，规划部门对建筑规划秩序的管理，市政部门对市容卫生秩序的管理，交通部门对交通运输秩序的管理，劳动部门对劳动用工秩序的管理，环保部门对环境保护秩序的管理等等。在此有行政法律关系的主体的存在，即行政主体和行政管理相对方；有行政法律规范的存在，如社会治安管理条例等等；有导致行政法律关系发生的法律事实发生，即有关行政机关应依照相关行政法律法规进行社会治安秩序的管理、市场交易的管理、建筑规划秩序的管理、市容卫生秩序的管理等等，与相对人之间产生了行政法律关系。如某市工商局对于违法食品广告及其企业的通报处理，是依据相关广告管理的行政法律规范对广告活动的监管。该市工商局与各广告代理、发布单位之间产生的是行政法律关系，即行政机关与行政管理相对人之间发生的受行政法调整的行政关系，不能简单地按行政关系中的不相隶属关系，通过行平行文处

---

① 《中华人民共和国地方人大与地方政府组织法》第六十七条。
② 皮纯协、张成福：《行政法学》，北京：中国人民大学出版社，2003 年，第6—7 页。

理;具有行政法律关系的行政机关与行政管理相对人之间有时可采用等同于下行文和上行文的方式行文。上例中行政执法机关某市工商局对行政管理相对人各广告代理、发布单位行的是就具有行政处罚效力的下行文通报。

三、选对行文方式

(一) 首先确定行文方向

行文方向是各机关单位按照彼此之间的行文关系,向不同层级机关单位行文构成的基本传递方向,即上行文、下行文和平行文方向。

(二) 根据行文方向选择行文方式

行文方式是公文发布、传递的层次与形式。在决定了公文的基本传递方向后,发文机关再进一步根据组织系统的层级划分,结合公文内容、行文目的和要求等诸因素,选择适宜的传递路线即行文方式,使公文快捷、有效地发挥效用。

行文方式从不同角度可以分为不同的类别:

1. 按发文性质分为正式行文与非正式行文。

2. 按发布传递范围分为对内行文与对外行文。

3. 按递送途径分为直接行文与间接行文。

4. 按发文机关数量分为单独行文与联合行文。

5. 按发文权限分为职权行文与授权行文。

以上5项内容详见本教材第二章第一节一(二)多元化作者与多种行文形式。

6. 按机关隶属关系和公文发送、产生效力范围分为逐级行文、多级行文、越级行文和直达行文。

逐级行文——即按照隶属关系向直接上、下级机关单位行文,是上行文、下行文的主要形式。特点是有利于维护组织系统的层次性,使各级机关单位在自身职权范围内充分履行职责,积极主动开展工作。与上行文相比较,下行文的逐级行文形式比较复杂,此处重点解释。从行文过程讲,可以只向直接下级行文,也可以再由直接下级根据本级机关具体情况提出贯彻执行的意见向更下一级机关转发该公文,以此类推,直至基层;从行文范围讲,可以向所有下级机关行文(即普发行文),也可以向部分或个别下级机关行文(即专发行文)。

多级行文——即根据需要向上、下级的多级机关单位行文。此形式具有传递迅速,减少逐级下发、翻印、转发的时间耗费,多级行文多用于有明确具体规定不需下级机关单位作补充规定的下行文;只有在问题重大,确需同时请多层次上级机关单位了解的情况下,才用于上行文。

越级行文——即特殊情况下超越直接上、下级机关单位行文。一般主要指越过直接的上级机关单位向更高上级机关单位行文。

直达行文——亦称公布行文。即法规、规章和规范性文件以及其他公文、政务信息通过各种形式和途径(网络、电视、广播、报刊等)向最基层社会组织甚至公众直接公开,提供利用。

四、遵守行文制度

（一）行文应当确有必要

行文必须坚持"精简"原则，注重实效，通过建章立制控制发文总量，坚持少而精，可发可不发的不发，可长可短的要短，注重针对性和可操作性。

（二）行文主体应符合法定的资格条件

行文主体即公文制发者。行文主体应合法合规，才能保证通过制发公文而实施的各种公务行为合法有效。

1. 符合法定行文资格条件的机关单位可以行法定正式公文

包括：（1）党政军机关；（2）人民团体；（3）企业事业单位；（4）机关下属的业务主管部门。这些部门不仅隶属关系明确，而且具有一定的职权范围，即在人事管理、财力安排和设备物资购置等具体业务方面都具有一定的独立处置权力和活动能力。

2. 行文中要注意党政分开

党政机关应严格按照各自隶属关系和职权范围行文。除重大问题、原则性问题外，党的机关不宜就具体的政务方面的问题直接向行政机关和社会作指示、部署任务；行政机关也不得向党的组织作指示，部署任务。上下级党政机关互相不交叉发领导性、指挥性公文，也不发呈请性公文。

对于需要加强领导、协同指挥，事关方针政策而又处于特殊情况的公务活动，同级党政机关、党政机关与其他同级机关必要时可以联合行文。但是要严格控制党政机关联合行文，"属于党委、政府各自职权范围内的工作，不得联合行文"。①

3. 机关单位内设机构除办公厅（室）外不得对外正式行文

以行政机关为例，政府以及政府各部门内设机构除办公厅（室）外可以实施具体行政行为，但却不能以自己的名义进行。所谓"以自己的名义"是指享有独立的法律人格、能以自己的名义作出处理决定，以自己的名义参加诉讼，以自己的名义对外行文。所以"部门内设机构除办公厅（室）外不得对外正式行文"②。同理，其他机关单位的内设机构除办公厅（室）外也不得对外正式行文。如果这类机构因为工作联系需要对外行文，可用信函格式行非正式公文。非正式公文一般不涉及规范性、政策性以及审批性内容，也不具备法定效力。

（三）行文时机关与部门应明确发文权限

为确保组织系统中机关和部门各司其职、责权相符，应明确各自发文权限，分道行文。

1. 属于全局性、方针政策性的问题，以机关及其他社会组织的名义发文。

2. 属于有明确规定的业务问题，以机关及其他社会组织有关部门的名义行文。

（1）机关、组织的部门依据各自职权范围可以相互行文，也可以联合行文。如四川省教育厅、财政厅之间既可以相互行平行文，也可以联合行文。

（2）具有业务指导关系的上下级业务对口部门之间，属于部门职权范围内的具体问题，下

---

① 见《党政机关公文处理工作条例》第十七条。
② 同上。

级业务部门应当直接报送上级主管部门,相互之间可以行上行文、下行文。但值得注意的是,"党委、政府的部门向上级主管部门请示、报告重大事项,应当经本级党委、政府同意或者授权"。[①]

3. 属于具体行政事务问题,由机关单位的办公厅(室)行文。办公厅(室)行文分为两种:

(1) 职权行文。办公厅(室)是机关单位的综合职能部门,是为本机关单位负责人和其他部门服务的,也是文书处理的管理机构,在一定的范围内对本机关单位具有一定代表功能,所以虽然为内设机构,在其职权范围内却可以对外行文。

(2) 授权行文。根据其所隶属的机关单位负责人授权意见转发各职能部门的公文或直接对外正式行文,如"党委、政府的办公厅(室)根据本级党委、政府授权,可以向下级党委、政府行文",[②]授权行文由受权机关单位主要负责人签发或者按照有关规定签发。并在文中注明经某某机关单位同意或批准。

4. 规范"条条块块"之间的行文。

"条条块块"之间属于不相隶属关系,行文应注意的规范是:

(1) 上级机关单位的部门不得向下级机关单位行指令性公文。如在党政机关,除党委、政府办公厅(室)外,"其他部门和单位不得向下级党委、政府发布指令性公文或者在公文中向下级党委、政府提出指令性要求"。[③]

(2) 须经上级机关单位审批的事项,经上级同意也可以由上级部门向下级机关单位行文,文中应注明经上级机关单位同意。如"需经政府审批的具体事项,经政府同意后可以由政府职能部门行文,文中须注明已经政府同意"。[④]

5. 下级机关单位的请示事项,如需以本机关单位名义向上级请示,应当提出倾向性意见后上报,不得原文转报上级。

(四) 根据行文关系选择行文方式,一般不越级行文

主要体现在:

1. 有隶属关系的上下级机关单位之间一般采用逐级行文方式,维持正常的领导秩序,使组织政令统一,指挥有效,正常运转,管理协调。

2. 上级下发有明确的具体规定而不需下级根据自身具体情况作补充规定的下行文时,可以采用多级或直达行文方式下发到基层或者广大群众;下级机关单位收到上级公文没有具体实施意见时也可以直接翻印下发,避免层层照抄照转。

3. 遇到特殊情况可采用越级行文方式。越级主要发生在上行文中,一些上级机关和负责人也习惯于向下越级发文处理问题,越级行文会打乱正常的领导秩序和组织关系,非特殊情况应力求避免。

向上级行文可以越级的特殊情况主要是:

① 见《党政机关公文处理工作条例》第十五条(二)。
② 见《党政机关公文处理工作条例》第十六条(二)。
③ 同上。
④ 同上。

（1）发生特殊紧急情况（如发生战争、严重自然灾害等），逐级上报会延误时机造成损失；

（2）属于经过多次请示直接上级，长期没能得到解决的问题；

（3）属于直接上、下级之间有争议而无法解决的问题；

（4）属于上级负责人交办的并指定越级直接上报的事项；

（5）对直属上级进行检举、揭发；

（6）询问与联系极个别的、必要的具体问题等。

向下级行文可以越级的特殊情况主要是：

（1）事关紧要，不越级行文可能误时误事；

（2）向非直接下级询查、交办事项；

（3）一般公务联系；

（4）按规定或负责人交办答复越级上报的各种公文。

4. 可以直接行文的机关单位一般应采用直接行文方式，其目的在于减少中间环节，避免人力、物力的浪费，提高办事效率。如不相隶属机关单位之间用平行文直接行文，以避免因按组织系统传递公文，徒增运转层次和手续。

5. 各级机关单位限于行文关系不能直接行文时可采用间接行文方式。即经过授权、批准或同意，采用批转、转发方式发文，突出"材料实际，成文迅速"的独特效果。但本方式手续略为繁琐，加之随意照抄照转，被人诟病。故应注意在格式和行文手续上的简化。

（五）行文要正确选择主送和抄送机关

主送机关是对收文负主要办理和答复责任的主要受理机关，应当根据公文的内容及收发文机关的隶属关系及职权范围确定。正确选择主送机关，是公文能否得到及时处理的关键，抄送机关是除主送机关外需要执行或者知晓公文内容的其他机关，抄送机关选择得当，有助于文书处理的"涉权必会"，避免沟通不畅，贻误公务。

1. 主送机关的确定

（1）上行文原则上主送一个上级机关，不多头主送。

（2）受双重领导的机关单位向一个上级行文，必要时抄送另一个上级。即应当根据公文内容，即针对具体公务活动的职权归属写明主送机关和抄送机关。

（3）除上级负责人直接交办的事项外，不得以本机关、组织名义向上级负责人报送公文；也不得以本机关单位负责人名义向上级机关单位报送公文。

2. 抄送机关的确定

（1）机关单位的重要下行文在发主送机关的同时，应当同时抄送发文机关的直接上级机关；根据需要抄送相关机关。

（2）向受双重领导的下级机关下行文，必要时抄送该下级机关的另一个上级机关。

（3）特殊情况需要越级行文的，一般应当同时抄送被越过的机关。

（4）公文内容涉及有关地区或机关职权范围需其予以配合的应抄送。

（5）除主送机关外需要执行或知晓公文的其他机关应抄送。

不应当抄送的情况：上行文不抄送下级机关；接受抄送公文的机关不必再向其他机关转

抄、转送；凡与公文办理无关的机关单位不予抄送。

（六）同级机关才能联合行文

为保证政令统一，精简文电，涉及两个或两个以上机关单位职权范围时应联合行文。

1. 联合行文的条件和类型

与发文内容有关，且管理层级同级或级别相近的机关单位才可联合行文。

根据规定[①]，联合行文类型包括：同级政府；同级政府各部门；上级政府部门与下一级政府；政府与同级党委和军队机关；政府部门与相应的党组织和军队机关；政府部门与同级人民团体和具有行政职能的事业单位。

行文实践中，比较常见的联合行文包括：

（1）政府各部门联合行文。

（2）政府部门与相应的党组织联合行文。

（3）行政机关与参政党机关联合行文。

（4）行政机关与其他同级国家机关联合行文。包括人大机关、人民法院、人民检察院、军队机关等，都可以联合行文。由于各级政府是本级人大及其常委会的执行机关，在法律意义上从属于人大及其常委会，所以二者一般不联合行文。不过县级以上人大的工作机构与政府部门的联合行文还是比较常见。

（5）行政机关与社会团体（含人民团体）联合行文。由于人民团体如工会、妇联、共青团组织等是国家政权的重要社会支柱，其他社会团体有的也承担着部分公共行政事务，因此它们常就有关问题与行政机关联合行文。

（6）行政机关与企事业单位联合行文。在我国现阶段，一些事业单位承担着公共行政事务，履行着行政职能；有些垄断性质的企业由于行政授权或在现阶段也承担着部分管理公共事务、公共服务的职能，这些公共企事业单位可以同有关行政机关联合行文，共同处理相关事项。如××省高速公路建设指挥部与××交警部门《关于××道路交通问题的联合通告》，北京市民政局、北京市公交总公司、北京市残疾人联合会《关于落实本市盲人免费乘坐市内公共电汽车有关问题的通知》等就属于此类发文。

2. 联合行文注意事项

（1）应确有必要。应当严格控制联合行文机关数量；如行文单位过多，要明确主办机关，以便分清主次责任。

（2）应当履行会签手续。

（3）格式有特殊要求。联合行文，版头上、标题中、署名以及印章均为主办机关排列在前，标注主办机关的发文字号。版头上的发文机关标志可以并用联合发文机关名称，也可以单独用主办机关名称。行政机关与同级或相应的其他机关团体联合行文，按照党、政、军、群的顺序排列。联合上行文或下行文时，应当将共同的上级机关或各自相对应的下级机关列为主送机关。

[①] 《党政机关公文处理工作条例》第十七条。

（七）行文前须就有关问题协商一致

为保证公文的法定权威,防止政出多门,行文强调协商一致。按照要求,"公文涉及其他地区或者部门职权范围内的事项,起草单位必须征求相关地区或者部门意见,力求达成一致。"[①]"涉及多个部门职权范围内的事务,部门之间未协商一致的,不得向下行文;擅自行文的,上级机关应当责令其纠正或者撤销"。[②]

（八）简化行文,增强公文透明度

为简化行文,缩短公文传递时间,增强公文透明度,行文理念和方式的改革创新势在必行。具体体现在:

1. 改革公文发放体制和方法。改变单纯"按级发文"的传统做法,"按级"与"按需"相结合,并积极采用报刊、电视广播、网络、印发公报等途径和直达行文方式公开发布公文,可以减少行文,省略文头和转发的批语,节省投递的人力、纸张等物力。

2. 保证公文公开的效力。"经批准公开发布的公文,同发文机关正式印发的公文具有同等效力[③],应当视为正式公文依照执行,可不另行文,同时由发文机关印制少量文本,供存档备查。

思考练习题

1. 简述文书工作的基本原则。

2. 简述文书工作组织形式的确定。

3. 通过学习本章内容,拟制一份适合一般机关单位的《××机关文件工作情况调查表》。

4. 实践题。通过上网查找资料(要求写出网址),完成以下练习:

（1）查找收集交流机关单位文件工作规定和制度。如:各机关签发权限的规定、缮印文件规范、用印制度、文件保密制度、阅文制度、催办制度等等。

（2）查阅收集并分析某机关单位"行文规则"的规定。

（3）收集分析某地区或某机关单位精简文件的有效办法和措施。

（4）查阅收集几例联合行文案例,简要分析其行文条件、类型和要求。

（5）查阅收集并分析几例间接行文方式(批转、转发公文)案例。

（6）查阅收集公文案例,分析其主送机关和抄送机关的设置。

（7）从有关资料上查找并分析授权行文案例。

（8）例举机关越级行文的特殊情况。

（9）例举五例机关公文公布的形式。

5. 案例题

（1）阅读下文,指出并分析错处。

---

① 见《党政机关公文处理工作条例》第十九条(六)。
② 见《党政机关公文处理工作条例》第十六条(四)。
③ 见《党政机关公文处理工作条例》第三十一条第三款。

按照上级关于保障校园安全的要求,××县教育局写了一份正式的请示报告,请求解决有关经费、人员及设备等多方面问题。为争取工作上的主动和各方面领导的支持,又能使所属中小学(幼儿园)了解事情办理过程,在将此份请示报告主送××县县委、县政府、××市政府、县××局及主管县长×××的同时,又抄送给所属中小学(幼儿园)。

(2) 阅读以下公文,按照文后所提问题进行简要分析。

(注:本案例中的海滨市隶属于S省)

中共S省委办公厅　S省人民政府办公厅
关于海滨科技城体制创新问题的复函

中共海滨市委,海滨市人民政府,省政府体改办:

《中共海滨市委、海滨市人民政府、S省人民政府经济体制改革办公室关于报批〈海滨科技城体制创新要点〉的请示》(海滨委〔2002〕47号)收悉。经省委、省政府同意,现函复如下:

省委、省政府原则同意《海滨科技城体制创新要点》。实施中需要省级有关部门解决的问题,省级有关部门要积极给予支持;重大问题由海滨市人民政府会同省级有关部门提出意见报省人民政府审批。望你们……

专此函复。

附:海滨科技城体制创新要点

中共S省委办公厅　(印章)

S省人民政府办公厅(印章)

2002年4月25日

【问题】

(1) 以上行文为什么会出现函复请示的行文?

(2) 本文涉及哪些行文方式? 在行文中需要注意哪些问题?

第五章　文书处理流程

文书处理流程,即通过公文的拟制、办理、管理、提供利用以及对文书处理的监督控制,构成的机关单位信息流的主要运转流程。学习本章需要理解该流程的特性及其对实际工作的指导意义。重点掌握收发文办理、管理流程中各工作环节的含义、工作内容、做法与要求(工作规范和实际操作方法)等。掌握办毕公文的确定及其处置方式。在本章中介绍的几种特殊类型公文,规范类公文、会议文件以及涉密公文的办理和管理也需要深刻理解和重视。

第一节　文书处理流程的特性

文书处理流程的设计和运作效果,直接关系机关单位加强内部控制、优化管理流程、提高管理效率、促进科学决策的实际水平和状况。虽然各机关单位层级有别,职能不同,任务各异,但其文书处理流程却共性突出,有繁简之分,无本质差异;且整个流程各环节周而复始,操作要领稳定,适合并可能实施程序化管理,其突出的稳定、有序、适应和规范的特性,对于实际工作有着重要的指导意义。(见图5-1)

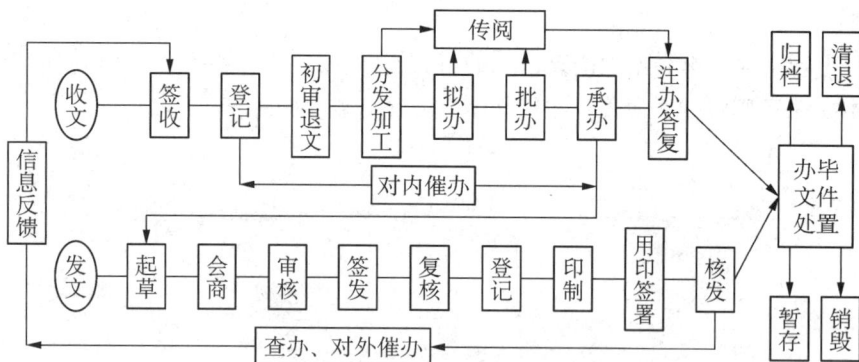

图5-1　文书处理流程图

一、稳定性——设计文书处理流程的基本要求

文书处理流程各环节的设计,要求具有相对稳定的组合和架构,且互为条件,互相制约,形成系统。尽管不同机关单位对某份具体公文的设置和处理操作可能各异,但流程中对公文的生成、生效、流速、流向、流量和归宿产生决定性影响的基本环节,其设置和操作方法却需要体现稳定性和连续性,不受其他人为因素干扰。如果对流程中各环节重此轻彼,甚至任意削减或

削弱,致使流程的正常运转失衡,对系统整体功能的有效发挥将产生负作用,严重的会瓦解流程,使组织内部的文书处理陷入混乱。例如,一些机关单位关注公文的起草、批办、承办环节,却忽视或遗漏会商、催办、查办、注办等环节,使流程反馈与监督功能缺失,其后果是有的公文因内容未协调一致、相互"打架",缺乏执行力度;有的公文办理情况和结果因没有注办而不明、程序未完,留下隐患;还有的公文批而不办、办而无果,成为一纸空文。

二、有序性——符合文书处理流程的客观规律

有序体现规律,有序提高效率。文书处理一般流程中,各环节的位置顺序、具体工作步骤环环相扣、排列有序、紧密衔接,体现了公文活动的客观规律,不能颠倒或打乱。但是在实际工作中,有的机关单位文书处理逆向运转(也称公文"倒流"),"先签后核",即拟稿后未经审核径直找负责人签发,视综合职能(文书处理)机构核稿为空有其名的摆设;有的机关单位违反公文统收统发规定,越过综合职能(文书处理)机构径直送文至负责人或业务机构审批办理……无序操作会增生多余的处理层次和手续,造成无价值的时间消耗,增加办文成本,降低效能。所以有必要为参与和涉及的部门人员多、具体步骤多的文书处理环节建立明确的位置顺序与工作步骤,以满足加强协调、合理控制、协同办公的要求。

三、适应性——要求文书处理流程不断改进和发展

文书处理反映复杂的公务活动,要求按规定流程组织运行,发挥关键性环节的稳定作用,但决不是机械套用;还需要适应环境因素和实际工作的变化,调整自身以保持对于新情况、特殊情况的适应。

1. 适应各级各类机关单位文书处理的特殊情况

各机关单位文书处理流程虽具有共性,但由于规模、层级、类型和工作任务内容、性质的不同,使其形成和处理公文的难易程度和数量、文书工作组织形式等存在差异,其处理环节的步骤和手续,呈现明显的繁简之分。例如公文审核,大机关分层级专门设有审核机构或专司审核的"把关秘书",而在小机关和基层单位,拟稿审核可由一人负责,并无明显分工。故应注意防止两种偏向:一是不管管理层级、类型及公文内容如何,办理手续一律繁琐,拟办批办几上几下,造成关卡林立、公文旅行、效率低下;二是一些中小机关和基层单位,由于人手有限或人员业务素质偏低,就无视或摒弃相关规律和规范,操作中常带有随意性和盲目性,成为低质公文的主要"发源地"。

2. 适应不同类型公文的特殊处理要求

只要能保证整个系统目标的实现,在符合前述稳定和有序两个特性要求的前提下,流程中部分环节设置可因单位而异,因不同类型公文而异,或合并、或增设,或删繁就简;各环节的具体步骤和方法,公文在各环节之间的运行路线,可随机制宜地确定。例如,同为收文,阅件只需传阅,办件则需办理。即使同为办件,处理也有区别:有办理时限的公文需定期催办;紧急公文可不受工作时限和一般处理流程的约束,突破常规甚至越级传递处理;例行决策和具体的业务性、事务性公文可规定出一次性批办决策的规范,直接由部门承办后交领导审批;而非同

一般的重要公文则应首先请领导批示后再行承办。以上特殊情形的适应，需要通过细致的调查研究，建立起适应不同情形有针对性的流程规范，使常规下或特殊情形下文书处理均能有效进行。

3. 适应新形势下文书处理的新要求

社会在发展，公务活动在不断变化，文书处理自然也需要"稳中求变"，与时俱进。为适应改革开放和建立社会主义市场经济体制的要求，社会组织传统的金字塔式的管理体制发生动摇，扁平式的管理体制、网上互动的管理方式、行政审批的大幅度削减、电子政务使办文提速，新形势下传统的文书处理流程正面临改革契机。现代文书处理的若干环节被赋予了新的观念与内容：公文的制发，应是一项新决策的形成与新信息的制发；公文的接受、分办和传阅，应从事务性的收发分文、跑腿传文转变为侧重于主动地、有针对性地对信息的收集与加工，提高处理效率；公文的拟办、批办，除了原有的一般技术性、事务性处理之外，还要能为机关单位各级负责人的决策提供咨询与参谋；公文的催办和督查，在简单的催一催、问一问的基础上被赋予反馈管理信息的功能，对保证决策的贯彻落实起到监督检查作用。总之，流程的设置要以改善服务、提高效率为重点，提倡"快事快办，特事特办，新事新办"，大胆冲击办文中因循守旧的"官衙门"作风和陈规陋习，实事求是地改进不合理的做法，使之更加便捷高效。

4. 适应 OA 平台上文书处理的新特点[①]

网络时代使文书处理流程正在发生"革命性的变化"：电子公文的生成、收集、保管、传输和利用均可在网上进行；电子公文一经收到或形成即可从网上同时归档存储到机关办公信息数据库中，实现信息共享，无须等到公文"办毕"；电子公文的归档和电子档案的整理可同步甚至超前进行。目前文书处理中出现的"双轨制"，就是在 OA 平台上开展业务活动的必然结果，即纸质公文和电子公文随业务流程同步运转，对电子公文实施的全程管理。同时鉴于传统的纸质文书处理的线性过程并不适用于电子公文，具有线性特征的文件生命周期在电子公文环境中演化为文件连续体，[②]呈现出过程循环、环节叠加、多维多元的非线性特征。因此在设计 OA 系统中的文书处理流程时必须考虑这一新特点，兼顾文件档案一体化管理需求，在原有纸质文书处理流程基础上进行流程重组。

四、规范性——奠定文书处理现代化的坚实基础

程序化管理要求文书处理流程建立各种稳定的工作步骤系列，有规可循、有序可依；加之在网络环境下形成的规范化、标准化等外因压力，文书处理正向着规范化、制度化和科学化发展，为最终实现文书处理现代化奠定基础。

科学化。一是指对公文及文书处理实行科学管理。规范和制度必须符合文书处理的客观规律和实际；要运用现代管理科学的方法论、认识论去设计、控制文书处理流程，对公文运转、传递（流向、流速、流量）及其质量、数量进行有效控制、规划和把握。二是指实现办公自动化。

---

① 参考王健：《文书学》，北京：中国人民大学出版社，2005 年。
② 参见本教材下编档案管理第七章第一节一（三）文件连续体理论有关内容。

文书处理和档案管理

72

现代文书处理面对信息时代现代科学技术的运用、办公手段的不断更新,在办文观念、制度、操作流程以及技术细节上将面对不断出现的实际问题需要解决,以适应国家各项现代化事业发展的要求。

制度化。指在整个流程中按照规范的要求建立健全一整套尽可能精细、实用的规章制度、行为准则和标准体系,严格监督施行。应优先和重点考虑建立精细制度的,主要是那些涉及面宽且对公文办理结果具有实质性影响的工作环节,如分办、拟办、批办、承办、拟稿、签发等环节,就有必要形成涉及其对象范围、处理原则、处置方式、操作方法及注意事项等内容的规章制度。

规范化。指文书处理流程的拟制、办理、管理的每一环节,都应该遵循统一规定,按照具体明确的规范要求和工作目标运行和操作。

第二节 发文拟制与办理

发文拟制与办理即机关单位为制发公文所进行的创制、处置和管理活动,是形成公文的重要阶段。包括文稿的拟制,发文印制、发出与公布等工作。(见图5-2)

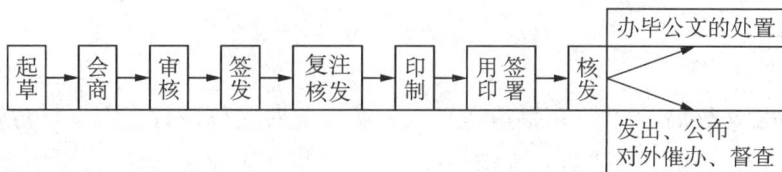

图5-2 发文拟制与办理的基本流程图

一、起草、会商

(一) 起草

起草即撰写公文文稿的环节。此处从略。

(二) 会商

会商即撰拟公文过程中,主办部门对涉及其他机关单位、机构职权范围的事项,需要征得其同意和配合,与之进行协商办理为会同签发奠定基础的环节。重视和做好会商工作,可避免政出多门,公文"打架",扯皮推诿,缺乏执行力现象的发生。

1. 工作内容

从行文形式分,会商分为:(1)联合行文的会商;(2)非联合行文,但公文内容涉及其他机关单位(含单位内部各机构之间)职权范围的会商。

从行文范围分,会商分为内部会商与外部会商。内部会商即对公文涉及发文单位内部两个或两个以上机构职能的事项,由主办机构与有关机构协商办理;外部会商即对公文内容涉及主办单位以外其他单位职能的事项,由主办单位牵头,征求相关单位的意见。

2. 做法与要求

(1) 内部会商。主办机构应主动与有关部门(机构)协商。对协办部门提出的不同意见认真研究,并向有关负责人如实反映和说明,提出相关建议,供领导决策参考。协办部门应按规定时限答复,不能按时答复的应及时与主办部门沟通,说明情况,协商办理。

（2）外部会商。主办单位应主动与协办单位协商,并提出时限要求;协办单位在时限内给予答复,如因特殊情况不能按时回复的,应及时与主办单位沟通并商定回复时限及方式。

（3）明确范围。一方面"涉权必会",不遗漏必要的协商对象,争取肯定和配合,未经协商一致各方不得按自己意见单独行文;另一方面为提高办文效率,除涉权者外,应该尽量减少协商对象和控制协商范围。

（4）选择方式。可根据不同情况分别选用不同方式:

书面协商,即发文机关（主办部门）将印好的公文草稿清样送有关部门,就其中涉及该部门工作的问题征求意见,取得一致意见即可行文。

电话协商,即发文机关（主办部门）利用电话征求意见,取得一致意见即可行文;适用于对简单、紧急问题的协商。注意做好有关协商情况和结果的记载。

会面协商,即发文机关（主办部门）主动登门与协商对象会面,或通过会议、座谈形式进行协商,取得一致意见即可行文。

二、审核、签发

（一）审核

审核亦称发文核稿,指公文草稿呈送负责人签发前对文稿进行全面审查与修正的环节。审核在发文办理流程中具有监督和反馈功能,对于控制公文数量、保证公文质量起着关键性作用,同时为各级负责人签批公文奠定基础。

1. 工作内容

发文审核内容和要点主要包括"三关",即:

行文关:行文是否确有必要,发文规格、行文方式是否妥当。

内容关:内容是否符合法律、法规及上级指示精神,是否完整、准确地体现发文机关的意图,涉及有关部门业务的事项是否经过协调并取得一致意见;所提措施和办法是否切实可行;是否符合行文规则和拟制公文的有关规定。

形式关:报批流程及公文格式等是否符合规范,包括公文草稿中的人名、地名、时间、数字、引文、文字表述、密级、印发传达范围是否准确、恰当,标点符号、计量单位、数字用法及文种使用、格式等是否规范。

2. 做法与要求

（1）在机关单位中一般是以什么名义行文就由什么部门（人员）审核。具体情况包括:机关单位发文的一般文稿由其综合办公部门统一审核,具体由办公部门负责人、业务部门负责人或秘书人员分别负责;需要发文机关审议的重要公文文稿,审议前由发文机关办公厅（室）进行初核;重要文稿或上级负责人直接交办的文稿,可由本单位负责人亲自参与审核;必要时可以传批或会议形式,请其他相关负责人分别或共同审核并批示修改意见,其中主批人应明确签署意见、姓名和完整日期,其他审批人圈阅或者签名的,视为同意（为简化公文流程,这种形式应尽量少用）；一些事务性文书或内容简单的例行公文稿、填写而成的模版式标准公文稿也可不经专人审核，径由拟稿人自行检查修改后送有关负责人核准签发。

（2）发文审核者要站在大局的角度和发文机关的位置对文稿进行把关，审核应该先管宏观，后理微观。所谓宏观，即指行文关和内容关，如是否需要行文，主旨是否明确；所谓微观，即指形式关，如句子是否通顺、文体是否得体、格式是否规范。在宏观方面问题未解决之前，不宜着手解决微观问题，以免做无用功。审核者要善于从文稿中发现问题、提出问题和解决问题，但不能包办代替。

（3）修改审核文稿的不同做法：

直接修改。一般文稿由审核者直接修改，但对于文稿中不清楚的问题，审核者应与相关部门或人员沟通，不得自以为是、擅作主张。

退回修改。经审核不宜发文的公文文稿，应当退回起草单位或拟稿部门并说明理由；符合发文条件但内容需作进一步研究和修改的，审核者在提出问题和原则性修改意见或具体修改意见之后由起草单位修改再重新报送。

会稿修改。联合行文的文稿由参与发文的单位会同审核修改。

审核完毕，审核者应在《发文稿纸》相应栏目内签注姓名和日期，以示负责。

（二）签发

签发即由机关单位负责人或被授予专门权限的部门负责人对审核后的文稿进行终审，签署核准意见、姓名和完整日期的环节。签发是公文法定的生效流程之一，具有决策性质。公文草稿一经签发即成定稿，具备正式效力，成为缮印复制正式公文的标准稿本。

1. 工作内容

签发是负责人履行自身职责的重要工作环节，必须依法、依职进行。即针对不同发文的内容与性质，根据签发人的身份、职责分工的不同，确定适当的签发类型，以使公文通过法定的生效流程。

2. 签发类型

正签：指签发人在自身法定职权范围内签发公文。

代签：指根据授权代他人签发公文。

会签：一是指联合行文的各单位或部门负责人共同签发公文；二是指由一个单位或部门制发公文时，将内容涉及其他单位或部门的公文稿送有关部门会商、会稿，签批发文意见。会签是为了统一公文稿内容涉及的各方意见，避免出现矛盾。可由主办单位负责组织各协办单位同时集中签发；也可由主办机关首先签署意见，协办机关依次会签。一般不用向各方分送复印件副本会签的形式，因为各有关单位没有进行实质性的协商，有可能意见仍然分歧，需要再次会签。根据会签文稿印发的正式公文应该抄送会签部门，使其知晓该文内容并存档备查。会签遇到分歧，应由主办单位主要负责人出面协调，仍不能取得一致时，有关单位可以列出各方的理由、根据和建设性意见，会签后报请上级协调或裁定。

核签：又称加签，指上级机关负责人对下级机关或部门所制发公文的核准签发。有的授权行文按规定需要授权机关核签（加签）时，需在核签后的文稿中注明"经××（上级）同意"。核签过多,容易造成下级对上级的依赖性或推卸责任;同时也使上级陷入部门分管的具体事务,所以应尽量控制公文核签的范围和数量;凡已明确授权下属代签的例行业务公文,可不再核签。

草签:指承办部门负责人对公文草案、代拟稿的签发。草签后的文稿仍属于草稿。

3. 做法与要求

分层签发,明确权限。即根据各级负责人的职权范围规定其签发权限;负责人按照法定权限各负其责,签发公文,越权签发无效。(1)以机关名义发文,由本机关单位负责人审批签发;其中重要公文和上行文由机关单位主要负责人签发;(2)授权制发的公文,由受权机关主要负责人签发或者按照有关规定签发;(3)以内设机构名义对内发文可由该机构负责人签发,其中重要公文可由机关有关负责人核签并在文稿中注明"经××同意(批准)";(4)根据法定会议决定事项起草的公文,视其内容分别由会议主持人签发或授权办公厅(室)主任签发;(5)联合发文径由所有联署机关级别对等的负责人会签。

先核后签,规范操作。即先审核,后签发,签发后的文稿遂成定稿,具有正式公文效力,未经原签发人同意,一般不再改动。签发意见须完整周全、书写规范,应当签署意见、姓名和完整时间(年、月、日),书写在《发文稿纸》相应栏目内,代签应标明;使用符合归档要求的书写材料;对于重要的或需要办理的签发意见,文书工作机构应当重视并办理,并将办理结果反馈签发人。签发时圈阅或者签名的,视为同意。

三、复核、注发、印制

属于发文办理的流程。即在定稿形成后,通过各种技术手段和后续环节最后制成发文正本的环节。

(一) 复核

复核即对已经签发后的公文文稿在印发前再次进行技术性审核修订的环节。

复核重点:审批签发手续是否完备;公文内容是否准确;附件材料是否齐全;格式是否统一规范等。

复核属于文书工作机构或人员的专项工作职责,可以直接由其负责;但如果需要对文稿进行实质性修改的,应当报原签批人复审和重新签发。

(二) 注发

注发即在形成公文定稿后批注制发要求的环节。注发旨在使签发意见进一步具体化和技术化,为制作公文正本规定具体流程与标准,以利操作。

1. 注发内容

(1) 注明对于公文具体发授范围、级别的限制;确定文稿的紧急程度、秘密等级;确定印发份数、印刷和发出时间,缮印方式与发送方式。

(2) 编写并注明发文字号。

(3) 确定公文版面要求或格式。

(4) 向交办、催办部门或人员销办。

2. 做法与要求

注发由发文单位综合办公部门（文书工作机构）、文书人员负责；如果注发内容在办文中已由起草者、审核者填写，文书人员仅履行检查手续即可。一般中小机关和基层单位对发文的注发相对简化；在大机关或领导机关，重要发文的注发叫批注，是成文定稿后发文前的一个重要环节，即依据领导批示、发文意图、机关例行规定等操作。注发项目全面、详尽，并逐一填写专门设计的"公文批注单"，或填写在《发文稿纸》相应栏目中。

（三）印制

印制即根据公文定稿制作正式文本的环节。主要包括印制、校对、用印（签署）。

1. 印制

印制方式包括：（1）手工缮写，目前除份数较少的信函外，一般不采用此方式。（2）机械印制，即采用打字机、计算机等设备誊录文字符号制作公文的方式。机械印制劳动强度较轻，文面规范整洁。尤其是计算机印制公文，可利用按标准设计的公文模版及格式，提高缮印质量和效率。（3）印刷，即通过铅印、胶印、油印、静电复印等印制公文的方式，是目前办公条件下批量印制公文的主要方式。

选择印制方式，要视公文的印制数量、保密要求、行文时限、文面要求和行文单位的设备条件而确定。随着科学技术的发展，公文印制方式不断在改进和发展。无论采用哪种印制方式，都要求防止差错、注意保密，缩短印制周期。如财政部规定，按照公文缓急程度安排印刷。一般情况下，特急件必须在 1 个工作日内印出，急件在 1.5 个工作日内印出，一般文件在 2.5 个工作日内印出。凡有特别时限要求的公文应按要求时限印出。[①]

2. 校对

校对即以公文定稿和格式设计要求为基准，对缮印校样或印本进行全面核对检查，发现并纠正错漏的环节。校对是确保公文质量的又一重要环节，适合以任何方式印制的公文。

校对要求：（1）忠于定稿，对定稿负责。（2）纠正公文印制中的错漏；统一字号、格式和版式；进一步发现和校正原定稿中的疏漏。一般公文需要两三个校次，重要公文的校次要适当增加。（3）对于定稿中明显属于笔误或文字技术方面的错漏，校对人员可以径直纠正；对于无把握的需请示领导或与拟稿部门联系后妥善解决；对于内容方面的问题校对人员切不可擅自改动，应交给办公部门或拟稿部门处理。（4）改样应该按照国家标准 GB/T14706《校对符号及其用法》操作。

校对方法：目前比较适合公文校对的方法是对校法、折校法和读校法。

3. 用印（签署）

用印（签署）是制发公文时在正式公文文面上形成生效标志的环节。

（1）用印的含义与操作。

用印即在公文落款处加盖发文机关印章证实其法定或特定效力的环节。适用于以机关单位名义制发的公文。以印章作为发文的生效标志在我国内地最为普遍。

---

① 财政部办公厅：《财政公文处理手册》，北京：经济科学出版社，2001 年。

用印要求：一是印章应与版头上的发文机关标志、落款处的发文机关署名相符；必要时上级单位可为下级单位或临时机构的发文代章，并标明"代章"字样；除纪要以及签署生效的公文外，机关单位正式公文有发文机关署名的，应当加盖发文机关印章后方可有效。有特定发文机关标志的普发性公文和电报可以不加盖印章。二是印章应指定专人妥善保管和使用，用印前应履行批准签发和登记手续。三是由文书工作机构或人员监管用印过程，印章及以照相、静电复印等制版方式制成的印模用毕应及时退回或妥善处理。四是盖印位置和要求按有关规定操作，印迹必须端正、清晰、完整。五是电子印章或电子签名的使用按照有关规定操作。

（2）签署的含义与操作。

签署即由负责人在公文正本落款处标注签发人职务、姓名或加盖签发人签名章以证实其法定效力的环节。一般适用于以机关单位主要负责人、法定代表人名义制发的公文。海外很多国家和地区以及我国内地一些企事业单位以签署作为公文生效标志。签署权一般由正职负责人专有，副职不必联署（特殊情况下副职签署应出具授权书），公布性公文尤其如此；有的专用文书如合同、证书等，需要既用印又签署。

第三节　收文办理

收文办理即机关单位对来自外部或内部的公文进行接收、办理的活动，是使收文通过办理产生实际效用的重要过程。包括收文的接收、承办、传阅、催办等工作。（见图5-3）

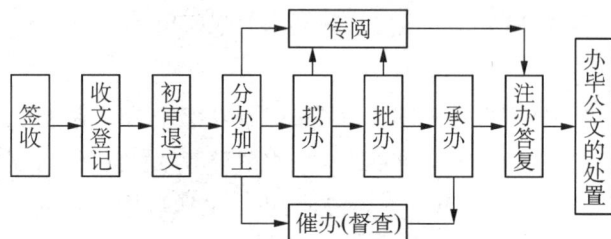

图5-3　收文办理的基本流程图

一、签收、初审、分办

签收、初审和分办都属于收文的接收工作。

（一）签收

签收即机关单位的文书工作机构、专（兼）职文书人员或指定的专门人员按照规定手续，通过专门渠道收取外单位发来公文的环节。作为公文进入机关单位内流程的第一道关口，签收是收文能否得到及时处理并生效的重要环节。

1. 工作内容

大中型机关单位由于公文流量大，其文书工作机构通常分设内收发和外收发。外收发即机关单位专门的对外收发机构，主要负责对收文封件的签收检查，履行第一次收文登记手续；内收发即机关单位中心机构或其下设的文书工作机构的专（兼）职文书人员和各业务机构的专(兼)职文书人员。签收侧重于启封并检查封内公文,履行第二次收文登记手续。

2. 做法与要求

(1) 外收发签收。一是核查投递单或送文登记簿登录内容是否属实无误,逐件清点收文种类和件数;确认封件上的收文者;查验公文装封情况及到达时间等,并在相应栏目内签上收件人姓名(或加盖收件人的专用章),注明签收时间。二是出具收条,以便分清责任。并向内收发交接收文。(见表5-1)

表5-1 送文登记单(外收发对内收发)

收 文 月 日	类别	收文编号	来文机关	承办单位	签 收		备 注
					姓 名	日 时	

(2) 启封。亦称拆封,即由内收发按照规定统一拆阅收文。凡标明送本单位、本单位负责人、本单位办公室(中心机构)或本部门收启的公文,由本单位或部门的文书人员启封;送本单位或部门负责人的"亲启件"(多为负责人之间的通信),交负责人本人或其委托的秘书启封(经授权可以拆封的除外),内中如有急需办理公文,应交文书人员按流程办理;密件,交机要室或机要人员启封。

启封后的操作:检查来文内容是否属于本机关、组织职权范围,对误送件应立即退回发文机关,切勿搁置或擅自处理;按照封套上的注明或随文所附的"发文通知单"逐一核对内装公文,核对内容包括:份数是否相符,主件与附件是否齐全完整;发现问题要及时与发文单位联系查询;注意保持原封套完好,不损坏公文;一般公文封套无保存必要;特殊情况下,如上访信件、初次联系机关的来件等,应将信套别在来件上一并处理。

(3) 收文登记。内收发对收文核对检查无误后,应将回执单(如有此单)及时退还发文部门;对收文逐份编收文号并加盖收文章,然后对收文的主要信息和办理情况进行详细记载。收文登记表(见表5-2)项目包括:收文编号、收文日期、来文单位或部门名称、来文标题、发文字号、密级、附件、份数、承办单位和分送范围等。

表5-2 收文登记(内收发)

收到日期		收文编号		来文机关		附 件	
发文字号		密 级		份 数		文书处理号	
标题:							
承办单位: 处理情况:							
签 收: 备 注:							

收文登记方法主要有:按收文时间顺序登记;按发文机关登记;按公文类型登记,如阅件与办件、急件与平件、密件与非密件、公文与各种简报、刊物、资料等分户登记,一目了然。

参见本教材本章第四节有关内容。

（二）初审

初审亦称收文审核,即由文书工作机构对收文进行审查核实的环节。这是公文办理流程中具有监督功能的环节,旨在避免不符合规定和规范的收文进入本单位公文办理流程,保证办文效率和质量。

1. 工作内容

初审主要针对下级机关上报的办件,审核重点包括:

(1) 是否属于本单位职权范围内应处理的公文;

(2) 内容是否符合法律法规及其他有关规定,是否与其职权范围相符合;

(3) 是否符合行文规则;

(4) 文种、格式、内容表达等是否规范;

(5) 涉及其他地区或者部门职权范围内的事项是否已经协商、会签。

其余针对上级机关、平行或不相隶属机关单位来文的审核,主要检查来文内容是否属于本机关单位职权范围内应办理的公文。

2. 做法与要求

(1) 经初审符合办理要求的办件即进入下一步处理流程。

(2) 对不符合规定的公文,经本单位办公厅(室)负责人批准后,应当及时退回来文单位并说明理由。例如某行政机关设计的《退文通知单》,其中罗列的退文理由包括:行文关系不当,内容不符合国家法律、法规及有关规定,一文多事,涉及其他部门或地区职权的事项未经协商、会签,越级请示,"请示"、"报告"、"意见"文种不分,上行文未标注签发人(会签人)或签发人(会签人)非本单位主要负责人且未说明理由,"请示"、"意见"文种没有注明联系人的姓名和电话,缺少单位印章等。

（三）分办

分办亦称分发,即文书工作机构(人员)对收文筛选分类后,根据规定和常规,将收文分送各有关机构或人员阅知办理的环节。准确分办,既可确定收文运转方向(呈交上司或是分转其他部门或人员);又可具体规定每份收文的运行过程。分办在控制公文办理的流向和流速,提高效率,优化流程方面发挥着重要作用。

1. 工作内容

首先,要确定分办依据。即依据公文性质、重要程度、涉密程度、紧急程度、内容所涉及的职责范围,各职能部门或负责人的职责分工及其他人员分工,有关办文办事的流程、规定或惯例进行分办。在实际工作中各单位应将分办依据尽量明晰化,做到真正有规可循。实践证明,一个单位分办依据的模糊和多变,会使其难以掌握,缺乏可操作性。

其次,要遵循分办原则。即优先处理主要的、重要的、紧急的、需要直接办理的收文。一是将收文分类,即分出主件与次件、急件与平件、阅件与办件、密件与非密件,将电报、急件、挂号信或专递公文等置于其他收文前面处理。二是将处理者分类,即按"三主原则",将待办收文优先分给本单位的主要负责人、主管负责人或主管部门阅处,使公文主次分明、缓急有序,尽快得到实质性处理。

2. 做法与要求

首先,按照分办依据和原则,定出本单位各类收文的分办规则,实现分办流程化。

分办规则:(1)"亲启件"(此处主要指上级机关负责人与本单位负责人的来往信函文件)径送负责人本人;(2)综合性公文径送综合办公部门;(3)责任分工明确的业务性公文径送各业务机构,回复性公文径送原承办机构或主办人员;(4)已注明具体阅知对象和要求的阅件,直接组织传阅;(5)不能或不便直接确定分送对象的、重要的、非常规性的以及综合性强、内容涉及多部门的业务公文,应直接呈上司或综合办公部门负责人批办或拟办,再据此分送。

分办流程:(1)对于符合既定分办要求的公文,应先请主管负责人阅示,然后按照职能分工或负责人的批示转请有关部门或处室研究处理。(2)属本单位或本部门职能范围内已有明确规定的或经领导授权的一般事务性事项的公文,可直接转请有关机构研究办理。(3)属参阅、知照性质的公文,由文书工作机构分送处理。(4)公文内容涉及几个部门,阅件可将有关部门列表附于文上,送各部门传阅;办件或由持有公文原件的主办部门将主要问题转告其他有关部门处理;或复印若干副本分发各有关部门同时处理。(5)对一些内容重要、紧急、篇幅较长或表意不够清晰明了的公文进行加工编辑后再分办。

其次,制定必要的分办工作制度。如:

分办交接登记制度。对分送各位领导、办文部门(人员)的公文,应填写《送领导人文件登记单》(见表5-3)、《文件交办单》(见表5-4);对办件应附上《收文处理单》(见表5-5)、《文件阅办单》(见表5-6),经办公室主任阅签后发出;对阅件应附上《文件传阅登记表》、《文件传阅单》(见表5-7、8、9、10);对需要催办的公文应在《催办登记表》(见表5-11)上登记或在《收文登记簿》上注明,并随文附上《催办单(卡)》(见表5-11、12、13、14);需办理清退的公文,分办前应编上号码以便清退。

限时分办制度。待办公文应规定分办时间限度,如某省人民政府规定紧急公文限时分办,一般公文应在文到之日起三日内交承办部门或送至有关负责人。

表5-3　送领导人文件登记单

月　日＼文号\代字	中发	国发	×发	×政发	其他	签收人（或代签人）	备注

表5-4　文件交办单

来文机关		来文字号		收到日期	年　　月　　日		
起止份号		密级		份　数			
文件标题							
办文单位	份数	起止份号	签收	清退情况			
				退回	暂存		短缺

表 5-5 ××公司收文处理单

发文机关		发文字号	
文件标题			
发文日期		收文日期	
主送领导		收文编号(密级)	
内容提要			
办公室拟办意见			
承办部门拟办意见			
公司领导批办意见			
办理结果			

公司办经办人：　　　　　　　　　　　　　　　　　　　　　　　　　×年×月×日

表 5-6 文件阅办单

收文编号		紧急程度		密级		份数	
来文机关			文件标题				
收文日期							
传阅情况	姓　名						
	送　出	月　日	月　日	月　日	月　日	月　日	
	退　回	月　日	月　日	月　日	月　日	月　日	
拟办：							
批办：							
处理意见和结果(注办)：							
发文(复文)号			文书处理号				
年　　月　　日印发			归档日期　　年　月　日				

表5-7 文件传阅登记表1(以阅文者为户头)

阅文单位(阅文人):

序号	日期	来文机关	来文字号	文件标题	密级	份号	传阅情况	备注

表5-8 文件传阅登记表2(以传阅文件为户头)

文件标题		来文字号	
阅后签名	签阅时间	批 示	

表5-9 文件传阅单1(以阅文者为户头)

阅文单位(阅文人):

序号	发文字号或标题	阅后签名	签阅时间	备注

表5-10 文件传阅单2(以传阅文件为户头)

收文时间	年 月 日	发文字号或标题	
批阅范围			
阅后签名	签阅时间	备 注	清退情况

表5-11 催办登记表

交办日期	来文机关	来文字号	标 题	领导批示	承办期限	催办情况

表5-12 催办单

来文机关		来文字号		收文编号	
文件标题					
承办单位		交办日期		承办期限	
承办要求					
办理情况					

表 5－13　催办卡 1

文件标题					来文字号	
承办单位			承办期限		交办日期	
催办次数	承办人	送文日期		催办日期	处理情况	

表 5－14　催办卡 2

来文机关		来文字号		收文编号	
文件标题		交办日期		承办期限	
领导批示			承办单位		
催办记录					
复文情况					

二、拟办、批办

拟办、批办均属收文的承办环节，即对收文进行阅处、分析研究，从中获取信息、了解有关情况或做出决策、解决问题的过程，关系到公文效用的实现以及实现的程度，是整个收文办理中最重要的部分之一，对于整个文书处理流程的质量和效率具有决定性影响。

（一）拟办

拟办即由综合办公部门、业务部门负责人，秘书及有关承办人员对部分收文的办理提出请示性、建议性处理意见，供负责人决策审批时参考选择的环节。通过拟办，能够充分发挥综合办公部门、文书工作机构、具体承办机构（人员）的主观能动性。

1．工作内容

主要是针对不同情况分别拟写出拟办意见：

（1）上级机关主送本单位需贯彻落实、办毕回复、传阅周知的公文，需要由本单位负责人批示，拟办应当提出拟送的批办人或承办机构：阅件可写"拟请×××局长阅"或"拟请××、××、××等（负责人姓名或机构）传阅"；办件可主动提出初步处理意见或建议，如"建议……请××（负责人）批示"，又如"拟……请××（负责人）阅示"。对于一般办件，通常仅提出"请××阅处"、"请××办理"等意见。

（2）下级机关或平行、不相隶属单位需要予以批转、转发或回复的公文，拟办需要指定业务对口机构承办，明确承办时限。对于批准或给予肯定答复的请示性公文，可区别情况写："拟同意，请××（负责人）批示"、"此件较好（在……有价值），建议批转，请××（负责人）阅示"等等；反之则可写"此文不符合×××文件精神，不宜批准（建议缓议）"、"此件……提法不全面，应补充……材料后再报"等。报告类阅件一般不需提实质性拟办意见，仅是流程性处理意见，如"交×××、×××（负责人）、××部门……传阅"。

（3）需要两个或多个部门会办的公文，拟办应指定牵头或主办部门。如"请××部门主办，××部门会同办理"、"请商××办理"、"请××提出意见，并送××会签"、"请××办理，可先请××提出意见"；处理存在争议，在指定牵头单位的同时需一并讲明理由，如"《××市关于开展××普查工作的通知》要求普查的范围为事业、企业和行政单位的××产业，在我部原分别由××司、××司和××司主管，由于此次普查涉及面最大的是企业部分，建议由分管企业的××司牵头，××司、××司会同办理。当否，请××（负责人）批示"。

（4）一般阅件，包括来往函件、抄送件，可不提拟办意见，只是有选择地送负责人阅知；对于由办公部门知道即可的阅件，仅拟写"此件存查"即可。

2. 做法与要求

拟办意见又称"办文预案"，如切实可行，可为负责人节省时间和精力。在实际工作中，多数情况下负责人对拟办意见持肯定同意态度，所以拟办意见的拟写应十分慎重。

第一，要划定拟办范围。并非所有收文都需要拟办，拟办范围：（1）要求本单位或本部门贯彻执行、协商办理或审批的公文；（2）负责人明确指示代其提供决策方案（初步处置意见）的公文；（3）公文内容所涉及问题的最终处置权按照有关规定和惯例属于上级负责人掌握，而自己对于这类问题较熟悉并具有一定发言权的公文等。

第二，要认真研读需拟办的公文。（1）弄清拟办公文主旨、问题性质。即所提问题是否需要办理，何时完成，有何要求；内容涉及何人、何部门的主管业务，办理时限、涉密程度等等。（2）必要时应查阅相关资料，开展调研，掌握有关法律、法规、政策依据和事实依据。（3）拟办重要公文尽可能提供有关参考资料，如背景材料、原始材料等供领导参阅；对于篇幅较长的收文在拟办同时要进行一些加工处理。详见本教材本章第四节公文管理一（二）有关内容。

第三，拟办意见要文字准确、观点鲜明、简明扼要、具有可操作性。工整清晰地填在《收文处理单》的"拟办意见"栏目中，并注明拟办人姓名和日期。

撰写拟办意见的具体要求如下：

（1）归纳来文要点。将来文主要内容准确摘录、整理。

（2）提供来文背景。如来文的原因、过程、依据以及过去类似文件办理情况等。

（3）提出处理意见。包括：提出办理方式或解决问题的方法措施，写明拟请承办部门（人员）及时限等；对需转有关部门研究的来文，提出主办、协办部门和办理建议，明确直接办复还是由主办部门提出意见后再上报审定，必要时应明确办理完成时限；对需本机关直接审定的来文，提供有关规定和决策依据并酌情提出建议。如有两种以上方案，应一并提出，突出自己倾向性意见及理由；如各部门意见不一，难以协调一致，可将倾向性意见报上级请求裁决定夺。

（4）提出阅批范围。根据领导分工和来文单位及来文内容确定阅批人，并根据情况确定是否需要阅批人以外的领导或部门阅知。

第四，改进拟办形式。拟办应急件急转，要件专门呈阅；承办部门（人员）对于例行公文或自己有把握处理的业务性公文，必要时可按要求直接拟好复文或转发通知的代拟稿，同拟办意见一起直接送负责人审定，以节省办文时间。书面难以提出具体拟办意见或限于篇幅难以表述清楚的，可当面向上司汇报陈述拟办设想。

第五,对拟办人员有较高要求。包括:有正确的指导思想和参谋意识,学会站在负责人的角度思考问题,从全局出发,拟出符合实际的解决问题的方案或意见;有较高的政策水平,提出的预案必须符合党和国家的方针政策、法律法规;要熟悉有关业务,包括拟办人员自身业务知识和其他相关业务知识,才能触类旁通,做出高质量的预案;要具备较强的文字表达能力。

(二) 批办

批办即由机关单位负责人针对需要办理的公文,给有关承办部门(人员)批示具体意见,体现对于办文集中领导指导的环节。在公文办理流程中,除少数需要负责人直接处理的公文外,批办一般是通过对拟办意见的审阅、认可和修正而完成。

1. 工作内容

应针对不同情况分别拟写出批办意见:

(1) 对需要送他人阅读公文,通常批示"请××阅"、"请××、××阅"、"请××阅研"。如必要,可以注明送阅的理由或提出自己的意见、建议、要求。(此类阅件通常不需回复意见)

(2) 对有时限要求的办件,通常批示"请××于×年×月×日前研复"、"请××于×年×月×日前办结(查复)"。

(3) 对需要他人共同做出批示的办件,在自己做出批示后,可写"请××核批"。

2. 做法与要求

首先,划定批办范围。并非所有收文都需要批办。该批办的不批办,会导致领导责任的削弱甚至放弃;但如果事无巨细均交由负责人批办,既会导致职责范围不清,影响承办部门(人员)的积极性,也会使负责人不堪"文山"重负,贻误工作。应避免随意扩大批办范围,导致层层批办、无效批办。批办范围主要包括:(1)无既定办理方案的业务性公文;(2)非固定性来源的重要公文;(3)本单位无处理业务对口机构的公文;(4)依职权确需负责人决策处置的公文。如上级机关的决定、指示性政策性通知,针对本单位的批复、批示、通报等;平级或不相隶属机关重要的协调性公文,下级机关的请示、报告等。

不属于批办范围的包括:已有既定执行方案的常规性、例行性公文等。

第二,体现出统一负责、合理分工。统一负责,即全局性、政策性强的公文务须由机关主要负责人亲自批办;合理分工,即实行分层负责制,不得越权批办,明确规定机关主要负责人和各层次、各部门负责人批办的职责与范围,授权副职与办公部门负责人承担其分管范围内业务性公文与行政事务性公文的批办。为避免失误,对于重要公文的处理可召开决策性会议讨论或征询专家意见,听取公众意见,但法定责任者应该勇于负责,不能事无巨细均推以集体讨论。

第三,批办意见应明确表达领导意图,切实可行。对于需要贯彻执行的上级公文要提出贯彻执行的具体措施或思路;对于阅件应批示传达或传阅的范围与时间;对于需要答复的办件以及有具体请示事项的公文,应批示明确答复主要内容和意见、承办部门、办理要求和时限;对于会办公文应批明主办单位、协办单位及承办要求。批办意见应工整清晰地写在《收文处理单》(见表5-5、表5-6)或《文件传阅登记表》(见表5-7、表5-8)、《文件传阅单》(见表5-10)

的有关栏目内,并签注批办人姓名和批办日期。

第四,建立健全各项批办制度。

(1)批办意见办理和反馈制度。了解、监督批办意见的执行情况和结果,发现问题及时予以纠正;有负责人重要批办意见的公文,办毕后要反馈办理结果。

(2)一次性批办制度。为简化办文流程,提高工作效率,对于各单位在日常工作中办理的常规公文,如统计报表、流程性批文、临时性、事务性文书等,可由负责人或领导班子统一规定办理意见,即通过一次性批办,规范常规公文的处理流程,以后照此办理,省去重复性批办。

(3)圈阅批办制度。批办意见应避免只阅不批,仅画圈不签注意见,或以模棱两可、似是而非的语言表达意图。对于有具体请示事项的公文,主批人应批示明确意见、姓名和审批日期,其他审批人圈阅或签名的视为同意;对没有请示事项的公文,阅件人圈阅或签名的表示已阅知。

三、承办、注办

属于收文的办理环节。

(一)承办

承办即通过对公文的阅读传达、贯彻执行与办理(回复),具体办理和解决其内容所针对的事务和问题的环节。承办关系着发文质量和文书处理效率,是公文办理流程的中心环节和核心部分。承办往往涉及单位负责人、综合办公部门(文书工作机构)、各职能部门和业务机构,需要各方面的努力与配合。

1. 工作内容

从办理形式和分工看,承办分为:

(1)办公室或业务机构(人员)承办。负责人明确批示要办公室自办的或由某机构(人员)承办的,其直接承担办理。

对于不需回复的办件和阅件,承办方式包括:发文(批转、转发)贯彻、开会传达、当面协商、电话联系、实地调研、现场办公、督促检查等。

对于需回复的办件,由此直接进入发文处理流程,一是采用发文回复,即涉及重要决策、人事任免、案件处理等,一律用书面形式批转或批复、函复,以便有据可查;二是原件批回,即属于征求意见或一般工作请示可在原件版头上批注处理意见或领导机关审批意见,复印后盖章发出,原件由领导机关归档;三是电话答复,作好电话记录。

(2)负责人承办。凡由负责人批示不再办理的公文,由文书工作机构(人员)注明办结情况,作为办毕公文处置。

(3)转办。需要转办的公文要及时转交有关单位、部门承办。转办方式通常分为:

原件转办。即将机关负责人的批示意见填入《领导批示事项转办单》(见表5-15),连同原件(承办单位已有原件抄送件的除外)一起转给承办单位。转办单上应明确提出要求提供信息、采取措施、征求意见以及阅后请交回等的不同处理意见。

表 5－15　领导批示事项转办单

原文字号		标题	
领导批示：			
转办单位		转办日期	
承办单位		要求办结日期	

面告或通知转办。对于有负责人批办手迹的《文件处理单》、有保密性的批办意见一般不要原件转出，以免多环节运转造成泄密。可根据不同情况请承办单位负责人前来阅读原文，书面通知或面告领导的批示和要求，必要时应允许摘抄、记录。如某省政府办公厅规定，省长、副省长、资政、助理、秘书长、副秘书长在纳入省政府办公厅公文管理系统的收文上作出需有关市（州）、部门办理或阅知的批示，承办处（室）、中心应以办文通知方式将领导批示或批示精神通知关市（州）、部门。

电话转办。适用于密级不高的一般公文和内部事项，可以利用电话、传真转告承办单位，通话双方作好记录备查。

退回不办。即对不属于本单位职权范围或者不宜由本单位办理的公文，应当及时退回交办的领导人或机构并说明理由，不可无故滞留。

2. 做法与要求

首先，需要确定承办范围：

（1）上级针对本单位的指示，有的需要向下传达贯彻，有的在本单位执行；

（2）上级领导交代布置的工作、事项或需要办复的公文；

（3）来自下级单位的请示、重要报告、建议和意见；

（4）平行单位及不相隶属单位要求回复办理的函电、合同；

（5）人大代表的建议、议案和政协委员的提案。

其次，承办过程中需要注意以下问题：

（1）认真遵循承办规则。即批办件按批办意见办理；毋需批办直接承办的公文应遵循有关法规、惯例、领导口头指示等酌情办理；承办中遇有涉及其他部门职权的事项需要会商，主办部门应主动与各方协商、会签，协办部门和单位应积极配合办理。

（2）合理安排承办次序。区分公文的主次缓急，按规定时限或处理要求依序排列办理。坚持先主后次、先急后缓、急文急办，特事特办。确有困难的，应当及时向批办领导说明。承办公文分设"急要件待办"、"一般件待办""办结"等公文夹（可使用不同颜色公文夹区分），来文随到随归并按时检查，分类存放，方便查阅，以免积压延误。

（3）及时反馈和通报承办结果。承办单位以发文、电话等方式直接答复报文单位的，应抄送或告之交办单位和相关单位的文书工作机构。在文书处理程序中也称为"收文办理"中的"答复"环节。

（二）注办

注办即由承办人在办理完毕的公文上或收文处理单的"办理结果"栏目中简要注明办理

经过和结果以备忘待查的环节。注办环节虽然简单但却很重要,既有利于交代办文责任和结果,又标志着收文办理流程的结束。注办后收文即归入办毕公文,为日后查考公文承办的过程、方式、结果及责任者提供依据。

1. 工作内容

注办内容包括公文的办理经过、办理结果,以及办理过程中一些特殊情况的说明。如:(1)发文承办的,注明其是否办复,复文号及复文日期;(2)传阅承办的,注明主要阅件人姓名和日期;(3)会议承办的,注明会议名称、时间地点、与会范围、会议主题、决议与结果;(4)使用电话或当面解决的,注明时间、地点、有关人员与主要内容,并标明承办部门或承办人姓名;(5)通过现场办公解决的,应注明时间、地点、参加者、解决问题的方法、措施与结果,等等。

2. 做法与要求

注办通常由承办人随手完成,填写在《收文处理单》或《接收电话记录单》(见表5-16)"办理结果"的相应栏目中,同时填写《文件办理情况登记表》(见表5-17)。要求表述清楚,字迹工整。

表5-16 接收电话记录单

来电机关		来电日期	
发电人		收电人	
事由:			
拟办意见			
办理结果			
承办日期		承办人	

表5-17 文件办理情况登记表

来文日期	收文编号	来文机关	内 容	承办部门	交办日期	办理情况

注办实质是承办环节的"善终"。除自身承办的公文外,文书工作机构或文书人员一般不具体负责注办,主要负责督促其他承办部门(人员)做好这项工作。

第四节 公 文 管 理

公文管理,亦称收发文管理。即通过具有管理性质的若干环节对收发文流程运行进行沟通协调和监督控制的活动,包括登记、公文信息加工、传阅、催办等工作。

一、登记、公文信息加工

(一)登记

登记即由文书工作机构统一对公文的完整数据进行登录,是贯穿整个公文处理流程始终的关键环节。严格登记制度,一方面有利于管理者掌握公文运转办理的原始情况,为查阅、催办、交接、统计公文提供线索和凭证;另一方面,有利于明确办文责任。

1. 工作内容

(1) 设置登记体系。凡规模较大、分工细密、文书处理任务重的机关单位应该建立一整套公文处理登记体系。如内外收文登记、分办登记、传阅登记、承办登记、催办登记、盖印登记、发文登记等。登记体系的设置首先要正确选择登记点,减少登记层次,简化手续,避免重复。

(2) 设置登记格式和项目。总原则是科学、实用、严密、简化。科学原则,指登记项目应从收发文管理系统的整体目标出发,为以后公文的分发、催办、传阅与日常管理以及办毕公文的处置奠定基础与创造必要的条件。实用原则,指根据实际工作需要设置,力求反映公文的来源、特征、去向及处理情况,甚至包括催办提示、归档整理分类号等项目,各单位可以根据实际工作需要和要求增减公文登记项目。严密原则,指各项目的设计应齐全清楚、不重复、不脱节、无漏洞;而且同一机关、组织的中心机构、专门机构和分支机构的收发登记项目应基本一致。简化原则,即登记项目的设置应切合需要,格式醒目,方便填写;登记手续力求简便,避免繁琐。

2. 做法与要求

(1) 确定登记范围。

以数量最大的收文登记为例,机关单位的收文登记范围可与本单位归档文件的范围结合起来考虑,即凡属正式来往公文单位内部文件、会议文件等均应逐件登记,并将登记重点放在具有归档价值的公文上。特别要注意对"账外文件"的登记。"账外文件"指机关单位负责人或其他人员外出参加会议、出差等带回的公文(包括重要资料),应由承办部门(人员)交本单位文书工作机构按收文登记办理。不需要登记的收文,亦可参考本单位不需归档的文书材料的范围。

对于未经文书工作机构登记的收文,各部门应不予办理,未经文书工作机构登记的发文,一律不能对外发出。

(2) 选择登记形式。

主要包括:

簿册式登记。即使用装订成册的登记簿,在一页登记表上登记若干份公文的登记形式。其优点是可按收发文时间依序登记,便于查找、交接和统计公文,利于保存和掌握收发文的办理期限和去向,成本较低,是机关单位普遍采用的一种手工操作的公文登记形式。缺点是公文数量多时操作欠灵活,不便于查找和登录。

卡片式登记或联单式登记。二者也是手工操作的登记形式,排列灵活,可同时满足多方面公文管理和检索的需要,如可按发文机关、日期、内容、承办部门、是否需要清退或催办等分类登记。缺点是存在卡单零散、保管麻烦等不足。

电脑登录。即按照需要将公文主要数据项目输入计算机完成登录的方式。其优点是简便易行,便于公文信息的存储、检索和利用,满足了计算机管理公文信息的一次输入、多次输出,信息共享的需求。

（二）公文信息加工

公文信息加工即文书工作机构（人员）在收文办理之前，对其进行筛选分类、加工编辑，控制呈批数量，提取有效信息，方便负责人阅读与审批的环节。信息加工是收文办理流程中具有创新意义的环节。体现在，收文处理不再是被动地无选择地承受"文山"重压，低效耗时的"公文旅行"，单纯的分文传文工作被注入新的活力和内容，通过主动地、有针对性的加工工作，提高公文信息流含金量；同时机关单位文书工作机构将单一的公文管理向信息管理、知识管理转变，除公文外，非公文信息如情报、资料、新闻报道、科技成果等也成为文书工作机构关注对象，需要对其进行科学整合，为机关单位提供优质高效的信息服务。

主要工作内容与要求：

第一，筛选分类。即对收文按照业务性质、重要程度、紧急程度进行选择与分类，便于后续环节的办理。通过筛选分类，对收文进行再次分流，有效控制送批公文种类和数量，确保要件、急件的及时办理；剔除无价值的文件材料，降低办文成本。

机关单位的文件材料通常分为以下类别分别处理：

——需送负责人批办的公文。包括：上级印发的需要贯彻执行的规范性、指导性公文；下级关于重要问题的请示，反映新情况、新问题、需要领导决策的公文，反馈上级重要决策执行情况的公文，以及其他需要办理的重要公文。

——承办部门明确、需要办理的业务性公文。

——本单位行政事务管理方面形成使用的具有规定性、执行性公文。如涉及文书处理、档案管理、印章启用、目标管理等工作的公文。

——不需办理的一般阅件。

——临时性、事务性文件材料。如催报统计报表的通知、请柬、一般便函等。

——与本单位主管业务无关的文件材料。如非正常越级及乱抄滥发的公文。

第二，加工编辑。即在筛选分类基础上进一步对篇幅过长、眉目不清的收文办件进行删繁就简的技术性处理，以利于提高审批公文的效率。主要做法：

——划出公文"文眼"。"文眼"即公文中明显的或不明显的要点和值得注意的内容，如一份公文中的新观点、新政策、新提法、新规定、新问题、新情况；一份会议通知的会期、地点、与会人员、会议主题和参会要求等。醒目地划出"文眼"，便于负责人准确把握公文的处理、执行要求。

——撰写公文提要。即从含有政策、措施以及情况反映的长篇公文中提出要点。撰写提要是提高办文效率，加快公文阅批、传阅速度的有效方法。撰写重要公文的提要，应去枝蔓、留主干，去细节、留观点，提炼出少则一句话，多则几百字的要点；撰写长篇讲话的提要，最好使用其中的精湛原话；给报告、建议等撰写提要，如原文缺乏提纲挈领之词，需要高度概括原文中的核心内容。提要应随原文一起交负责人审批、传阅。

——汇编公文摘报、摘要。即在收文较多的单位，对于多数仅需要负责人了解其精神的阅件，采取"小集中"方式，将特定时段内收到的公文通过摘录要点、筛选汇编成《今日公文摘要》、

《公文信息》、《一周来文摘报》等，注明发文机关、标题、发文字号、分类内容摘要，提供负责人阅读处理。公文摘报、摘要使负责人对有关公文信息一目了然，方便调阅，既节省了阅文时间，能够集中精力批阅主要的、重要的公文，又可使更多的负责人能够同一时间获悉有关公文信息，提高信息传递效率。

——编写综合信息。即将通过电话、传真、电报、公文、会议、接待、调研，以及报刊、广播电视等各种渠道收集到的信息进行全面系统的归纳综合，通过编写《信息简报》、《政情通报》、《专题报道》等形式，向负责人集中汇报反映具有倾向性、动态性、预测性的重要信息，使其在工作中能够通观全局，把握规律。

二、传阅

传阅即由办公室及专（兼）职文书人员将公文在多部门或多位负责人之间传递，使之得到迅速有效的阅知办理的环节。在公文数量较少又不便复印的情况下，传阅环节使公文作用得到最大限度的发挥。

1. 工作内容

传阅分办件传阅和阅件传阅。（1）办件的传阅亦称传批，即按照负责人的分工，根据公文内容、送请分管负责人和主要负责人批示（批办），要求阅文者批阅指示性意见；它是负责人之间交换意见，商定事项、实施职责的一种工作方法。办件的传阅仅是其办理流程的组成部分，需待其所有办理环节结束后才能算作办理完毕。（2）阅件的传阅，仅要求阅文人了解、知悉公文内容；它是负责人之间交流信息、了解情况、沟通意见及共同决策的一种工作方法。传阅是阅件办理的主要工作环节，一般阅件在传阅结束后即视为办理流程完毕，可作为办毕公文处置。

2. 做法与要求

（1）以文书人员为中心点组织传阅。即由文书人员直接同既定的阅文者联系，按照批办意见或有关制度规定依次传递公文；阅文者阅毕后自行退回给文书人员，再由其按序传递给其他阅文者，以避免公文积压、失控、丢失和泄密。除少数急件外，一般阅件的传阅应避免阅文者之间的"横传"。

（2）合理安排不同公文的传阅顺序。为提高效率，传阅顺序应该依据阅文者的实际责任及其需要，以及公文的重要程度、紧急程度、秘密等级等要素合理规划。各单位可针对常规公文安排阅文顺序，形成较为稳定的传阅流程、路线和网络。同时，还可按有关负责人和各部门的工作活动规律，适时调整安排阅文顺序。

一般阅件传阅顺序：原则上按机关单位负责人的职务顺序由前向后依次传阅：主要负责人→主管负责人及其他副职→其他需要阅知的业务部门负责人或有关人员，遵循"有关者必阅，无关者不阅"原则。

一般办件传阅顺序：按机关单位负责人的职务顺序由后向前依次送批，即需要主办的业务部门负责人或有关人员→主管负责人→主要负责人，多个阅件人之间要避免"横传"和越级"直送"，以使公文尽快得到实质性处理。

紧急公文、专递公文和急需分管负责人直接阅处的办件传阅顺序：主管负责人→经办人员→其他机构或人员，按先办后传、急用者先阅、跳跃式传阅等方法处理，以缩短运转周期，使公文能够尽快得到实质性处理。

电子公文传阅顺序：按照机关、组织系统设置的流程传递。

（3）有效采用多种传阅方式。

循序传阅。适用于需要贯彻落实、答复承办的例行公文，按固定顺序进行传阅，常常由文书人员使用专用传阅（阅文）夹，以阅文者为户头（见表5-7、9）或以传阅文件为户头（见表5-8、10）小批量送阅。传阅量大的还可按送阅件的紧急程度、重要程度、办理要求分设不同传阅夹，并赋予明显标志（如不同色彩传阅夹、标签）以方便传阅。此为最常用、最基本的传阅方式。

同时传阅。适用于内容重要、时限性强、保密要求不高、阅文范围较广的公文，包括采用设立阅文室定时集中阅文；公布栏公布需周知公文；应用传真机、本单位局域网络等同步传阅；利用会议集中传达；复印若干副本同时投入传阅等。此方式成本低、效率高，运用较为普遍。

专送传阅。适用于急件、绝密件，负责人专门交代的要件，可派专人按传阅顺序直接送阅。此方式高效、保密，但占用专送人员时间太多，且采用过频，会干扰领导正常工作。

（4）优化传阅流程。文书工作机构应合理设计、尽量缩短传阅流程，有效控制传阅范围；设置便捷的传阅登记，履行完备的交接手续。文书人员应按照规定关注和妥善处理负责人在传阅公文上的签批意见，并将处理情况反馈相关负责人。阅文者应配合组织传阅工作，对于传阅公文不滞留、不横传，认真做好传阅签注，阅后应在《公文传阅登记表（单）》（见表5-7、8、9、10)有关栏目签上姓名和阅文时间。

三、核发、公文公布

（一）核发

核发即公文印制完毕，应当对公文的文字、格式和印刷质量进行检查后分发，包括按照有关规定和要求，拣配和分装待发公文，进行登记和装封，以正式对外发出的一系列环节。

1. 工作内容

（1）拣配和分装。由内收发人员从文印部门接收待发公文，对其文字、格式和印刷质量进行最后检查，清点份数以后按照签发意见、注发要求以及本单位发文惯例拣配公文。

（2）登记。即对发文逐份确定发文字号、分送范围和印制份数并详细记载。需要填写《发文登记簿》（见表5-18）及《发文通知单》（见表5-19），前者用于发文机关留底备查，后者供收文机关核查收文。发文登记的项目包括：发文编号、发文日期、发往机关、公文标题、份数、密级等。

表5-18 发文登记簿

发文编号	发文日期	发往机关	文件标题	份数	密级	签收人

表 5 - 19 发文通知单

日期：

文号	密级	文件标题	份数	清理或清退
·				

（3）装封。发文登记完毕后即可将装入封套；同时填写发送地址和收文机关、回执单（部分公文需要）；检查核对；封口。发给同一机关的公文较多时可以合并装封（包、袋），但密件、急件应与平件分装，并在封套上加盖有关标记或加保密封条。

（4）发出（传递）。即以各种方式、多种渠道将公文传递给受文者的环节。一般由单位的外收发负责此项工作，主要工作步骤包括：交接公文封件、清点数量、检查装封质量；内外收发人员履行交接手续，发文登记；发出。

2. 做法与要求

除需要由专人直接专送给特定受文者的公文外，多数发文均按不同情况分别通过以下传递渠道送抵收文者：

普通邮寄。即通过国家公共邮递系统递送公文。分为平信、挂号信、航空信、特快专递等形式，一般适用于无保密要求的普通公文传递。

邮政机要通信。即通过我国邮政部门为传递社会组织涉密公文而单独开辟的特种邮递系统递送公文。适用于涉密公文的传递。

机要交通。即通过专设的机要交通系统传递重要的涉密公文，主要是为党政领导机关服务。

城市机要文件交换站。即为减少公文在同一城市内的流转环节，避免公文积压、旅行，在县级以上城市，一般都在党政领导机关或部门设"文件交换站"，集中定时交换公文。

专人传递。即由收发件机关机要收发人员对涉密公文进行传递。

电信传输。即通过公共电信系统或专设电信系统，以电报、传真、计算机网络等方式递送公文。优点是速度快，可远距离传递；但在保密性可靠性方面尚存在不同程度的缺陷。涉密公文通过密码电报或者符合国家保密规定的计算机信息系统进行传输。当前随着现代化通讯设备和办公技术的发展，网络传输成为公文主要的发出（传递）渠道。

（二）公文公布

公布是公文正式成文后对外发出的方式之一，即通过各种公开途径和方式，将公文公之于众，使其被周知或普遍遵行的环节。主要适用于部分特定公文，如政策性、规范性文件等。

1. 公文公布的意义

其一，有利于实施依法治国方略。公文公开是政府信息公开的有机组成，是建立政府（政务）信息公开制度的重要内容之一；而建立政府信息公开制度，又是建立法治国家的一项基本制度。所以，公文公开对于推进依法治国、促进依法行政，保障公民、法人和其他组织依法获取政府信息，维护公民、法人和其他组织的合法权益等具有重要意义。

其二，有利于国家机关转变办文观念和工作作风，提高办事效率。旧时官场公文"藏于官府,秘不示人",文书工作以保密为原则。公文公布,使得作为当代政府信息主要组成部分的公文"以公开为原则,保密是例外",引发国家机关以及公务人员办文观念、制度的深刻变革,这是一个循序渐进的过程,也是一个必然的发展趋势。公文公布以及政府信息的公开,有利于提高公务活动的透明度,形成内部制约机制和群众监督效应,对于防止有权机关、组织以权谋私、违法乱纪具有强大作用。同时公文直接公布,简化办理手续和过程,避免繁文缛节,减少信息失真,有利于国家机关工作人员作风的转变,对于反对官僚主义和文牍主义也具有重要意义。

其三,适应了深化改革和对外开放,建设社会主义市场经济体制的需求。法律法规规章以及行政规范性文件的公布,充分发挥政府信息对人民群众生产、生活和经济社会活动的服务作用;尤其是对于我国加入世界贸易组织后的国际交往和竞争能力的提升,起到了保障、促进作用。

2. 工作内容

目前我国公文公布主要采取以下形式:

(1)公报公布。如《国务院公报》、《最高人民法院公报》、《深圳市人民政府公报》等政府及其他国家机关公报是专门用于定期发布法规规章、行政规范性文件及政策文件的权威载体,公报通过成本价公开出售,或备置于各级政府办公地点的适当场所,方便公众免费查阅或索取。

(2)报刊公布。我国法规类及其他规范类公文多采用"令"、"公告""通知"等载体,通过直达行文方式,公开刊登于党报(地方党政机关报)或者其他指定的报刊;部分专门领域(行业)的重要公文在其权威刊物和各职能部门的业务指导刊物公开登载,除了刊登公文内容(全文或摘要),还介绍背景、阐发意义、答疑解惑,一举数得。

(3)网上公布。直接通过网络形式公布公文和政务信息,可速达家喻户晓的效果。如各级党政机关及其他社会组织通过自己的门户网站、官方微博甚至手机短信公布有关公文信息,利于民主管理和提高办事效率。

(4)广播电视公布。广播、电视等公共媒体以及政府新闻发布会,是公文公布的法定渠道之一。

(5)定点公布。通过国家档案馆、公共图书馆、政府机关政务大厅以及主要办公地点等地根据需要设立的已公开文件利用中心、公共查阅室、资料索取点、政府信息公告栏、电子屏幕等场所、设施提供国家机关已主动公开的现行文件的利用服务,方便最基层、最广泛的群众的查询。

(6)其他公布。包括:各政府主管部门行政规范性文件公开印发张贴、规章制度、重要政策性文件或重要会议文件的汇编下发,社会组织内部公示,新闻发布会,定点设立宣传点、咨询点,热线电话查询等各种有组织地公布的方式,便于公众及时准确获得信息。

各地在公文公布(公开)方面有不少值得推荐的经验,如上海市政务公开工作中就明文规定要加强政务公开载体建设。重点抓好"一网"(政府门户网站)、"一厅"(行政服务中心)、"一站"(政府档案馆集中查阅)、"一线"(114电话查询和服务热线)的载体建设,[①]反映出公文公布

---

① 《上海市人民政府办公厅关于转发市政务公开办制订的〈2007年上海市政务公开工作要点〉的通知》(沪府办发〔2007〕14号)。

（公开）形式已经相当完善。

3. 做法与要求

与文书处理其他环节相比较,公文公布(公开)近些年备受关注和重视,其方法、制度和流程在不断建立健全。

第一,公文公布要区分不同类型。

并非所有的公文都可以或需要公布,公布的范围也并非越宽越好,不能"一刀切"。需要制定有关规范,分类操作。

（1）从制发机主体看,以各级政府及其各部门(即行政机关)制发的公文居多。

（2）从公布公文的性质看,以规范类公文,方针政策性、领导指导性公文居多。

（3）从具体操作看,分为直接公布与间接公布。直接公布即公布本身就是某些公文形成或生效的必要流程之一,未经公布不具备法定效用。如"未经公布的规范性文件,不得作为行政管理的依据"[①]。间接公布即公文形成后进入各单位收文处理流程,再根据实际工作需要,经过批准施行公布。

（4）从公布范围看,可分为国内外公布、国内公布、系统(行业)或机关、组织内部公布。

（5）从公布形式看,分为主动公布(公开)和依申请公布(公开)。[②]

第二,公文公布既要维护人民群众的权益,又要提高机关单位的工作效率。

在多数情况下二者一致,但在一些情况下也存在矛盾和问题。如美国联邦政府《信息自由法令》的实施导致了一些利用者滥用现代管理文件、当局大量的费用支出以及对泄密的担心;日本政府现行文件公布(公开)制度的实施也产生了一些弊端:有的机关在形成文件时因对公开有顾虑就过于谨慎,甚至以口头方式取代提供文件方式,导致无案可查。从当前世界各国和地区现实情况来看,包括公文公布(公开)的政府信息公开已经形成一个不可逆转的历史潮流,总体是成功的,有不少经验值得借鉴。同样在我国,公文公布(公开)的正常开展,有可能增加部分单位的工作量,给局部工作带来一些"不便",但不能因此而裹足不前。从长远看,包括公文公布(公开)的政府信息公开对于推动国家民主和法制的建立健全,密切党和政府与人民群众的关系,转变国家机关作风提高工作效率具有深远意义。而且,随着我国社会主义法制的健全和社会主义市场经济体制的完善,党政机关一般公文的数量将会逐步减少,具有公开化特点的各类法律法规规章及行政规范性文件将成为公文的主要类别。因此,改变传统单一的"文来文往"的发文形式和办文观念,对部分公文采用更为公开、直接的传递渠道,是必然趋势。

第三,包括公文在内的政府信息公开要依法推行。

2008年5月1日起施行的《中华人民共和国政府信息公开条例》[③]是我国第一个与公文公布(公开)有直接关系的行政法规,它标志着包括公文在内的政府信息的公布(公开)终于有法可依,必须依法行事。

---

① 《国务院关于加强市县政府依法行政的决定》(国发〔2008〕17号)四、建立健全规范性文件监督管理制度(十三)。
② 《中华人民共和国政府信息公开条例》(国务院第492号),自2008年5月1日起施行。
③ 同上。

四、催办　督查(督办)

(一)催办

催办即根据承办时限和内容要求对部分公文的承办进行督促检查,以防积压的环节,在公文办理流程中具有监督、反馈功能。多数公文都具有不同的办理时限,文书工作机构通过各种方式予以督促办理。如当前一些政府部门推行的"限时办文制度",就必须通过建立健全催办制度来实施,才能防止出现"批而不办、办而无果"的"官样文章"。

1. 工作内容

根据催办对象,分为对内催办和对外催办。对内催办,是对收文的催办,即由文书人员对本单位内部各承办部门(人员)收文办理情况的督促检查;对外催办,是对发文的催办,即由承办部门(人员)对所发公文在收文单位的办理情况进行了解、催询和督促检查。

2. 做法与要求

(1)划分催办范围,突出重点。

一般情况下,催办范围主要限于有承办时限(公文本身要求或负责人批示确定)的公文。包括:请示性公文;上级或本单位领导交办的或需要办复的公文;同级或不相隶属机关要求答复或办理的公文;需要办理落实的会议决议类公文;重要事故、事件、人物等处理专案中的文件材料等。其中对于涉及重大问题、疑难问题、特殊紧急问题的要件、难件和急件需要重点催办,如影响社会安定、抢险救灾和处理公共危机突发事故、涉及国家安全和利益等问题的公文就属于此类。

(2)选择催办方式,有效使用。

电话催办。通过电话提醒承办单位加快办文速度,限期办结上报;催办结果应做好记录。

文字催办。即发催办单(卡、函)提出限期报送办理结果的要求,具有凭证作用,比电话催办更为郑重。

登门催办,催办人员登门当面催询。对于急办事项,老大难问题以及涉及对象多、承办部门难以处理的问题,适宜采取此方式催办。

会议催办。通过会议当面或集中催促核查并即席协商解决具体问题,也是公文催办的有效方式。

(3)遵循操作流程,认真负责。

首先,分门别类催办。做到一般公文定时催(通常规定五天或七天催办一次),紧急公文跟踪催,重要公文重点催。一般应比承办时限提前一两天催询、督促有关承办部门办结公文;如果遇到特殊情况应该及时汇报保证公文的有效处理。

其次,做好催办登记。催办对象和催办时限一经确定,应立即登记交办。收文的催办由负责内收发的文书人员在《催办登记表》(见表5-11)或《收文登记簿》的有关栏目上标明承办时限,同时填写《催办单》(见表5-12),注明催办项目和要求,如"请予×月×日办完,并将办理情况催办单退秘书处",随公文一并交承办人,平时通过检查登记簿随时掌握催办情况;也可填写《催办卡》(表5-13、5-14),通常一式二联,一联随公文交承办单位,另一联留文书工作机构作催办凭据;利用电脑登记,将催办事项输入电脑,同时填写一张《催办单》,随公文发给承办单位,时限一到,电脑会自动提示。

最后,由催办人员(文书人员或承办人)对办理完毕的公文予以注办。

(4)注意工作方法和建立制度,加强领导。

建立催办报告制度。对需要催办的公文逐件登记,跟踪记录催办情况,及时反馈催办结果;定期进行统计分析、上报有关领导;通过发简报、内部公布等形式监督催办实施情况。

建立文书处理和领导批示件办理情况通报制度,内容包括:一是退文的单位及数量;二是凡主送上级机关公文在收到纸质公文时仍没有收到电子公文的单位及数量;三是公文多头报送的单位及数量;四是内部明传电报接收及处理不及时,影响工作的情况;五是领导批示件办理反馈情况等。

加强组织与领导。各单位领导要重视和关心催办工作,而且对于重大或特急公文应该亲自催办,可起事半功倍作用,对于转变机关作风,提高办文效率具有重要意义。

(二)督查(督办)

公文的管理中的督查亦称督办,即督促核查重要公文的实际执行情况,督促并协助承办单位全面贯彻落实公文内容要求和精神,解决有关问题的活动。其主要作用在于督促公文的办理,使其产生实际效用,解决实际问题。

1. 工作内容

督查(督办)原为公文办理流程中的查办环节,原《国家行政机关公文处理办法》将查办改为督查,将其从公文办理流程中取消,专门另行规定①。所以严格意义上说,督查(督办)已经不属于狭义的文书处理。此处仅针对督查(督办)与文书处理有关的部分进行阐述。

督查(督办)与催办具有共性。二者都具有监督控制性质,工作内容一般也分为对内对外两种督查(督办)。对内督查(督办)即对本单位内部承办公文的过程及结果的了解、催询和检查督促;对外督查(督办),即对本单位发往外单位需要回复的公文,以及印发的、需要受文单位贯彻落实的事项进行督促与提醒。

督查(督办)与催办也存在较大区别。从本质上讲,催办是以具体公文的运转为对象,对其承办过程进行监督控制,侧重检查是否按"时"办理完毕;督查(督办)则是侧重以公文涉及的"事件"为对象,对上级机关和本机关下发公文的贯彻落实情况进行专项督促检查,不仅要监控公文承办过程,更要负责追踪、反馈公文的最后效果。催办属于狭义的文书处理,是文书处理流程的环节之一和文书工作机构的职责范围;而督查(督办)涉及的职责范围和工作面更广,一般在机关单位或其秘书机构专门设有督查机构,做好督查工作常常属于秘书工作机构,即办公厅(室)的工作职责之一。

2. 做法与要求

第一,在建立公文限时办结制度基础上建立督查(督办)和反馈机制。即根据公文种类、内容和紧急程度,对收文登记和分办、承办机构收文和办理(受理情况沟通和答复)、部门审核和

---

① 《国家行政机关公文处理办法》(国发〔2000〕23 号),第五十六条专门规定"各级行政机关的办公厅(室)对上级机关和本机关下发公文的贯彻落实情况应当进行督促检查并建立督查制度。有关规定另行规定"。

会签、文秘机构核稿送签、文件印刷和发送等各个环节的运转时限进行量化规定,对其中难以量化的,准确描述其不同情况下的处理要求。明确公文办结时限,有利于落实责任,促进协作,提高公文办理效率,明确督查(督办)部门和反馈的渠道、方式,可确保公文高效运转。

第二,确定重点督查(督办)范围[①]。

(1)上级明确指示需要办理的公文或上级负责人批示需要落实有关事项的公文;

(2)需紧急向上级报告工作或反映情况的公文;

(3)需紧急向下级发出指示或作出决定的公文;

(4)本单位决定的重要事项需要办理和落实的公文;

(5)下级报送的紧急请示和有办理时限要求的公文;

(6)其他单位会签或征求意见需要答复以及商洽工作需要办理的公文。

(7)处理紧急、重大、突发事件的公文。

第三,遵循公文督查(督办)流程。

(1)立项。确定督办对象,决定对哪些公文所涉及的事务的办理结果予以督查。(2)交办。即向有关部门布置督查任务,履行注册登记手续,落实督查人员、督查要求等。(3)核查。定期或随时向承办部门或人员催询,了解公文承办工作进展情况,核实办理结果。(4)协调。帮助协调承办部门办理过程中遇到的有关问题,保证公文迅速有效地运转。(5)结办。即采取措施,解决实际困难和问题,指导或协助落实文件精神后,将督查结果上报。(6)销办。销注已由结果的督查事项,并对有关办毕公文进行处置。(7)反馈。督办情况和结果要及时反馈给有关领导,并可定期将各部门承办督办事项的办理情况进行汇总,以督查简报等形式予以通报,引起领导和各部门的重视,同时对未办结事项进行催办。

第四,公文督查(督办)方式和要求。

包括电话督查、发函督查和约谈督查。要求:(1)围绕中心,突出重点。督办要紧紧围绕本单位的重大问题和中心工作进行。(2)讲求时效,注重实效。对确定的督办事项要明确承办部门,提出时限要求,承办部门要认真研究、及时办理,按时反馈结果,确保督办的质量和效果。(3)领导重视,分工负责。各部门主要负责人要亲自抓督办,设专门的督查机构和人员负责具体,充分授权,强化督查机构和督查工作的权威。

第五节　办毕公文处置

办毕公文,亦称办结文件,专指完成了文书处理流程,业经发出或承办完毕的公文。界定公文是否"办理完毕"的标准,主要是看其是否完成了文书处理流程全过程。包括两方面:一是发文机关制作发文(对内、对外发文)的流程运转完毕;二是收文机关办理收文(各种渠道的收文)的流程运转完毕。

办毕公文处置,指根据有关规定和实际工作情况,对办毕公文予以定期清理检查,确定价值,分门别类,决定并实现其去留存亡的活动。妥善处置办毕公文,利于文书处理阶段善始善

[①]《中央企业公文处理实用手册》,北京:石油工业出版社,2006年。

终,充分发挥公文全部功能和效用,避免失密泄密,防止无用公文信息干扰机关单位正常工作活动。

办毕公文处置包括整理归档、清退、销毁和暂存等工作环节。

一、整理归档

(一) 含义

整理归档是文书处理机构将办理完毕、具有查考和保存价值的文件材料,遵循其形成规律,按照其形成过程中的联系组成有序的文件信息系统的工作活动。一般采用案卷级和文件级整理方法,目前主要采用后者。

归档,是指各机关单位将其管理活动中形成的、处理完毕的、具有一定保存价值的文件材料,由文书处理机构或承办部门按照整理的原则和方法进行有序化整理,定期向本单位档案部门移交,并由档案部门集中统一保管的活动。

1. 办理完毕的公文才能归档

界定公文是否"办理完毕"的标准具体运用如下:

其一,对于单向公文,即不必办复的各类周知性、执行性公文,如决定、通知、通报以及调研报告、情况报告等,在发文机关印制发出后,或收文机关收到分送有关负责人阅知后无批示的,或有关部门传阅办理后无其他意见的即为办理完毕。

其二,对于复向公文,即问复性质的公文,如请示与批复、问函与复函、请求批转转发公文与被批转转发原件、办理需要结论(结案)的公文等,只有当发文机关发出或收文机关得到答复、收到复文(或结论结案性公文)之后,才可视为办理完毕。

其三,对于各类交办公文,或已直接答复来文单位,或已按要求转交有关业务主管部门和单位办理,即为办理完毕。

其四,对于一些需要长期贯彻执行的公文,如规范类公文、长期规划等,作为发文已在本单位定稿并印发行文,作为收文在收文单位已经过有关负责人阅知或阅办,完成了其特定阶段的处理流程也算办理完毕。

2. 具有查考保存价值的公文才值得归档

各机关单位形成和使用的公文具有专门的选择标准,并由此确定归档范围和公文的保管期限,不应该"有文必档"。《机关文件材料归档范围和文书档案保管期限规定》[1]规定归档标准为文件材料是否具有眼前或长远的查考利用价值;不具备查考利用价值的不必归档。

3. 应该按文件形成规律和有机联系整理归档

以案卷级整理的归档文件(立卷),应是有关某一问题或某项工作活动的系统的有一定联系的文件组合体,能反映该组织中某个(类)问题的处理情况;整个组织的案卷,能系统、完整地反映一个机关单位工作活动的全貌。

以文件级整理的归档文件,在其整理原则、质量要求以及整理方法上也突出了遵循文件

---

[1] 《机关文件材料归档范围和文书档案保管期限规定》(国家档案局第八号令)2006 年 12 月 18 日发布并实施。

形成规律,保持文件之间有机联系的要求。

符合以上三点才是完整意义上的整理归档。

(二) 整理归档的必要性

首先,整理归档是文书处理流程的最后环节,是手工操作条件下的文书工作与档案工作的交接点。通过整理归档,既完善了公文的日常管理,使文书处理善始善终,也给后继的档案管理一个坚实基础和良好开端。

其次,整理归档是日后查考利用文件材料的需要。从微观看,机关单位工作具有连续性,归档整理可使办毕公文的重要部分得以妥善保存,以备查考利用;从宏观看,各机关单位在工作中形成的大量公文,是记载和反映国家各个方面和领域工作实践和历史进程的第一手资料,通过归档整理转化为档案保存,能够反映国家各项事业发展的真实历史面貌,为社会发展、经济建设、科学研究和历史研究利用档案提供了条件。

再次,整理归档是我国各机关单位在现有办公条件下整理和保存纸质文件的一种好方法。分散形成的单份公文通过整理归档,具有了内在联系和排列规律,既满足了利用者的需求,又达到了国家档案主管部门的管理要求。而且,整理归档方法相对简便易行,耗用成本低,适合在我国大多数机关单位,尤其是基层单位现有办公条件下,无论是计算机辅助操作还是手工操作中广泛采用。可以预见,纸质文件档案与电子文件档案在我国将会长期并存,针对它们的手工整理与现代化的技术方法也会长期并存;对于某些特定的文件,前者还是不可替代的。因此,对于整理归档非但不能轻视和荒疏,对其规范要求和操作在当今现代办公环境和条件下还需不断改革和创新。

二、清退

(一) 含义

办毕公文的清退,指根据有关规定和要求,将部分办毕公文经过清理,定期或不定期地退还原发文机关或由其指定的专门部门的处置方法。清退意义:一是为了防止公文丢失,确保涉密公文的安全;二是防止信息不必要和不正常的扩散,避免给工作造成被动和不良影响。

(二) 清退范围与操作

1. 清退范围

(1) 上级机关下发的绝密公文(下级机关报送的绝密公文一般不予退还,由上级机关清理销毁和暂存备查);

(2) 在公文起草、审批过程中形成的,仅供在一定时间、范围和级别的单位内使用并要求予以退还的未定稿、讨论稿、送审稿和征求意见稿;

(3) 未经本人审阅的负责人的内部讲话稿;

(4) 有重大错情的公文稿本;

(5) 上级机关或本单位制发的供内部传阅参考并要求予以退还的公文资料,如重要情况通报、有关统计资料、重要简报和信息等;

(6) 规定回收的会议文件;

（7）其他由发文机关明文规定限期清退的公文。

2. 清退方式

（1）绝密文件，除属于本单位归档范围的由文书工作机构统一归档整理外，一般都应办毕及时收回，由机要人员集中保存，以防泄密。上级要求清退的绝密文件，由下级单位的机要部门负责办理。

（2）存在重大错情的文件，一经发现即由主管单位立即全部收回，下级机关与个人不得以任何理由不退、少退或拖延滞留。

（3）本单位发文的传阅件、征求意见稿和送审稿，由承办单位的承办人员或文书人员直接清退；外单位发文的征求意见稿和其他需要清退的文件材料，由本单位的文书工作机构统一清退。

（4）需清退的会议文件，一般由会议秘书部门或会务组发出清退文目录，在会议结束之前督促持件人退回。

（5）人员离退休、调动工作、任满离职，机构撤销合并、办公地点搬迁等特殊情况下的公文，应按照有关规定，在文书工作机构（人员）的督促和协助下主动清理，或清退、或移交、或销毁，认真细致，避免出错。

3. 清退流程与手续

填写一式二份的《文件清退清单》（见表5-20），逐件核对、清点、退还，同时在收文登记簿上注明清退日期和编号，由收文方开具清退凭证，清退方保留备日后查考。无论时定期清退，还是随时清退，都应按要求时限完成，并向主管部门（人员）汇报有关清退情况；同时要求清退的文件材料一份不少，件件完整无损。

表5-20　文件清退清单

清退单位：　　　　　　　　　　　　　　　　　　　　　　　　　　　　年　月　日

制发单位	文号	份数	密级	备注

清退人：（签字）　　　　　　　　　　　　　　　　收文人：（签字）

三、销毁

（一）含义

办毕公文的销毁，指对办理完毕、业经清理鉴定确认不具备归档和存查价值或留存条件的文件材料，经过文书工作机构负责人批准所实施的毁灭性处置方法。销毁可以防止公文失密，避免过时或无用信息的干扰，减少文书处理的工作量，提高工作效率。

（二）销毁范围与操作

1. 销毁公文的条件与范围

销毁条件：办理完毕、业经清理鉴定确认不具备归档和存查价值或留存条件的文件材料。

销毁范围：

（1）临时性、事务性公文与机构内部一般抄送件；

（2）外单位抄送本单位参考的公文；

（3）外出参加会议带回的无留存价值的公文；

（4）一般公文的草稿、校样、与其他已经使用过的征求意见稿、会议讨论稿等；

（5）本单位重份公文，复印、翻印的一般文件材料副本；

（6）无保留价值的信封；

（7）一般的来信来访记录；

（8）因情况特殊，不销毁即会失密或泄密造成严重损失的各种文件材料和会议文件副本；

（9）失去保留价值的统计表、登记簿册、简报等；

（10）其他失去留存价值的材料。

机关单位对于本单位销毁公文的范围应有具体规定。

2. 销毁方式

根据待销公文数量及工作条件区别采用。规模较小的机构可将待销公文使用碎纸机自行销毁；规模较大的机关单位按规定将待销公文送造纸厂制作纸浆或采取其他方式集中销毁。

3. 销毁流程与手续

（1）分类销毁。销毁一般文件由文书工作机构（人员）定期或不定期组织鉴定，编制销毁清册，并经办公厅（室）负责人审查批准，可以销毁；销毁秘密公文（含密码电报）或重要公文，应根据有关规定经过鉴别，在《文件销毁清单》（见表5-21）上逐件登记，由各单位文书工作机构负责人或保密部门审核、批准后由文书、档案部门或保密部门集中统一销毁；销毁电子公文及有关材料，可经有关负责人和部门审查批准后定期清洗计算机硬盘和软盘、光盘等存储介质。

（2）执行监销制度。销毁秘密公文，应当到指定场所由二人以上监督销毁，保证不丢失、不漏销。

（3）未经审查批准，任何部门和个人均不得私自销毁公文。

表5-21 文件销毁清单

年　月　日

序号	发文单位	字号	文件标题	年度	份数	销毁理由	备注

审批单位及负责人：（签章）　　　　　　　　　　　　销文单位及经手人：（签章）

四、暂存

（一）含义

办毕公文的暂存，指对既不应归档整理、清退，又暂不宜销毁，需要再留存一定时期以方便日常工作查阅参考的公文采取的处置方法。

（二）暂存公文的范围

1. 上级机关普发的与本机关主管业务或主要职能无直接针对性的领导指导性公文；

2. 短期内需要频繁查阅的归档文件的重份文本与复印本；

3. 不相隶属机关发来的具有短期参考价值的公文、简报等；

4. 下级机关反映一般情况的公文报表及其报送的备案性文件；

5. 其他仅在较短时期（如5年以内）具有参考利用价值的文件材料；

6. 受多种因素影响一时难以准确判断是否留存或销毁的文件材料。

（三）暂存公文的管理

简单编目。可按照归档整理的原则与方法，根据暂存公文的形成规律与特征进行初步整理，如可按发文字号、来源、主题等分类组卷（可不装订）或置于卷宗夹内妥善存放，简单编目即可。

保管。应由文书工作机构或专门业务机构统一负责，集中保管，防止泄密和丢失。

清理与鉴定。分为定期或不定期进行，对于一段时期后不再需要查考的公文剔除销毁；对涉密公文按规定作好保密、降密或解密工作；对经过一定时期检验，认为确有保存价值的公文经过归档整理予以保存。

（四）暂存公文的利用

在暂存阶段，可以通过借阅、汇编等方式充分利用暂存公文的现行效用或查考利用价值。

1. 借阅

即根据工作需要，按照阅文范围提供公文日常借阅服务。鉴于办毕公文的性质，其借阅服务的主要对象是本机关单位内部的部门（工作人员）。内容不具备保密性质的以及符合借阅范围条件的暂存公文亦可供机关单位之外的利用者借阅。因此，需要建立必要的借阅制度，履行借阅手续。

2. 汇编

即将有价值的暂存公文汇编成册，提供利用。暂存公文多为政策性文件、规范性文件以及重要会议文件，现行利用价值较高。可按既定序列、发文字号、主题（会议、专题）或其他查考线索汇编成册，通过内部印发、提供借阅等方式，满足利用需求。具体做法：

（1）制定汇编公文的收录标准，并按照标准操作。

标准一，应该是公开的（涉密公文汇编除外）、涉及面较广、时效较长、具有反复适用和指导作用的规范性、执行性公文。

标准二，应采用原件，不宜直接从报刊转载的公文副本或简报资料中收集。

标准三，符合汇编目的，应从其制发机关的级别和权限、公文内容和性质、公文稿本、公文制发时间和施行生效时间等方面选择鉴定。

（2）汇编要求。汇编公文的编排、校勘和印刷工作，具有较强的政策性、业务性，应按有关规定或业务标准办理。

第一，排列须有序。地方政府及其部门制定的规范类公文的分类排列应科学有序（法规类公文的排列次序是固定的），避免引起不必要的行政执法争议。

第二，慎改原内容。入选公文的内容一般要保持原貌，不能轻易改动，只有在有绝对把握的情况下，方可对于其中的错别字、标点符号、数字以及行款格式上的问题进行适当技术性处理。汇编公文内容中确需改动处，如删去过时的政治术语、更换改变后的机构名称等，都应与原发文机关协商,取得其正式同意才能改动,同时在汇编中加以说明。

第三,涉密要谨慎。汇编机密级、秘密级公文,应当符合有关规定并经本机关负责人批准。绝密级公文一般不得汇编,确有工作需要的,应当经发文机关或者其上级机关批准。汇编公文视同原件管理。秘密公文汇编本的密级按照入编公文的最高密级标注和管理;汇编上级组织的涉密公文,须经发文机关批准或授权。

第四,收录修订本。收录已经做局部修改的公文,一般可先录原件,然后在文后加注发布机关有关修订的决定和通知,或直接收录修订本,并加注说明(包括原件发文日期和发文字号)。

第五,准确标时间。如规范类公文应保留其发布公文及其完整格式,规范类公文标题,题注,制定、通过或批准的机关(会议)和时间,发布机关和时间,施行生效时间(有的生效时间标于附则),不能任意删掉,以保证公文法定效力和有效查阅利用。

第六,按需附材料。为达到汇编公文的利用目的,可采用附录形式附上部分重要的规范类公文的草案报告、权威部门的解释(说明)等。

第六节　特殊类型公文的办理

特殊类型公文主要包括规范类公文、会议文件和涉密公文等。这些类型公文在机关单位使用频繁,在形式、载体、办理流程等方面较一般公文具有一定特殊性。

一、规范类公文的制定和办理

(一)一般规范类公文概述

随着我国依法治国基本方略的实施,具有中国特色社会主义法律体系已经形成,规范类公文成为一类十分重要的特殊类型公文。如前所述,规范类公文可划分为法律法规类文件和一般规范类公文,并呈现不同的效力等级。[①] 由于法律法规类文件国家有明文规定,本教材从略。在此主要介绍一般规范类公文,其中以行政规范性文件和其他机关单位的规章制度类公文为重点。

一般规范类公文是法律法规类文件之外的所有规范类公文的总称。其中,行政规范性文件在当前大量形成和使用,成为行政机关贯彻执行法律法规、国家政策和履行管理职能的重要载体和方式,直接关系到公共利益、社会秩序和公民的切身利益;而其他机关单位的规章制度类公文也是不可或缺的重要公文种类之一。

1. 行政规范性文件

(1)从定义看,各地区各部门各有规定,大同小异。

在国家尚未出台统一规定以前,近年各地区各机关在制定公文处理实施办法的同时,均专门制定关于行政规范性文件的规定,使其与普通行政公文明确区分。如:

《山东省行政程序规定》所称规范性文件"是指除政府规章外,行政机关在法定职权范围内,按照法定程序制定并公开发布的,对公民、法人和其他组织具有普遍约束力,可以反复适用

---

① 参见本教材第三章第一节三、关于规范类公文的分类的内容。

的规定、办法、规则等行政公文"。①

《财政部规范性文件制定管理办法(试行)》所称规范性文件"是指财政部按照法定职权和规定程序单独或者牵头会同有关部门制定并公布的除部门规章以外的,具有普遍约束力并能够反复适用的,作为财政行政管理依据的文件"。②

《四川省行政规范性文件制定和备案规定》所称行政规范性文件"指本省具有管理公共事务职能的各级行政机关等依据法定权限,按照规定程序制定的,除规章外的,涉及公民、法人或者其他组织权利或者义务,公开发布并反复适用的,具有普遍约束力的行政文件"。③

以上各地区、各部门行政规范性文件的定义,均认同制定主体为行政机关;具有相应的规范性和强制性(行政责任追究);具有普遍约束力;可以反复适用等共同点。但从另一角度看,各地区、各部门定义不尽统一,使得对行政规范性文件的范围的掌握难以一致,并影响对其性质、效力的认定以及法定程序的履行。

（2）从制定主体资格看可以分为三类。④

第一类,享有行政立法权的行政机关发布,但不属于行政立法的行政规范性文件。例如,行政法规必须经国务院常务会议或全体会议审议,经国务院总理签署,以国务院令发布,并且使用"条例"、"规定"、"办法"等法定名称,国务院的规范性文件如果不具备上述形式要件,就不是"行政法规",而只是"行政规范性文件";享有行政立法权的行政机关发布的行政规范性文件的效力低于其本身制定的行政立法,但高于其下级行政机关制定的规章。

第二类,不享有行政立法权的国务院工作部门发布的行政规范性文件,在实践中被视为行政规章。国务院的直属机构和某些国家局,宪法和组织法未赋予其规章制定权。但国务院的某些法规或规范类公文(如有关规章发布、备案的规范类公文)将其纳入规章范畴,与国务院部、委规章统称"部门规章"。这类行政规范性文件(如国家工商行政管理总局、海关总署、食品药品监管局等发布的规范类公文)的作用并不低于国务院部委的规章,人民法院在办理具体案件时也将其视为规章予以引用⑤。

第三类,不享有行政立法权的地方人民政府及其部门发布的行政规范性文件。这类行政规范性文件的制定主体十分广泛。

2. 机关及其他社会组织的规章制度性文件

在此是专指法律法规类文件、中国共产党组织的党内法规⑥和行政规范性文件之外的规范类公文(以下简称"规章制度")。是各机关单位为满足社会管理和内部管理的双重需要,根

---

① 《山东省行政程序规定》(山东省人民政府令第 238 号)第四十三条,自 2012 年 1 月 1 日起施行。

② 《财政部规范性文件制定管理办法(试行)》(财办〔2011〕36 号)第二条。

③ 《四川省行政规范性文件制定和备案规定》(四川省人民政府令第 188-1 号)第二条,自 2010 年 8 月 1 日起施行。

④ 参考《以法治国论(一)》聊城律师在线。

⑤ 1999 年 11 月 24 日最高人民法院出台的《关于执行〈中华人民共和国行政诉讼法〉若干问题的解释》(最高人民法院审判委员会第 1088 次会议通过)第 62 条第 2 款规定:"人民法院审理行政案件,可以在裁判文书中引用合法有效的规章及其他规范类公文。"

⑥ 中共中央《中国共产党党内法规制定程序暂行条例》(1990-07-31)第二条规定:"党内法规是党的中央组织、中央各部门、中央军委总政治部和各省、自治区、直辖市党委制定的用以规范党组织的工作、活动和党员的行为的党内各类规章制度的总称。"

据法律法规规章和上级机关有关规定,在其职权范围内制定发布的具有组织、行政、纪律或道德约束力,并要求管理职权所涉及的范围以及本组织范围内有关人员共同遵守执行的规范类公文。如《财政部国家秘密文件、资料和其他物品的保密规定》、《××省省级机关机要文件交换站工作规则》、《台湾民主自治同盟章程》、《××公园游园须知》等。

规章制度应用广泛,适用范围广泛,上至最高领导机关,下至基层单位,都可以利用它来规定应遵守的事项、应负的责任和应达到的目标,以保证各项工作和活动有序、正常、协调地进行。

(二) 规范类公文的特点

与普通行政公文比较,规范类公文在制定主体、施行效用、总体构成、制定过程等方面呈现以下特点。

1. 制定主体——广泛性与限定性

不属于行政立法的一般规范类公文,其制定主体十分广泛。如各级人民政府,县级以上地方人民政府组成部门、直属机构和办事机构(以下统称工作部门),法律、法规授权的具有管理公共事务职能的组织均可发布行政规范性文件。而其他规章制度的制定主体就更为广泛。

制定主体还具有限定性。如一些省级政府规定,"各级人民政府设立的临时性机构、议事协调机构和工作部门的内设机构、派出机构不得制定规范性文件"。[①]

2. 施行效力——约束性与多层级性

(1) 规范类公文效力的约束性体现为具有普遍约束力和可反复适用。

"普遍约束力"体现效力的空间范围:不同层次的规范类公文对于一定范围内的有关组织(人员)分别具有法律、行政、组织、道德的强制力、约束力和执行效力,有关组织(人员)必须遵照执行,否则会受到相关法律的处罚或行政、组织纪律方面的处分;规定的行为规范、职责目标所针对的是普遍适用性问题而不是个别的、具体的问题和特定事项;涉及的是多数管理相对人而不是针对特定个别的管理相对人。

"可反复适用"体现效力的时间范围:即在有效期内对同一事项都适用这一文件的规定。如果只能适用一次的就不是规范类公文。

(2) 规范类公文具有的效力等级和适用规则体现出多层级性。[②]

依据制定主体的立法权限、职责权限,规范类公文呈现不同的效力等级。法律法规类文件在法律体系中的纵向等级即称为法律位阶。类推到一般规范类公文,其效力等级和适用规则为下一层次的规范类公文不得与上一层次的规范类公文相抵触;在不同效力等级的规范类公文有不一致规范性内容时,除特例外,应适用和执行效力等级高的。一般规范类公文效力等级按制定主体统辖权的大小排列,依次为:

一是省辖市(州、区)、县(旗、市)、乡镇(区),同一辖区内权力机关规范类公文的效力等级高于同级人民政府的规范类公文;在同一组织系统或专业系统内部的规范类公文,作者级别越高,公文效力等级越高。

---

① 《四川省行政规范性文件制定和备案规定》(四川省人民政府令第188-1号)第四条(三)。

② 主要参考曹润芳:《文件写作与处理》,北京:中国经济出版社,1998年,第17—18页。

二是国家机构以外的其他社会组织制定的规范类公文的效力等级一般低于国家机构制定的规范类公文;在这些社会组织内部,按其法定的组织序列排列的不同级别组织制定的规范类公文的效力等级是:同级组织中的权力机构(或类似性质的,如代表大会、职工大会、董事会等)制定的规范类公文的效力等级高于执行机构制定的。

三是中国共产党各级组织制发的规范类公文分别是全党和党内不同级别的具体组织内部全体党员的行为准则和规范。

3. 总体构成——规范性与特殊性

规范类公文的总体构成具有其特定规范和严格要求,必须以《中华人民共和国地方各级人民代表大会和地方各级人民政府组织法》[①]、《中华人民共和国立法法》、《行政法规制定程序条例》和《规章制定程序条例》等有关立法技术方面的法律法规为法定依据,以及各地各部门结合实际制定的相关规定制定;同时在以下方面呈现出不同于普通行政公文的特殊性。

——文种使用。(1)一般规范类公文不能使用法律法规类文件专用文种名称:法、条例。详见本教材第三章第二节三(一)规范类公文文种及其适用范围。(2)除了常用的"规定"、"办法"、"细则"等外,法定正式公文文种"决定"、"通告"、"通知"等有的也规定可使用于行政规范性文件。[②][③]

——内容设定。一是外部性。其内容涉及公民、法人或其他组织的权利或义务,如行政规范性文件如果纯粹规定行政机关内部事务就不是行政规范性文件。二是符合制定主体的职权范围。如国家行政机关制定行政规范性文件的行为,法律上称之为抽象行政行为,体现行政管理权和行政强制力,所以强调职权法定,行政规范性文件的制定必须限定在制定主体的法定职权范围内进行,否则为越权制定,文件无效。其内容设定有如下"禁区":(1)可以设定的内容:相关法律、法规、规章和国家政策对某一方面的行政工作尚未做出明确规定的;相关法律、法规、规章和国家政策对某一方面的行政工作虽有规定但规定不具体的;相关法律、法规、规章和国家政策明确授权本机关或者包括本机关在内的行政机关制定相关的规范类公文的。(2)不得设定的内容:行政许可事项;行政处罚事项;行政强制措施;行政收费事项;其他应当由法律、法规、规章或者上级行政机关规定的事项;对实施法律、法规、规章作出的具体规定,不得增设公民、法人或者其他组织的义务,不得限制公民、法人或者其他组织的权利。[④]

[①] 1979 年 7 月 1 日第五届全国人民代表大会第二次会议通过,根据 1982 年 12 月 10 日、1986 年 12 月 2 日、1995 年 2 月 28 日、2004 年 10 月 27 日共四次修正。

[②] 《四川省行政规范性文件制定和备案规定》(四川省政府令第 188 - 1 号)第六条规定:规范性文件的名称一般称"办法"、"规定"、"决定"、"细则"、"通告"、"公告"、"通知"和"意见"等名称。

[③] 《税收规范性文件制定管理办法》(国家税务总局令第 20 号 2010 年 7 月 1 日起施行)第七条规定:税收规范性文件可以使用"办法"、"规定"、"规程"、"规则"等名称,但不得称"条例"、"实施细则"、"通知"或"批复"。

[④] 如《财政部规范性文件制定管理办法(试行)》(财办[2011]36 号通知印发,2011 年 10 月 1 日起施行)第二条规定:"以下文件不属于本办法所称的规范性文件:(一)规定财政部机关及财政部所属单位的人事、财务、保密、保卫、外事等内部事务的文件;(二)仅对格式文本、报表、会计准则、会计核算制度等技术事项进行规定的文件;(三)仅下达预算、分配资金、批复项目的文件;(四)布置具体工作的文件;(五)指导性质的文件;(六)单纯转发的文件;(七)根据《政府信息公开条例》和《财政部机关政府信息公开实施暂行办法》等规定,属于不予公开或者依申请公开的文件。"

——发送形式。规范类公文的发送具有依附性，一般不能直接向外发出，通常以令、公告或通知等法定正式公文文种作为随文载体予以发布或印发。

4. 制定过程——程序性与公开性

比之普通公文，规范类公文的制定程序更为复杂，周期较长，规定严格，操作规范。以行政规范性文件为例，参照《规章制定程序条例》有关规定[①]，其法定制定程序确定有立项、起草、审查、决定、公布和备案等。

公开性是规范类公文制定过程的一大特色规定。尤其是法律法规类文件和行政规范性文件的制定必须要依据公开、公正、提高透明度的原则，将"公布"作为必经的法定程序。

（三）制定规范类公文的基本原则

1. 法律优先原则

法律优先原则是行政法的一个重要原则，是指法律位阶高于行政法规、规章等法律法规类文件及一般规范类公文，一切行政法规、规章等法律法规类文件和一般规范类公文都不得与法律相抵触。本原则也可以被推而广之地称为"上位法优先原则"，即在不同位阶的法律法规类文件中，上位阶法律法规类文件的效力优于下位阶法律法规类文件的效力，下位阶法律法规类文件不得与上位阶法律法规类文件相抵触。因此，制定一般规范类公文，必须符合相关法律、行政法规、规章及上级规范性文件的规定，否则，所制定的规范类公文不具有法定效力，有权机关可以撤销。

2. 行政公开原则

行政公开是现代民主政治的基本要求，指行政行为除依法应当保密的外，应一律公开进行。对于规范类公文尤其是行政规范性文件的制定，行政公开原则体现在：第一，制定应当公开。在起草过程中应当广泛征求和充分听取基层机关和行政相对人的意见。第二，行文应当公开。规范性文件应以相对固定、普遍知晓的方式和渠道公开，让行政相对人知悉。未公开的内部文件，如纪要、明传电报等，不能作为对外行政管理、行政执法的依据。

3. 法制统一原则

法制统一原则体现在两个方面：一是上下位阶法律法规类文件之间的和谐统一，保持协调；二是同一位阶、不相隶属的法律法规类文件之间应当相互衔接，不得相互冲突、相互矛盾。在一般规范类公文制定中，也应该遵循这一原则。

4. 行政效能原则

遵循行政效能原则就是要实现立法资源的优化配置，其基本要求：一是在制定规范类公文时，不能仅仅注重数量，更要强调质量，进行必要性、合法性与可行性论证，确保制定的文件合法、合理、具有可操作性；二是不能仅仅注重制定，更要注重制定后的施行效果，通过立法后评估和清理等工作机制及时了解文件的施行状况，做好修订和废止工作。

（四）规范类公文的制定和办理要求

要保证规范类公文的质量，需要在其内容、形式以及制定和办理程序规范方面的力求最

---

① 见《规章制定程序条例》（国务院令第 322 号）第三十六条："依法不具有规章制定权的县级以上地方人民政府制定、发布具有普遍约束力的决定、命令，参照本条例规定的程序执行。"

优化。（与写作有关的内容从略）。

第一，内容规范。

1. 以法律法规为依据。除了法律法规类文件本身的法律规范作用外，一般规范类公文都是特定领域内行为规范的体现形式。尤其是行政规范性文件，更是法律法规的补充和具体化。其制定必须以法律法规为依据，写明所依据不同的法定效力等级层次的法律法规类文件和其他法定依据。

2. 体现较强的可操作性。规范类公文是对比较成熟的管理方式方法经归纳综合后的系统化和条款化，一般要求执行部门依照条文即可具体操作。所以其内容应注意与实际工作的发展相适应，增强可操作性。

第二，形式规范。

规范类公文种类较多，其总体结构及写作规范大致相同，具体文种的撰写形式大多已经规范成型，有较为固定的模式和写作规范。值得注意的是：

1. 实行定时生效。规范类公文的成文时间不一定等同于生效时间，大多实行定时生效，即除了成文日期外，在文中专门规定具体施行日期。如行政规范性文件一般规定在公布 30 日之后施行，但因保障国家安全、公共利益的需要，或者发布后不立即施行将有碍法律、法规、规章和国家的方针、政策执行的除外。公布时间一般比生效时间提前一个时间段，主要用于制定者履行宣传告知义务，满足管理相对人的知情权；进行具体施行的配套准备工作等。需要提前施行的行政规范性文件应当在提请相关法制部门审查时特别予以说明。可提前施行的情况包括：（1）为实行优惠、救济等措施而制定；（2）涉及税收、金融、外事等事项，国家规定已规定了具体实施日期的，按国家的规定执行；（3）因紧急事项而制定。

2. 规定"有效期"。即规范类公文生效周期相对稳定，不能草率发文，朝令夕改，只在有效期内有效，通过自动定期清理，过期立即作废。随着国家和社会的发展，对不符合经济社会发展要求，与上位法相抵触、不一致，或者相互之间不协调的规范类公文，要及时修改或者废止。① 领导机关应在一定时期内对其进行清理，按照内容过时、新文件代替旧文件、上位文件替代下位文件等不同情况，将已废止的规范类公文的目录单独或成批集中公布，以保证现行规范类公文的合法性和权威性。2006 年 1 月广州市政府在全国率先规定了行政规范性文件的"有效期"，这是借鉴国外较为成熟的"定期死亡"和"落日条款"的做法。目前规范类公文规定"有效期"已成制度。如四川省政府规定行政规范性文件的有效期自施行之日起不超过 5 年；"暂行"、"试行"的规范性文件不超过 2 年。有效期届满，规范性文件自动失效。安排部署工作有明确时限要求的规范性文件，工作完成自动失效。②

3. 不应规定溯及力。比照"法律不溯及既往"和"新法优于旧法"的原则，除特殊情况外，规范类公文不应规定溯及力。

第三，程序规范。

① 《国务院关于加强法治政府建设的意见》（国发〔2010〕33 号）三（8）。
② 《四川省行政规范性文件制定和备案规定》（四川省人民政府令第 188－1 号）第八条。

不同层次规范类公文的制定和办理程序存在差别。这里参照行政规章的制定程序做简要介绍,主要以行政规范性文件的制定和办理程序为例。

一般程序主要内容包括:

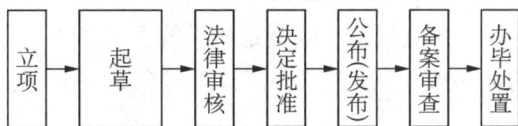

立项 → 起草 → 法律审核 → 决定批准 → 公布(发布) → 备案审查 → 办毕处置

1. 立项

即编制制定规范类公文的计划和规划,避免"临时动议,盲目随意"的被动局面。一般需制定年度计划、三年规划或五年规划。

2. 起草

制定规范类公文的关键环节。具体分为:

组织起草。成立由分管负责人参加,由具有较高政策及文字水平和专业知识的人员组成的起草小组,确定起草机关和人员。机关或部门联合起草的需确定主办机关和辅助机关。

调研论证。规范类公文在立项、起草、审查、决定过程中必须广泛认真地听取有关单位和个人意见。规范类公文涉及公共重大利益和公民、法人、其他组织重大利益的,制定机关认为拟定的草案基本成熟后,应当组织科学性和可行性论证。论证的主要项目包括:(1)制定的必要性;(2)本机关制定该文的法定职责依据;(3)所拟政策性规定的合法性;(4)所拟规定实施后的积极效果预测;(5)所拟规定实施后的消极效果评价及其对策;(6)有效执行所拟规定需要解决的问题;(7)其他需要论证的事项。

协调分歧。为使规范类公文在制定后能得到顺利实施,取得预期效果,在制定过程中,必须做好协调工作,把意见统一在规范类公文发布之前。公民、法人或者其他组织对公文草案内容提出意见和建议的,起草部门应当予以研究处理,并在起草说明中载明;相关机关对公文草案内容提出重大分歧意见的,起草部门应当进行协调;协调不成的,报请上级行政机关协调或者裁定,最后形成送审稿草案,并向有关机关报请有关审核材料。

3. 法律审核

亦称前置审查,即规范类公文草案拟定之后,由起草部门及时按规定报送有关法制部门审查,是对规范类公文施行管理和监督并提供法律服务的重要方式之一。[①]

制定机关的法制机构负责对报请审核的材料提出的法律审核意见应当包括下列内容:(1)是否具有制定的必要性和可行性;(2)是否超越制定机关法定职权;(3)内容是否与法律、法规、规章和国家政策相抵触;(4)具体规定是否适当;(5)是否与相关的规范性文件协调、衔接;(6)是否征求相关机关、组织和管理相对人的意见;(7)是否对重大分歧意见进行协调;(8)其他需要审核的内容。

---

① 2001 年《安徽省行政机关规范性文件制定程序规定》(安徽省省政府第 149 号令)在全国首创规范类公文前置审查制度。要求县级以上政府及所属各部门的规范类公文在印发前报送同级政府法制部门进行合法性审查,未经政府法制部门审查的部门规范类公文不得印发。

根据不同情况,制定机关的法制机构可以对草案进行修改、协调;对重大分歧意见协调不成的,可报请制定机关决定,也可以将草案退回原起草部门重新修改或补充审核材料。

4. 决定批准

即规范类公文草案经审核符合规定,由法制部门提请制定机关有关会议审议,经集体讨论批准通过。经会议决定通过的文稿最后经制定机关的主要负责人予以签发后发布。两个或两个以上部门共同起草的,应分别经各部门会商或领导集体讨论通过,并由各自主要负责人会签。

5. 公布(发布)

规范类公文的发布,应当由制定机关的主要负责人签署或盖印,用法定正式公文作为载体向社会公布,这一过程是其生效的必要条件和法定程序之一。未向社会公布的不得产生法定效力。法律法规类文件按照《中华人民共和国立法法》及有关法律法规的规定公布。一般规范类公文尤其是行政规范性文件按照有关规定发布。如《党政机关公文处理工作条例》规定"命令(令)"适用于公布行政法规和规章,"通知"适用于发布行政规范性文件。①

6. 备案审查

亦称事后备案监督,即对制发的规范类公文按规定上报有关部门备案,对其合法性、规范性、可行性和可操作性进行审查和监督。

为了避免过分强调程序而影响效率,一方面在执行一般程序时应对各环节作出时限规定,达到遵循法定程序与提高行政效率的和谐统一;另一方面在特定情况下可采用特别程序。特别程序亦称简易程序,指因发生重大灾害事件、流行性疾病或者其他意外变故,保障国家安全、公共安全和重大公共利益,执行上级行政机关的紧急命令和决定等情况时,需要立即制定规范类公文的,经制定机关主要负责人批准,可简化制定程序,主要是在征求意见、报送审查、备案和发布和施行时间等程序上做变通处理。

二、会议文件的办理②

(一) 会议的分类与作用

会议指有目的、有组织、有领导的商议事情的集会,是机关单位实施领导和管理的重要手段和途径。

1. 会议的分类③

(1) 按会议规模分为特大型会议、大型会议、中型会议、小型会议。分别指万人以上的会议、千人以上的会议、数十人至数百人的会议、几人至几十人的会议、这种划分是相对的。

(2) 按会议性质分为立法性会议、党务性会议、行政性会议、业务性会议、群众性会议、交际性会议。立法性会议是指权力机构的会议,党务性会议指政党召开的会议,行政性会议指各级行政机关(单位)召开的执行性、工作性会议,业务性会议指各部门召开的专业性会议,群众

---

① 见《党政机关公文处理工作条例》第二章公文种类第八条(三)、(八)。
② 参考丘国新、陈少夫:《会议文书写作》,第一章,广州:中山大学出版社,2003年。
③ 参考叶黔达主编:《办公室工作实务规范手册》,成都:四川人民出版社,2010年,第169页。

性会议指非官方、非专业的表达群众意愿的会议，交际性会议指旨在增进了解、发展友谊的会议。

（3）按会议内容分为工作会议、表彰会议、动员会议、总结会议等。

（4）按会议方式分为现场会议、观摩会议、电视电话会议、网络会议、集中会议、分散会议等。

2. 会议的作用

在现代社会，会议是机关单位及其负责人实施领导职能的重要工具、实施决策开展工作的重要手段、进行管理、协调沟通、检查督促的重要途径和有效方式。此外，会议在教育宣传、研讨咨询、动员激励方面都发挥着重要作用。

（二）会议文件概述

1. 会议文件的含义

会议文件，指围绕会议而形成和使用的，直接反映会议精神，为会议服务，最全面、最真实地记载和反映会议活动的文字材料。

2. 会议文件的功能

形成、办理和使用会议文件是会务工作的重要组成部分。会议文件因会议而形成——为实现会议目标而形成各类文件材料，从不同角度共同反映出会议的主旨、进程、成果等；为会议服务——运用各种会议文件，使会议沿着原定议题、议程顺利进行；真实地记录了会议面貌——是为人们了解会议情况提供的最准确、最具有权威性的文字记载。

其主要功能：（1）指导功能。在会议进行过程中，会议文件可以指导与会人员的思想认识，协调会议的各项活动，使会议取得预期成果。（2）凭据功能。在会议之外和会议之后，更多的人可以借助于会议文件了解会议精神和内容，当在认识或执行上遇有疑问和分歧时，可以会议文件为凭据解决有关问题。

3. 会议文件的种类

详见本教材第三章第二节三（二）会议类公文文种及其适用范围。

（三）会议文书工作的要求

会议文书工作即围绕会议的筹备、组织和召开，记载反映会议进程和传达贯彻会议精神和议定事项，拟制、办理与管理会议文件的全部工作。会议文件是做好会议工作的工具和辅助手段。会议文书工作的质量成为会议成败的关键之一。

会议文书工作既具有一般文书工作的共性，同时又有自身特点和要求。

1. 体现集中统一管理和领导。会议文书工作有很强的政治性和现实执行性，又直接关系到会议职能的实现和会议效率的提高，因此应该由有关会务机构或主持召开会议的机关、组织加强集中统一管理和领导，分工协作完成。

2. 坚决贯彻会议的指导思想。任何会议都是根据上级领导的要求和实际情况的需要召开的，有关人员应该深入了解情况，深刻理解上级指示，准确把握会议指导思想的内在实质，为领导者提供有价值的建议，并将其准确、系统和简明地体现在会议文件之中。

3. 准确周密、及时迅速。这是对会议文书工作的全面质量要求和办理时效要求。

4. 加强会议文件保密意识。加强保密工作，是会议文书工作的一项重要原则和要求。涉密性强是会议文书工作的突出特点，主要原因：一是会议文件多属于草稿或参考性质，有时与会议的正式公文不完全相符，所以不宜将未定内容扩散出去。二是会议文件大多具有不同程度的机密性或内部性，不宜长期存放在个人手中，以免遗失或泄密。因此在会议文件材料的存放、分发、管理等各个方面必须树立保密意识，采取有效措施，遵守相关规定。

（四）收文单位对于会议通知的办理①

主要包括审核签收——分送办理——拟办送审——通知提醒。

1. 审核签收。对收到的会议通知须先审核。审核内容：根据是否属于本机关（单位）应该参加的会议，确定是否接收办理；如果符合要求则签收、登记，进入办理流程，否则予以退文。

2. 分送办理。一般情况，根据来文要求参加的会议和活动内容，按照本机关（单位）领导分工或内设机构分工，商请有关负责人出席、参加或将会议通知分送有关内设机构处理。履行签字手续以明确责任。

3. 拟办送审。（1）根据会议和活动内容，及本机关（单位）实际情况，提出并在收文处理单上填写拟办建议、处理意见。（2）在拟办中，提出出席、参加的负责人要充分考虑工作实际，最好事先做一些沟通请示；如涉及多个机构的，要明确主要参加机构。（3）有些会议活动通知可能涉及职责划分不清或交叉，就需要协调参加领导或机构。（4）拟办意见应明确可行，同时附上有关背景材料供负责人参考。（5）按程序送相关负责人审签。送签中要注意及时跟踪提醒，如是急件，且负责人在外不能审签，应及时电话请示。（6）如需准备会议文字材料，应尽早通知有关负责人或机构，提前做好准备。

4. 通知提醒。将领导审签同意的会议（活动）通知及时分送有关机构或负责人。注意在会议（活动）前提醒领导出席、参加，并做好车辆等后勤保障工作。

（五）会议承办单位对会议文件的处理

1. 会议文件的拟制。包括起草、审核、签发等环节。由于时间短、任务重、要求严，接到文稿后要及时送负责人审定，会议主旨性公文文稿必须送请有关负责人审核，提请有关会议讨论，反复修改后，才能送请主管负责人签发。签发后要及时登记送印、校对，环环相扣，分秒必争。

2. 会议文件的付印。为保证及时分发，会议文件一般在开会之前就应印制好。付印前，首先要认真校对，避免出现错误。付排后要及时催印、催装、催成品等。印制中应注重纸张质量，合理安排版面，字迹必须清晰，印制份数应有多余备份，注意保密。

3. 会议文件的分发。会议应组织专人负责文件分发。要按规定严格控制分发范围，涉密公文应当注意避免泄密。

分发方式一般有两种：

（1）会前分发。包括会前邮递分发、报到（签到）处分发、会前在座位摆放等。一些研究计划、方案、待审议法规性文件的草案等应在会前数日分送与会人员，使其有充分时间思考、研

---

① 叶黔达主编：《办公室工作实务规范手册》，成都：四川人民出版社，2010年，第14—15页。

究、发现问题,提出意见或建议,为会议中的深入讨论做好准备。

(2) 会间分发。即在会议进行过程中,根据议程的需要,按照会议所分团(组)分发。负责人的讲话,会议快报、简报等文件需要在会场上分发时,应由会议秘书人员按照座位顺序,逐一发到与会人员手中。会议分发文件如需要会后收回,应在文件上注明"会后收回",在文件右上角写上收件人姓名或编号、收回时间;分发重要会议文件,要逐一登记领取人姓名和所领取文件的编号,以便确切掌握文件分发情况和去向以方便清退。

4. 会议文件的清退。通常指重要会议的与会人员在会议结束时,按照规定将会议文件清理并退回会议秘书处。清退是会议文件管理的一项重要工作。具体操作:一按要求。按照会议文件的内容、性质、保密要求和领导指示及时进行。二有目录。分别将发文目录及时告知与会人员,督促大家自行清理。三定期限。会议结束是清理会议文件的关键时刻,应采取严谨、周密的措施和行动,保证按规定期限清退。

5. 会议文件的整理(立卷)归档。即按照归档和档案管理的规定,会议结束后由会议工作人员将会议文件及时收集集中,系统化整理成卷(盒),及时移交档案部门保存。会议文件的整理(立卷)归档是会议结束后的一项重要工作。

做好会议文件的整理(立卷)归档工作,首先,收集要齐全完整。会议结束一般即可视为本次会议文件办理完毕,此时凡是本次会议活动(包括筹备阶段)所产生的文件材料,都应该收集齐全。包括:(1)会议组织类文件:计划召开本次会议给上级领导机关的请示和上级领导机关的批复;落实会议经费报批的材料;会议工作机构的设置和工作人员名单;会议的文字通知、日程安排、代表名单;(2)会议的主旨类文件:开幕词、工作报告、专题报告、领导讲话稿、大会发言稿、会议各类决议、会议简报、会议纪要、会议总结、闭幕词等;(3)会议证件类文件和重要的事务性文书等。如果有的文件经会议通过后在报纸上公开发表,应剪裁一二份存档;有单行本的成册文件,每种必须保存两份。其次,整理要系统规范。是根据会议文件的类型、形成时间的顺序或内容的主次加以系统整理(立卷),统一编号,装订成册或排列装盒。

6. 会议文件的汇编利用。即汇集会议的全部或主要文件材料,经合理编排,印刷成册,是充分利用会议文件和扩大会议影响的极好方式。依其内容,有会议全部文件汇编和会议主要文件汇编之分。

三、涉密公文的办理

文献是记录有知识和信息的一切载体,公文属于文献的组成部分,因此 GB/T7156—2003《文献保密等级代码与标识》[①]等国家标准的有关规定也适用于涉密公文。涉密公文即具有保密等级的公文。凡涉密公文统称为密件,非涉密文件称为平件。密件和平件应该分开管理,密件有专门的传送渠道和严格的保管制度,以防泄密、失密。还要注意在公务未决阶段一些公文具有的阶段保密性。

---

① 《文献保密等级代码与标识》,2003 年 7 月 25 日国家质量监督检验检疫总局批准发布,国家标准公告 2003 年第 8 号总第 56 号发布,2003 年 12 月 1 日施行。

（一）《文献保密等级代码与标识》的有关规定

《文献保密等级代码与标识》规定了公文保密等级的确定、变更和解密的原则,规定了公文保密期限、保密等级代码和标志。（见表5-22）

表5-22　文献保密等级代码

名　称	数字代码	汉语拼音代码	汉字代码
公开级	1	GK	公开
限制级	2	XZ	限制
秘密级	3	MM	秘密
机密级	4	JM	机密
绝密级	5	UM	绝密

1. 从保密程度分类公文可划分为五个级别：

公开级（open level）：作为公文的文献可在国内外发行和交换。

限制级（control level）：作为公文的文献内容不涉及国家秘密,但在一定时间内限制其交流和使用范围。

秘密级（confidential level）：作为公文的文献内容涉及一般国家秘密。

机密级（classified level）：作为公文的文献内容涉及重要的国家秘密。

绝密级（most confidential level）：作为公文的文献内容涉及最重要的国家秘密。

2. 国家秘密公文的一般保密期限

该标准所称国家秘密（national secret）,是指公文内容关系国家的安全利益,依照法定程序确定,在一定时间内只限一定范围的人员知悉的事项。

秘密级不超过10年,机密级不超过20年,绝密级不超过30年。特殊情况下,根据实际工作需要,有关中央国家机关可确定某类公文保密期限短于或长于一般保密期限。

3. 保密等级、保密期限的确定和变更

一般遵循以下原则：限制级公文由其业务主管部门确定和变更。国家秘密公文密级的确定和变更按国家有关的定密规定确定,国家秘密公文保密期限的确定、变更或解密应按照有关的国家保密规定执行。

公文保密期限届满即自行解密。在保密期限内的公文解密,由确定密级的机关、单位根据具体情况及时进行。公文经主管机关、单位正式公布后,即视为解密,并免除通知。

4. 公文保密等级的标志

涉密公文的密级和保密期限一经确定应立即做出明显且易于识别的标志。公开级可不标注。限制级公文的密级和保密期限标志的组成由业务主管部门自行确定。

国家秘密公文的密级和保密期限标志的组成是：从左向右按密级、标志符"★"、保密期限的顺序排列,如秘密★5年、机密★10年、绝密★长期。书面型涉密公文在其封面（或首页）上方的显著位置标注标志。如果保密期限未作具体规定,可不标注保密期限,直接按规定保密到最高期限,即10年、20年、30年。以磁、光介质等材料为载体的涉密公文,在其明显或者易于识别的位置标注标志：凡有包装（套、盒、袋等）的公文，还应以恰当方式在其包装上标明。

公文密级和保密期限变更后，应在原标注位置的附近做出标志，原标志以明显的方式废除。在保密期限内解密的公文，应以能够明显识别的方式标注"解密"的字样。

（二）涉密公文的发送传递[①]

1. 编号封装。传递涉密公文，应当包装密封。在信封或袋牌上标明密级、编号和收发件单位名称。使用信封封装绝密级公文时，应当使用用防透视材料制作的、周边缝有缝纫线的信封，信封的封口及中缝处应当加盖密封章或加贴密封条；使用袋子封装时，接缝处应当使用双线缝纫，袋口应当密封。

2. 传递操作。

（1）传递涉密公文，应当选择安全的路线和交通工具，并采取相应的安全保密措施。应当通过机要交通、机要通信或者指派专人进行，不得通过普通邮政或非邮政渠道传递；设有机关文件交换站的城市，在市内传递机密级、秘密级公文可以通过机要文件交换站进行。

（2）向我驻外机构传递秘密公文，应当按照有关规定履行审批手续，通过外交信使传递。

（3）采用传真、计算机网络等手段传递涉密公文，必须有加密措施。密码电报不得明传。答复密码电报必须用密电，不得明电、密电混用。

（4）送往外地的绝密级公文，通过机要交通、机要通信递送。中央部级以上，省（自治区、直辖市）、计划单列市厅级以上和解放军驻直辖市、省会（首府）、计划单列市的军级以上单位及经批准地区的要害部门相互往来的绝密级公文，由机要交通传递。不属于以上范围的绝密级公文由机要通信传递。

（5）在本地传递绝密级公文，由发件或收件单位派专人专车直接传递。

（6）传递绝密级公文，实行二人护送制。

（三）涉密公文的日常管理

1. 专人管理。各机关单位要严格按照有关保密规定，配备专门的机要秘书人员，负责文件的管理。绝密级公文应当由专人管理。机要秘书人员必须政治可靠，社会关系清楚，同时应具有很强的保密意识和专业素质。

2. 配备安全保密设施。设立党委（党组）的县团级以上单位应建立机要保密室和机要阅文室，机要保密室按照有关保密规定安装防盗门窗、配备密码文件柜等必要的安全保密设施。

3. 及时入柜。涉密文书处理完毕应及时放入密码文件柜或铁皮柜，不得随意散放办公桌或文件夹里，不能带离办公室或带回家。

4. 不得随意复制或汇编。绝密级文件一般不得复制或汇编，确有工作需要的，应当经发文机关或者其上级机关批准。复制、汇编机密级、秘密级公文，应当符合有关规定并经本机关负责人批准。复制、汇编的公文视同原件管理。公文汇编本的密级应按照编入公文的最高密级标注。

5. 做好定密、降密、解密工作。（1）公文确定密级前，应当按照拟定的密级先行采取保密

---

① 参考叶黔达主编：《办公室工作实务规范手册》，成都：四川人民出版社，2010年，第35—36页。

措施。确定密级后,应当按照所定密级严格管理。(2)公文的密级需要变更或者解除的,由原确定密级的机关或者其上级机关决定。(3)涉密公文公开发布前应当履行解密程序。公开发布的时间、形式和渠道,由发文机关确定。

6. 加强涉密公文的销毁管理。涉密公文应当按照发文机关的要求和有关规定进行清退或者销毁。各机关(单位)要建立健全涉密公文清退和销毁制度。对标有密级的各类公文须按照年度进行清理和销毁,应到当地保密部门指定的涉密载体销毁中心销毁,不得当作废品出售。

思考练习题

1. 简述公文处理流程的主要特点。

2. 简述发文拟制、办理和收文办理流程各个主要环节的含义、工作内容和要求与做法。

3. 简述办毕公文的条件以及处置主要包括的环节和具体要求。

4. 阐述规范类公文在制定主体、施行效力、总体构成、制定过程等方面的特点。

5. 阐述会议类文件、涉密公文的办理要求。

6. 案例题:

(1) 分析以下行文中的不当之处并予以纠正。

某公司在某工程项目的建设中需要追加一笔资金,该项目负责人陈经理代公司起草了向上级机关请示的文稿,交给该公司负责人王总。王总仅在文稿中简单改了几个字,就交给公司综合部小李秘书,叫他赶快印好发给上级机关。王总还专门交代小李秘书:"这份请示很重要,多印几份,在上级机关多送几个部门",并特别强调要指名送一份给上级机关的某位负责人。

(2) 分析以下案例中文件的传阅中的不当之处。

某大学校长办公室的文书老秦在对一份具有办理时限的重要公文传阅时,首先将文件夹在传阅夹内送到校长办公室。校长不在,老秦就径直将传阅夹放在桌上。过了两天,老秦到校长办公室去取这份文件,可校长说已传给张副校长了;老秦找到张副校长,文件却又被传给了赵副校长……文件找不到了,领导批评老秦,老秦感到很委屈。

(3) 阅读以下案例并按文后要求回答问题。

S省交通厅收到下级所属工程单位 W 建设工程指挥部上报的一份《关于解决 W 建设工程在 H 市施工受阻问题的紧急请示》,急需通过 S 省交通厅出面协调 H 市政府、S 省发展改革委、S 省建设厅等多家单位,并制发答复性文件予以办理。W 建设工程指挥部上报的紧急请示在 S 省交通厅由该厅办公室登记分送,由该厅工程处负责主要承办,其间经过若干工作环节,最终在规定的工作日内得以办理完毕。

【要求】请为 S 省交通厅设计出这份紧急请示的处理程序的主要工作环节,并逐一分析各环节的具体操作要求及应该注意的问题。

第六章　文件整理归档

文件整理归档,前承文书处理的善始善终,后接档案管理的良好开端;是一项既体现历史经验的积累,也不乏时代特色,更有规范标准制约的工作。学习本章需要全面掌握整理归档的主要过程和操作要领。其中包括掌握文件分类方法及其确定,学会为不同机关、社会组织制定文件分类方案;在具体操作中,要求了解案卷级整理方法,重点掌握文件级整理流程的具体操作和技术要求,并能够熟练运用。

第一节　归档工作的准备

归档整理必须在文件分类基础上进行。所以,归档工作的准备工作主要指文件实体分类,即将归档文件按其来源、时间、内容和形式等方面的异同,分成若干层次和类别,构成有机体系的过程。包括确定文件分类方法、制定文件分类方案等具体内容。

一、归档工作的制度、原则与要求

(一)建立健全归档制度

通过归档,文件转化为档案保存。由于机关单位内部机构的档案收集主要通过其办毕公文的整理归档进行,二者实为一体,所以归档成为文书处理终结和档案管理启动的重要环节。各机关单位建立文档系统,首先面临的就是要建立健全归档制度,将文件归档作为工作重点。同时,也要做好其他类型文件的收集整理工作。

归档制度的具体内容见本教材下编第八章第二节一(一)归档制度与归档工作。

(二)归档工作的原则与要求

归档工作的原则是遵循文件材料的自然形成规律,保持归档文件之间的有机联系,区别不同价值,便于保管和利用。

文件整理归档时要求:

1. 确定由文件形成、承办部门(人员)整理归档的制度。即文件办理完毕后,由熟悉文件形成、办理过程和情况的文书部门或业务部门应按照有关规定将文件的定稿、印件(收文正本或发文存本)和有关材料(包括电报、音像材料)收集齐全,整理归档。个人不得保存应归档的文件。

2. 注意整理归档工作中的合理分工。两个以上机关联合办理的文件原件由主办机关归档整理,相关机关保存复印件。机关负责人兼任其他机关职务的在履行兼职职务过程中所形成的文件,由其兼职的机关归档整理。

3. 准确划分归档范围。(1)将文件置于机关单位工作整体中考察。从本机关单位的职权范围、社会地位和作用等角度确定其归档范围及保存价值。(2)加强内部文件和"账外"文件的收集。内部文件中的工作计划、总结、会议记录、调查报告等,"账外文件"指机关单位负责人或其他人员外出参加会议、出差等带回的公文(包括重要资料),均容易被遗漏,应划入整理归档范围。(3)区分文件与常用资料。机关业务工作接收和收集的有关材料,如重要的文件汇集、资料汇编、统计数据、大事记、刊物和有关书籍等,是工作的重要工具,但其本身并不反映本机关单位主要职能活动,因此不属于本机关单位归档范围,但为利用方便,可作为资料保存。

二、确定文件分类方法

(一) 年度分类法

是运用最广泛的分类法。即根据文件形成年度将同一年度的文件分为一类,不同年度的文件分为不同的类别。

决定这一分类质量的关键,在于正确地判定文件的日期并归入相应年度:

1. 有多个时间特征的文件,应以文件签发或会议通过日期(即成文日期)为准,据此判定文件年度。

跨年度文件处理方法:对于计划、规划、总结、预决算、统计报表以及规范类公文等形成时间和内容针对时间涉及不同年度的文件,统一规定为按文件成文日期判定文件所属年度。

如:1995 年形成的《1996——2000 年工作规划》——应归入 1995 年;

1997 年形成的《1996 年××机关工作总结》——应归入 1997 年;

2004 年 8 月 28 日由第十届全国人大会常委会第十一次会议通过,2004 年 8 月 28 日中华人民共和国主席令(第十八号)公布,自 2005 年 4 月 1 日起施行的《中华人民共和国电子签名法》的定稿、存本——应归入 2004 年。

2. 跨年度形成的文件,如会议文件、案件材料等往往统一在办结年度归档,分类时归入办结年度。如某单位 2007 年立案、2008 年结案的某信访案件,其文件材料统一在结案年度归档,即归入 2008 年。

3. 几份文件作为一件时,"件"的日期应以装订时排在最前面的文件的日期为准。如:来文与复文为一件时,按规定复文排在前面,应以复文的日期为准。

4. 文件没有标注日期时,如内部文件,需要分析该文件内容、制成材料、格式、字体以及各种标志,通过对照等手段考证和推断其准确或近似日期,并据此按年度合理归类。

5. 有专门年度的文件,按专门年度分类。如兵役年度、粮食年度、教学年度等。

6. 会议记录本以该本最后一次会议记录时间为准。

(二) 机构(问题)分类法

是机关单位常见的一种分类法。在检索手段现代化情况下,一般 2—3 层次分类即可。按照《归档文件整理规则》①（以下简称《规则》）规定,制定文件分类方案时不能同一层次分类同时采用机构分类法和问题分类法,而应该根据机关归档文件实际择其一种。

1. 机构分类法

即根据形成和承办文件的机构分类。由于机关单位的文件原本由其各内部机构分工处理和整理,构成归档文件自然按机构分类,简化了分类体系的设计,还顺理成章地保持了文件在来源方面固有的联系,反映了同一机关单位某一方面工作,便于按照一定的专题查找和利用档案。所以此法易于掌握,并被广泛采用。

分类时,一个机构设一类,机构名即类名。各类之间按照机关组织机构序列表规定或工作习惯排列,如:"综合性机构——业务部门——辅助性机构……"为避免文件重复归档,对于跨机构形成处理文件,其分类采用以下处理原则:归入文件处理或承办（或主办）部门的类别,即发文以谁的名义发就归入谁的类;收文是哪个部门承办（主办）就归入哪个类。

2. 问题分类法

即按照文件内容所反映的问题特征分类。由于问题可不受内部机构限制,采用本分类法的机关单位大多参照本单位内部机构的职能性质设置类别,机关单位的中心任务和主要活动亦可单独设类。如党委、工会、共青团等机构形成的归档文件划为——党群类;业务部门形成的归档文件——业务类;行政后勤部门形成的归档文件——行政类等等。此法较好地保持了同一内容文件之间的联系,突出反映了机关单位职能活动的主要面貌。

与易于把握的按"机构"分类相比,按"问题"分类的难点是对"问题"的把握难免见仁见智,故一般不宜轻易打乱组织机构而采取问题分类法,在第一层次采用问题分类法的往往是一些内设机构简单、不大稳定、分工不明确且文件数量较少的机关单位。

（三）保管期限分类法

即按照文件的不同保存价值,将其划分成不同种类。采用此法能将不同价值的归档文件从实体上区分开来,便于有针对性地采取整理、保护措施,并为后续的档案工作提供便利。此法目前被《规则》确定为必选项。我国档案保管期限曾在很长一段时期被规定为永久、长期（16 - 50 年）、短期（15 年以下）三种期限。②但目前机关文书档案的保管期限已经改定为永久、定期两种。其中定期一般分为 30 年、10 年。③保管期限的改革必然对按照保管期限分类法产生明显的影响。在实际工作中,按保管期限分类一般不作为机关单位文件分类的第一层次分类标准,通常是在同一个年度、同一机构（问题）之下再按保管期限分属类。

（四）复式分类法

即当归档文件数量较多时,分类需要分层进行,将几种分类方法结合使用的方法。

年度、保管期限、机构（问题）三种分类方法,可以组合成为多种复式分类法。其顺序不限

① 国家档案局:《归档文件整理规则》（行业标准 DA/T 22—2000）2000 年 12 月 6 日发布,2001 年 1 月 1 日起施行。
②《国家档案局关于文书档案保管期限的规定》1983 年 4 月 25 日发布并实施。现已停止执行。
③《机关文件材料归档范围和文书档案保管期限规定》（国家档案局第八号令）2006 年 12 月 18 日发布并实施。见第六条规定。

定,按《规则》规定,年度、保管期限是分类时的必选项,机构(问题)作为选择项。大机关各内设机构、部门分工整理归档,机构(问题)可为分类选项。

1. 年度——机构(问题)——保管期限(适用于现行文件的整理归档,特别是推行部门整理归档的机关单位)

2009 年:	办公室(综合类)…	永久、定期(30 年,10 年)
	人事处(人事类)…	永久、定期(30 年,10 年)
	业务处(业务类)…	永久、定期(30 年,10 年)
2010 年:	办公室(综合类)…	永久、定期(30 年,10 年)
	人事处(人事类)	永久、定期(30 年,10 年)
	业务处(业务类)	永久、定期(30 年,10 年)

2. 保管期限——年度——机构(问题)分类法

适用于内部机构虽有变化但不复杂的现行机关文件的整理归档,《规则》推荐采用。某省档案局在施行《规则》的几点意见中甚至统一规定该省各机关单位采用此分类法:

保管期限——年度——机构(问题)

保管期限——年度(适用于小机关、基层单位)

如该省交通厅规定:厅机关采用"保管期限——年度——机构(问题)"分类法,厅直属单位亦然;但该厅所属内部机构设置简单的基层单位或小机关,或者每年形成文件数量少的机关单位则采用"保管期限——年度"分类法。

三、制定文件分类方案

文件分类方案,是根据机关单位工作的主要职能活动以及一些辅助性活动的情况,预先编制的整个组织文件整理归档的条目体系,如归卷类目、文件分类表等。它既可作为平时管理利用文件的检索工具,又为归档乃至后续的档案管理奠定基础。一般情况下,整理归档应该依据预先编制的文件分类方案进行,使之程序化、规范化。因此,编制文件分类方案是机关单位建立文档系统的重要基础工作。其编制可以分机关部门、一个系统、一个行业、一个机关单位分别进行,如既可以编制供乡(镇)政府、工业企业、高等院校、银行系统等系统专用的文件分类方案,也可以编制××大学、××局专用的文件分类方案。

编制文件分类方案的步骤:

(一)调查研究——制定文件分类方案的基础

制定文件分类方案首先应该了解归档文件整理单位(立卷点)及其文件情况,包括

1. 组织机构设置、业务性质、人员配备、工作分工、驻地情况;

2. 年形成文件的数量和质量(主要文种、主要文件类型);

3. 文件工作组织形式和文件形成及运转处理情况;

4. 立卷形式、立卷点选择和立卷分工要求;

5. 归档文件与不归档文件的范围(含本单位特殊要求);

6. 归档文件针对年该单位的主要工作任务、重要工作、重大活动、重要会议(需要查阅工

作计划和总结）；

7. 归档整理的具体要求（含本单位特殊要求）。

（二）制定文件分类方案之一——编制归卷类目

归卷类目亦称立卷类目，是在机关单位在当年文件尚未形成之前预先编制的本年度归档文件分类整理的计划。其结构一般由类别、条款和条款顺序号组成。编制工作分为三步：

——确定类别：按问题或本单位组织机构分类；

——拟定条款：即预拟的案卷题名，包括责任者—问题—文件名称，也可注明保管期限；

——排列编目，编排条款顺序号（文书处理号），采用大流水或分类流水编号。

【案例 6-1】 机关归卷类目

××市××局2011年归卷类目

一、综合类（党政办公室）

1. 局党委会议记录

2. 局务会议记录

3. 专业性会议文件

4. 年度工作计划和总结

······

20. ······

二、组织人事工作类（组织人事处）

26. 某局关于干部任免的批复、决定等

······

40. ······

三、宣传类（宣传处）

46. 某局关于宣传工作的意见、通知

······

55. ······

四、企业财务工作类（企业财务处）

57. ××总局编制的××××年邮政企业财务计划和通信企业分省财务收支计划指标

58. ××总局下达的××××年邮政企业财务计划

59. ××××年邮政基本建设财务会计来往文书

······

【案例6-2】 ××大学归卷类目

××大学××学院归卷类目

文书处理号(条款号)　　　　　　　　类名-条款

1　　　综合类(含党务、行政、工会工作)

1-1　上级党组织、学校党委及各部门发文

1-2　学院党委、各系党支部关于党务工作的决定、总结、统计表及　表彰名单

1-3　院务委员会办公会纪要

1-4　学院教授委员会工作文件

1-5　学院及院内各部门年度及阶段计划、总结、通知

1-6　校内各类简报、通讯和信息

1-7　学院工会工作文件

1-8　学院重大会议、活动文件

……

2　　　人事工作类

2-15　国家各部委、省市各机关关于人事工作方面的发文

2-16　学校及学校部门关于行政、人事工作的发文

2-17　学院关于人事任免、工作考核、职称评定、岗位职责和聘任等方面的通知、审批表、登记表

……

3　　　科研与学科建设工作类(科研部)……(以下为各类类名,略去条款)

4　　　学生工作类(学生工作办公室)

5　　　基建设备工作类(基建办公室)

6　　　外事工作类(外联部)

7　　　财务工作类(财务部)

8　　　教学工作类(教务部)

9　　　学院董事会工作类(董事会办公室)

……

(三) 制定文件分类方案之二——编制文件分类表

文件分类表也是预先编制的本年度归档文件分类整理的计划,分为文字叙述式和框图表格式。文件分类表的作用、编制方法与要求基本同于归卷类目,只是其类目体系最低一级类目(终端类)的名称是揭示文件内容的规范词(词组)而非条款(题名)。

【案例6-3】 文字叙述式文件分类表

××市人大常委会机关文件分类表

一、序言

包括：类目体系的分类与编排原则、基本结构介绍、编号和使用方法以及其他需引起注意的问题。

二、主表（类目体系）

1. 办公室

1.1 会议

1.1.1 党代表大会（议程、会议记录等）

1.1.2 党委会议

……

1.2 信访

1.2.1 建议信

1.2.3 检举信

2. 人事处

2.1　　××××

2.1.1　　××××

……

【案例6-4】 框图表格式文件分类表

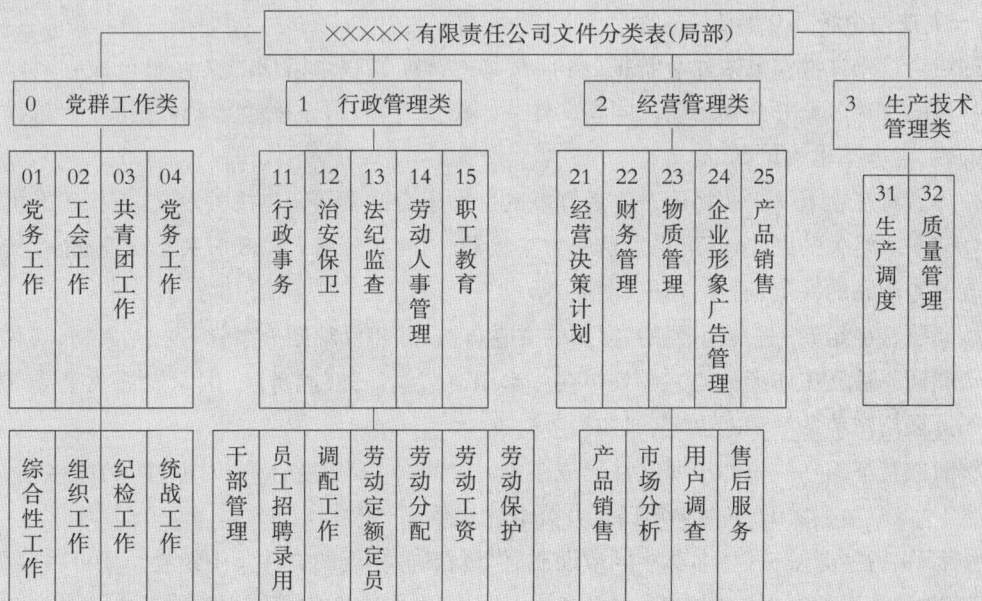

	×××××有限责任公司文件分类表（局部）		
0 党群工作类	**1 行政管理类**	**2 经营管理类**	**3 生产技术管理类**
01 党务工作 / 02 工会工作 / 03 共青团工作 / 04 党务工作	11 行政事务 / 12 治安保卫 / 13 法纪监查 / 14 劳动人事管理 / 15 职工教育	21 经营决策计划 / 22 财务管理 / 23 物质管理 / 24 企业形象广告管理 / 25 产品销售	31 生产调度 / 32 质量管理
综合性工作 / 组织工作 / 纪检工作 / 统战工作	干部管理 / 员工招聘录用 / 调配工作 / 劳动定额定员 / 劳动分配 / 劳动工资 / 劳动保护	产品销售 / 市场分析 / 用户调查 / 售后服务	

（四）编制分类方案时应当注意的问题

1. 确定类别要以本机关单位职能活动为基础。

2. 掌握类目延展限度，详略得当。

3. 条款拟制力求反映出文件的立卷特征。

4. 注意分类方案的调整与修订。

5. 一定时间保持一个机关单位分类方案的相对稳定性。

按照编制好文件分类方案，文件整理人员随时或定时对文件进行收集、分类存放、平时归卷。到年终或次年初，通过整理编目，最终完成文件的整理归档。

第二节　归档文件整理方法之一——案卷级整理（立卷）

一、案卷级整理（立卷）的含义

又称组卷，是将若干具有共同点和密切联系的单份文件组合成具有有机联系的文件集合体——案卷，案卷是文书档案保管与检索的基本单位。此法在我国各机关单位曾经沿用多年。

二、立卷原理与方法

立卷是先分类，后组合的过程，即组合案卷应在事先划分好的类别之中进行。在分类方案的最低一级类目（终端类）中，将文件本身结构中概括出来的作者、内容、时间、地区、通讯者、文种等方面具有的共同特征作为立卷依据。据其将互有联系的若干文件"同其所同，异其所异"，进行科学有效的组合、编目，形成案卷，体现出一组组文件在内容和形式方面特有的联系及形成规律，满足查找利用的需求。

常用的几种立卷方法：

（一）按六个特征立卷法

即结合运用文件常见的六个特征，将具有共同特征和联系密切的文件组合成卷，将具有不同特征的文件区分开分别组卷。同卷文件共同特征越多，联系就越紧密，专指性就越强，文件查准率、查全率也就越高。

按作者特征组卷——即将同一作者制发的文件组合成案卷。本机关发文，直接领导机关、某个（类）下级机关的来文，都可采用这一方法组卷。如《××市人民政府关于交通、企业转制、税制改革等问题的决定、通知、通报、函》。

按问题特征组卷——最主要的、常用的立卷方法，即将反映同一事件、案件、人物、问题、业务活动和同一性质工作形成的文件集中在一起组合成卷。如《国务院、国家发展改革委、财政部关于开展增产节约活动的决定、通知》。

按时间特征组卷——即按照文件形成或针对时间（同一年度、同一时期）的顺序将文件组合成卷。如《××局2007年上半年局长办公会议纪要》。

按名称特征组卷——将名称相同或性质、作用相同、相近的文件集中组卷。还可将名称相近、保存价值相近的文件组合成卷。如《各省公司上报的2000年通信企业财务决算表》。

按地区特征组卷——将文件内容涉及的同一地区或作者所在同一地区的文件组合成卷。

多用于上级对下属机关的来文、调查统计材料和某些专门文件的立卷。如《川东各市县关于×
×工作的总结、汇报材料、统计表》。

按通讯者特征组卷——将本机关与某一机关之间就特定问题进行工作联系而形成的来
往文书集中立卷。一般与名称特征的统称"往来文书"同时使用。如《××大学与双流县政府
及其有关部门关于××大学江安校区建设问题的来往文书》。

以上六种方法可以单独使用,更多情况是两种或两种以上的方法结合使用。常见的有:

作者——问题——名称:如《××省教育厅关于省属大专院校学生思想工作经验交流会
议文件材料》。

年度——问题——名称:如《××大学各单位、部门2007年中层干部年度考核情况汇总表》。

地区——问题:如《××库区关于××问题的调查报告、汇报》。

(二)按文件类型立卷法

即将本单位文件划分为若干类型,再根据各类文件特点采用相对稳定的不同方法组合成
卷。例如会议文件,按会议名称结合届次组卷;专题性文件按责任者结合问题组卷;统计报表
及名册按格式、名称或地区组卷;简报和期刊按名称结合期号组卷;综合性文件、计划总结按责
任者结合名称或问题组卷等等。

(三)分类组合立卷法

根据事先拟定的分类方案,将文件分为若干大类,再按照每类文件特点在大类下分设属
类、小类,直至将每类文件分到适宜的数量,组合成卷。

(四)立小卷

一事一件,以"件"为单位分类、排列,加盖档号章,装入卷盒。

(五)各类专门文书的立卷方法

应按照国家档案局与有关专业主管机关共同制定的规定办理。

三、立卷流程与具体操作

案卷级归档整理各项技术要求参见中华人民共和国国家标准 GB/T9705—2008《文书档
案案卷格式》。(见图6-1)

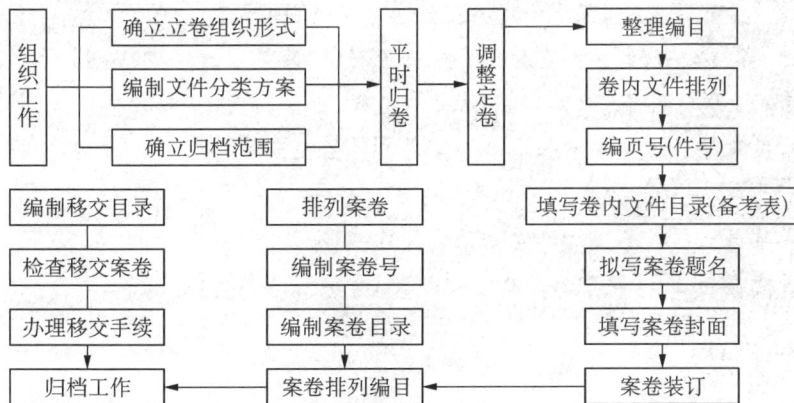

图6-1 案卷级归档整理(立卷)流程图

（一）排列卷内文件

即对卷内文件作系统化排列。一般按文件的重要流程或时间顺序排列,将密不可分的文件排列在一起。即批复、批示在前,请示、报告在后;主件在前,附件在后;印件(存本)在前,定稿在后;转发件在前,被转发件在后;结案性文件在前,依据性文件在后;其余文件依次按时间顺序排列。专门文件的排列按有关规定办理。

（二）编页号（件号）

即为排列好的卷内文件编号定位。逐页在文件正面的右上角、背面的左上角编写页号(按件装订的编件号)。

（三）填写卷内文件目录

用于揭示卷内文件内容与成分,为查阅、统计归档文件提供方便。该目录置于卷首,由顺序号、文号、责任者、题名、日期、页号、备注组成。(见表6-1)

表6-1　卷内文件目录

顺序号	文号	责任者	题　　名	日期	页号	备注

（四）填写备考表

用于在立卷过程中记录本卷有关情况以备日后查考。

（五）拟写案卷题名

是对卷内文件内容和成分的揭示和概括,一般不超过50字。要求结构完整:

(地区)责任者(通讯者)—(时间)—(地区)问题—名称(文种)

其中责任者一般要求将卷内文件作者都标出,或列举主要的、通用的简称;问题要求概括准确简要,名称要求标出主要的或具有代表性的,也可使用"来往文书"、"(会议)文件(材料)"、"案卷"等专门术语。

如:

中组部、××省委组织部、××市委组织部关于培养、提拔干部工作的意见、通知

××局关于人事任免、职称评定、处分、表彰的决定、报告、通知、通报

公安部、省公安厅、市县公安局关于社会治安、户籍管理的规定、办法、通告、通知

××市工会关于建立"职工之家"活动的通知、办法、简报

××省教育厅与××××基地关于建立××函授分院、招生办法以及安排教学计划的来往文书

××大学第三届教职工代表大会会议文件

××县交通局2004年"2.12"事故处理案卷

（六）装订案卷

（七）填写案卷封面

主要包括：全宗名称（立档单位名称）、类目名称（分类方案中一级类别名称）、案卷题名、卷内件/页数、卷内文件起止时间、保管期限及归类号（分类方案的编号，即文书处理号）、档号（全宗号、目录号、案卷号）等。

（八）编写案卷目录

参见本教材下编档案管理第九章第一节六、其他档案检索工具的编制。

第三节　归档文件整理方法之二——文件级整理

一、文件级整理的含义

即将归档文件以件为单位进行装订、分类、排列、编号、编目、装盒，使之有序化的过程。这是国家技术监督局发布的行业标准 DA/T 22—2000）《归档文件整理规则》（2001 年 1 月 1 日起施行）中推行的，适用于机关单位在其职能活动中形成的、办理完毕、应作为文书档案保存的各种纸质文件材料。与传统的案卷级整理方法（立卷）比较，本方法简化了立卷流程，便于操作；兼顾计算机和手工两种管理方式，既有导向性，又体现出过渡性；有力促进机关文档一体化管理。目前已经在我国机关单位中广泛采用。

二、文件级整理流程与具体操作

文件级归档整理各项技术要求参见行业标准 DA/T 22—2000《归档文件整理规则》。（见图 6 - 2）

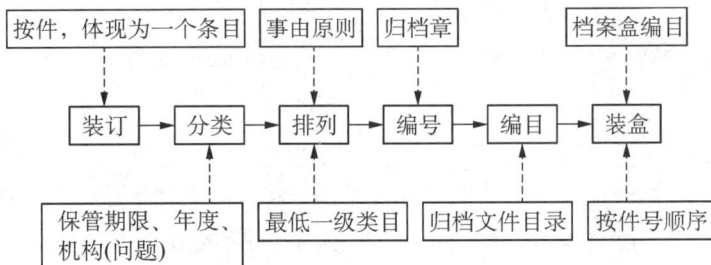

图 6 - 2　文件级归档整理流程图（6 步骤）

（一）装订

1. 整理单位

装订即以"自然件"（单份文件）为整理单位，将文件实体装订在一起的工作。首先需要准确理解"件"的概念。编目时"件"也只体现为一个条目。这是文件级整理方法与以案卷为单位装订、编目的传统的案卷级整理（立卷）方法之间最大的区别。

以下特殊情况下确定为一件：印本（存本）与定稿；主件与附件（含收文处理单、发文稿纸）；原件与复印件；转发文与被转发文；来文与复文可为一件；报表、名册、图册、会议记录、介绍信存根等按其原来的装订方式，一个自然本（册）为一件；未装订的式样同一的表格，以一定的单位组合，可为一件；未装订成套的会议材料各为一件；重要文件的正本或印本（存本）与历次修改稿可各为一件；计算机及其网络环境中形成的文件，无定稿的或打印出来的定稿上无领导修改手迹、批示而定稿不存档的，将正本或印本（存本）与发文稿纸为一件。

2. 文件的装订

归档文件应按件装订。印本（存本）在前，定稿在后；主件在前，附件在后；原件在前，复印件在后；转发文在前，被转发文在后；来文复文作为一件时，复文在前，来文在后；不同文字的文本，汉文本在前，少数民族文本在后；无特殊规定的，中文本在前，外文本在后；有文件处理单的，文件处理单在前，正文在后。

装订时，先拆除金属物，对于非标准规格尺寸的材料尽量做到左齐、下齐和牢固。

装订方式包括线装、粘接式、穿孔式、变形材料（钢夹、塑料夹）、铆接式（热压胶管）、无酸封套（增加厚度，用于永久档案）。

（二）分类

即全宗内归档文件的实体分类，即将归档文件按其来源、时间、内容和形式等方面的异同，分成若干层次和类别，构成有机体系的工作。

《规则》规定"年度——机构（问题）——保管期限"或"保管期限——年度——机构（问题）"为通用的分类方法；其中年度、保管期限是必选项，机构（问题）是可视情况取舍的选择项。同一全宗应保持分类方案的稳定。

按年度分类：将文件按其形成年度（成文日期、落款日期）分类；

按保管期限分类：将文件按划定的保管期限分类；

按机构（问题）分类：将文件按其形成或承办机构（问题）分类（本项可视情况予以取舍）。

（三）排列

即在分类方案的最低一级类目内，根据一定的方法确定文件先后次序，使其系统化的工作。

排列方法：

1. 把同一年度、同一保管期限的文件分开排在一起。即立档单位每年只编永久、30年、10年三条流水号分开排列。不同年度、不同保管期限的文件不能排列在一起。

2. 在同一保管期限内，把同一机构（或问题、文号）有内在联系（如同一次活动、同一项工作，同一个会议）的文件排在一起，即同一事由的相关文件应当排列在一起。是"遵循文件的形成规律，保持文件之间的有机联系"整理原则的体现。排列顺序应保持相对固定。

3. 最后在同一保管期限、同一机构、问题或文号内按成文时间的先后顺序排列。会议文件、统计报表、合同等成套性文件可集中排列。这里的"事由"包括：指一件具体的事如一次经费请示；一个具体问题如教育乱收费问题、社会治安问题；一段较紧密的工作过程如一项工程、一次活动、一次会议（一次会议也可分为筹备、开幕、不同议程、闭幕等不同事由）等。在文件排列中突出"事由原则"，即将属于同一事由的相关文件按一定顺序排列在一起，是为了在文件档案的实体存取中，由于相关文件有意识地相对集中排列，可大大减轻利用调阅和阅后文件归位的工作量。

(四) 编号

即依照分类方案和排列顺序逐件为归档文件编号的工作。主要是将归档文件在文件分类体系中的位置标注为符号（见图6-3），并以加盖归档章的形式注明，目的是反映分类、排列成果，确定文件位置，为后续的编目工作以及将来查找利用时的实体存取提供条件。

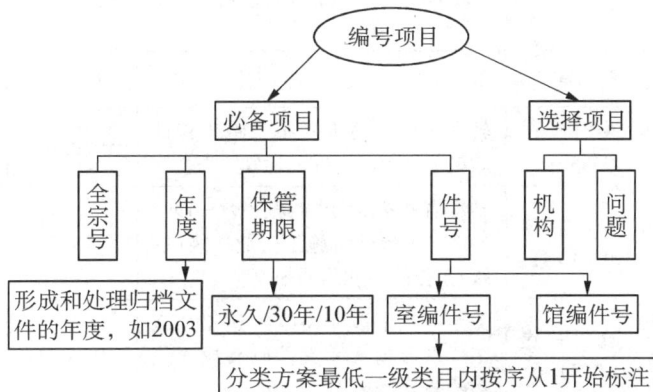

图6-3 归档文件整理中的编号体系

归档文件应依分类方案和排列顺序逐件编号，在文件首页上端的空白位置加盖归档章并填写相关内容。文件处理单随同归档的，归档章加盖其上，以保护文件的原貌。

归档章的必备项目包括全宗号、年度、保管期限和件号。选择项目包括机构（问题）等。各项位置固定不得打乱；规格为45毫米×16毫米。（见图6-4）

全宗号	年度号	室编件号
机构或问题	保管期限	馆编件号

96	2012	16
办公室	永 久	

图6-4 归档章样式

全宗号：由档案馆编制。档案馆给立档单位编制的代号。档案室如没有全宗号可暂时不填。

年度：文件形成年度。以4位阿拉伯数字标注公元纪年，如2012。

保管期限：归档文件保管期限。分别填写为永久、30年、10年。

件号：文件排列顺序号。是反映归档文件在全宗中的位置和固定归档文件的排列先后顺序的重要标志。以年度为界，每年必须从1编起，不能跨年度连续编号，各期限分别编流水号（即每年分期限共编三条流水号）。包括室编件号和馆编件号，分别在归档文件整理和档案移交后编制。

室编件号的编制方法为：在分类方案的最低一级类目内；按文件排列顺序从"1"开始标注，每种保管期限各编一个流水顺序号，如：2007年永久件号：1、2、3……82

30年件号：1、2、3……73

10年件号：1、2、3……243

馆编件号待档案移交给档案馆后,由档案馆根据需要填写。

机构(问题):作为分类方案类目的机构(问题)名称或规范化简称,如"总经理办公室"或"综合类"。也可增加收文日期、收文号等,使归档章与收文章合二为一。

(五) 编目

归档文件应依据分类方案和室编件号顺序编制归档文件目录。(见表6-2)

表6-2 归档文件目录格式

归档文件目录

件号	责任者	文 号	题 名	日 期	页数	备注
1	××省交通厅	×交函建〔1999〕56号	转发交通部关于发布公路工程地质勘测规范的通知的通知	19990105	5	
2	××省交通厅	×交函建〔1999〕413号	转发省建委关于申报1997—1998年度××省建筑施工企业二级(省级)工作的通知的通知	19990518	27	
3	××省交通厅	×交函建〔1999〕832号	关于××市滨河路改扩建工程施工严重影响××大件码头投入使用的函	19990824	10	

归档文件目录包括件号、责任者、文号、题名、日期、页数和备注等项目。归档文件应逐件编目。来文与复文为一件时,只对复文进行编目,通过检查复文来实现对相应来文的查找。归档文件目录应装订成册并编制封面,可以根据需要设置全宗名称(立档单位名称)、年度、保管期限、机构(问题)等项目。

件号:填写室编件号。

责任者:文件的发文机关或署名者:(1)填写责任者时一般应使用全称或通用简称,如"四川省财政厅",不能使用"本厅"、"省教育厅"等含义不明,难判断的简称。(2)联合发文责任者过多时,可适应省略,但立档单位是责任者的必须抄录。以体现"以我为中心"的精神。(3)未署责任者的归档文件,编目时应根据文件内容形式等特征加以考证并填写。

文号:文件的发文字号。一般由发文机关代字、年份、发文顺序号组成。没号的不填写。

题名:文件标题。一般应照实抄录。没有题名或题名不规范的,应根据文件内容,重新拟写或补充标题,外加"〔〕"号附于原标题之后。

日期:文件形成日期,以8位阿拉伯数字标注年、月、日,如2012年5月8标为20120508;表示月、日的数字可回行填写,如 2012

0508

页数:每一件归档文件的总页数、文件中凡有图文的页面为一页。

注释:用于填写归档文件需要补充和说明的情况。包括密级、缺损、修改、补充、移出、销毁等等。如果有些条目须说明的情况较多,备注栏难以填写时,可在备注栏中加注"＊"号,将具体内容填写入备考表中。

(六) 装盒

即将归档文件按件号装入档案盒,填写档案盒封面、盒脊及备考表项目的工作。

1. 装盒具体要求：(1)不同形成年度的归档文件不应放入同一盒中(不一定等同于落款年度，也不意味着同一盒内的文件都是针对一个年度写成的)；不同保管期限的归档文件不应放入同一盒中(为在紧急情况下优先抢救和保护)；分机构(问题)的情况下，不同机构(问题)形成的归档文件不应放入同一盒中。(2)归档文件应严格按照件号的先后顺序装入档案盒，与归档文件目录中相应条目的排列顺序相一致，保证检索到文件条目后能对应找到文件实体。档案利用完毕后归位时，同样要注意将其按件号顺序装入相应档案盒中，否则，在以件为单位进行管理的情况下，一旦归位错误，将很难再找回。

2. 档案盒应采用防潮无酸纸制作，标准档案盒一般由地方档案部门监制或订做，以保证档案盒制成材料的质量。

3. 档案盒封面。应标明全宗名称。盒的外形尺寸为310毫米×220毫米(长×宽)，盒脊厚度根据需要设置为20、30、40毫米。根据摆放方式的不同，在盒脊或底边设置全宗号、年度、保管期限、起止件号、盒号等必备项。可设置机构(问题)等选择项。其中起止件号填写盒内第一件文件和最后一件文件的件号，中间用"/"号连接。

盒号即档案盒的排列顺序号。

4. 备考表。放在盒内所有归档文件之后，用以对盒内归档文件进行必要的注释说明。项目包括盒内文件情况说明、整理人、检查人和日期。

(1)盒内文件情况说明：填写盒内归档文件需要说明的情况，包括文件收集的齐全完整程度、文件本身的状况(如字迹模糊、缺损)等。整理工作完毕后归档文件如有修改、补充、移出、销毁等情况，应在备考表中加以说明。

(2)整理人：填写负责整理归档文件的人员姓名，以明确责任。

(3)检查人：填写负责检查归档文件整理质量的人员姓名，以示对整理质量的监督检查。

(4)日期：填写归档文件整理完毕的日期。

(七)编制检索工具

1. 归档说明(全宗说明)。内容包括本单位主要工作职能、本年度内设机构设置情况(领导班子、内设机构及领导任职情况)本年度主要工作概况、本年度文书档案归档情况(含归档工作的组织情况、文件材料完整与否，档案数量，有何缺陷)。

2. 打印归档文件目录。归档文件目录封面设置全宗名称、年度、保管期限等项目。参见本教材下编第九章第一节六、其他档案检索工具的编制。

思考练习题

1. 怎样为一个机关单位制定文件分类方案？

2. 简述案卷级整理中常用的几种立卷方法。

3. 画出文件级整理流程示意图并正确解释其具体操作和要求。

4. 案例分析题。

2004年初，某局开会布置按照《归档文件整理规则》要求整理2003年的文书档案。首先要求各个部门将自身形成积累的文件分为永久、定期两个期限；会后，该局宣传处兼职档案员小王按照以下的方法整理本部门归档文件：

（1）按件装订文件，并给每一份文件加封面和封底，以便保护文件。

（2）将本处全部归档文件分为永久、定期两个期限。

（3）将两个期限的文件分别按照本部门、上级领导指导单位、下级单位、平级单位的文件，依次分类排列。

（4）按照排列顺序，在文件首页的右下角逐件打印上件号。

（5）填写一式二份的归档文件目录，一份装订成册，另一份放入档案盒中作为盒内文件目录。

（6）将归档文件按件号顺序装入档案盒。

请问，该局归档文件采用的是什么分类方法？宣传处兼职档案员小王整理归档文件的方法和操作是否符合规范？如有不规范的地方，请指出并予以改正。

5．案例分析题。

某大学召开第三届教代会，在整理会议文件时，将此次会议文件形成的若干文件作为会议决议的附件来处理，集中装订成为一"件"，以保持同一事由文件的联系性。这样做可以吗？为什么？

第七章　档案和档案管理概说

　　现行文件是档案的前身,档案是一部分现行文件的归宿;文件管理是档案管理的基础,档案管理是文件管理的延伸。学习本章,需要了解档案与文件的关系、档案的定义与价值;熟悉档案工作的法制化与规范化;理解和掌握档案管理工作的主要内容及基本原则、档案管理的组织、制度与基本经验;还要注意对文件生命周期理论、文件连续体理论以及文档一体化等问题的理解与学习。

第一节　档　案　概　说

一、档案是处于特定运动阶段的文件

(一) 文件与档案的关系

　　文件与档案是档案工作中最为重要的两个基本概念。

　　什么是文件呢? 美国档案学家谢伦伯格在其所著《现代档案——原则与技术》一书中有比较全面而准确的表述:"文件是任何公私机构,在履行其法定职责的过程中,或者在其本职业务过程有关的情况下所制作或收到,并且作为其职能、政策、决定、程序、行动或者其他活动之证据,或者由于其所含内容具有情报价值,而被该机构或该机构之合法继承者所保存或指定加以保存的一切簿册、证件、地图、照片和其他记录材料,而不论其物质形式和特征如何。"[①]简言之,文件是国家或社会组织及个人在履行其法定职责或处理事务中形成的各种形式的信息记录。

　　档案与文件紧密相关,档案与现行文件是处于不同阶段的同一事物。什么是档案呢? 档案是历史的原始记录,是保存备查的原始记录。档案是处于特定运动阶段的文件,是办理完毕、仍有价值并集中保存的文件。可以说:现行文件是档案的前身,档案是一部分现行文件的归宿。文件是孕育档案的基础,档案是文件的精华。文件是构成档案的要素,档案是文件的有序集合体。

(二) 文件生命周期理论

　　什么是文件生命周期和文件生命周期理论呢?

　　美国档案学者詹姆斯·B·罗兹认为:"文件生命周期是指从文件的产生,经过作为履行组织职能的工具进行活动和工作的阶段,一直到其现实效用的消失,或者当其全部使用目的已经达到时,对其进行销毁,或者因其具有永久保存的价值,而把它们作为档案,赋予新的使命

谢伦伯格著,黄坤坊等译:《现代档案——原则与技术》,北京:中国档案出版社,1983 年。

的整个周期。"①中国档案学者陈兆祦教授认为:"文件从其产生到成为档案以至消亡是有一个过程的,这个过程就是文件的运动周期,也可以称它为'生命'周期。"②研究文件从最初形成到最终销毁或永久保存的整个运动过程的理论被称为文件生命周期理论。其内容可作如下简略概括:

1. 文件从形成、使用到销毁或作为档案永久保存,是一个有机联系的有规律可循的完整运动过程。

2. 文件的全部运动过程可以划分为若干阶段,划分的主要依据或标准,通常有文件的价值形态、作用对象、目的与范围、存在形式等诸方面。由于认识与把握上述依据或标准的侧重点有差异,出现了对文件运动阶段的多种划分。

3. 对于具有不同特点的各阶段文件,管理和利用工作的方式、方法等必须有的放矢,有所区别。强化有关工作与相应研究的针对性,有助于改革与发展文件与档案工作,完善和提高文件与档案学。

可以将研究文件生命周期理论的学者区分为三大流派:

1. 美英流派

该流派高度重视文件管理的作用,重视文件管理对档案管理的深刻影响,把文件管理阶段延伸至文件半现行阶段结束之时,进档案馆永久保存之前。其代表人物主要有美国档案学者 T·R·谢伦伯格、詹姆斯·B·罗兹和英国档案学者迈克尔·库克等。

该流派学者一般把文件分为现行文件、半现行文件、档案文件三种类型。谢伦伯格以这三种类型为基础将文件的生命阶段及价值一分为二:前两种类型的文件(即现行和半现行文件)处于文件的第一生命阶段,主要体现文件的第一价值——对其形成机关的价值,亦即原始价值;档案文件处于文件的第二生命阶段,主要体现文件的第二价值——对其他机关和个人利用者的价值,又称从属价值或档案价值。现行文件保存在其形成者的办公室,半现行文件保存在文件中心,档案文件保存在档案馆。这是美英流派的基本观点。

2. 拉丁语族流派

拉丁语族包括法语、西班牙语、葡萄牙语、意大利语等源于拉丁语的语种。文件生命周期理论拉丁语族流派的观点,主要流行于讲上述语言的国家和地区。这个流派最重要的代表人物是阿根廷档案学者曼努埃尔·巴斯克斯教授。

巴斯克斯提出的文件生命周期"三阶段论":

第一阶段是办理形成阶段,又分两个时期:计划期与办文期(周转期)。文件一经签署、颁布,或外来文件正式签收,该阶段即告结束。

第二阶段是行政利用阶段,也分两个时期:现行期与安全保存期。其中,"现行是文件生命周期的核心,文件正是为此而形成的"。

第三阶段是历史阶段。一旦安全保存期结束,对于那些经过鉴定选择可以组成历史遗产

① 中国档案学会、外国档案学术委员会《〈文件与档案管理规划〉报告选编》,北京:中国档案出版社,1990 年。
② 陈兆祦:《再论档案的定义——兼论文件的定义和运动周期问题》,载《档案学通讯》1987 年第 2 期,第 23、24 页。

的文件来说,这个阶段就开始了。

巴斯克斯认为,第一阶段又称作文件的前档案阶段,第二、三阶段即是文件的档案阶段。他的这一思想是很有创意、极富前瞻性的,后来档案界的诸多相关论述都与此一脉相通。例如,档案工作者要关注和提前介入文件形成过程,关注和介入文件标准化、规范化工作,文件与档案管理要实施前端控制等。

3. 传统中国流派

陈兆祦先生最早在我国系统介绍国外的文件生命周期理论,并首次提出"文件运动周期"概念。他所提出的文件运动四阶段论,是生命周期理论传统中国流派最具代表性的观点。

文件的运动周期,大致可以分为如下四个阶段:

第一阶段是文件的制作(产生)阶段,即书面文件的撰写,表格文件的填写,图纸文件的绘制,音像文件的录制,电子文件的输入等。

第二阶段是文件的现实使用阶段,这时的文件处在传递、运动、承办和执行过程中,暂时存放在制作、收到和承办的单位或个人手中。处于这一阶段的文件,有时称作现行文件。

第三阶段是文件的暂时保存阶段。在这一阶段的文件中,有相当大的一部分只在一定时间内有利用价值,而过了这段时间便可以处理、销毁掉;只有小部分具有永久保存价值。因而这一阶段的文件保存属于过渡性、中间性,所以称它为暂时保存阶段。我们一般将文件使用完毕后转入保存阶段称为"归档"。

第四阶段是文件的永久保存阶段,即文件存入档案馆的阶段。当文件被保存一段时间,陆续处理、销毁掉已丧失查考和使用价值的一部分后,剩下的仍具有科学、历史价值的一部分就无限期地保存起来,直至其毁灭。

我国的传统观点一般是以"归档"为分水岭,归档前称之为文件,归档后称之为档案。

拉丁语族流派强调档案管理,把档案管理的范围扩展到极致;美英流派强调文件管理,把文件管理的过程延伸至半现行阶段结束。例如,巴斯克斯将文件的现行期与安全保存期阶段的文件都列为档案管理的对象;美英流派则将现行与半现行文件同时列为文件管理的对象。二者看起来截然相反,但在实质上却有更多相通之处,主要是都强调了现行(或现行期)与半现行(或安全保存期)文件的密切联系,并把它们与历史阶段的文件(即档案馆档案)区别开来。二者这些共同的内涵,正可以为文档一体化,特别是现行文件与半现行文件的统一、协调管理提供充足的理论依据。

(三) 文件连续体理论

什么是文件连续体呢? 1996 年出版的澳大利亚国家档案标准中的定义是:"从文件形成(包括形成前,文件管理系统的设计)到文件作为档案保存和利用的管理全过程中连贯一致的管理方式。"[①]这一定义事实上体现了对文件形成、保存与长久利用全过程实施一体化管理的理念。

文件生命周期理论的核心内容,是概括和描述文件的线性运动过程及其阶段、规律、特点和相应管理要求。但是,文件不仅存在线性运动,它的运动又是多维、反复和连续进行的,文件

---

① 1996 年,澳大利亚国家档案局 AS4390:第 4·22 条。

连续体理论更注重文件运动的连续性，注重行为者和文件，特别是和生成文件的活动与环境之间的互动，更注意电子文件运动过程无明显分界标志的现象，正可与生命周期理论相互补充，还可视为电子文件时代生命周期理论的扬弃、修正与发展。综上所述，文件连续体理论的主要特点可概括为：非线性、互动性、连续性和时代性。

文件连续体理论的形成过程大体上是与电子文件地位的上升并日趋显赫同步的。该理论克服了文件生命周期理论一定程度上将文件管理与档案管理相互分离的弱点，强调了二者之间的联系因素即潜在的一体化因素。由此不难看出，文件连续体理论是文件生命周期理论在电子文件时代的补充和发展。

（四）中国的文件运动理论简介

本节所论及的中国式文件运动理论体系的构建，是指 20 世纪 90 年代以来由中国档案学者何嘉荪、傅荣校发起，其他档案学者如潘连根、吴品才、邹吉辉等都积极参与探讨的，以中外文件生命周期理论、文件连续体理论为基础的，正在构建中的关于文件运动过程及其规律的理论，其中主要涉及对于文件运动多样性的探讨。

文件在按照生命周期理论进行线性运动的同时，会由于一些特殊的情况出现一些超出常规的运动形式，何嘉荪等把这称作是文件运动的特殊形式——"跳跃"与"回流"。他们认为，文件运动的主流是从"设计制作形成"，到"现行"、"暂存"最后进入"历史"阶段的顺向运动。但是，在文件顺向的运动中，有时会发生某些文件跳过某一运动阶段而直接进入后面几个运动阶段的现象，他们将其称之为文件运动的"跳跃"形式。何、潘两位先生还认为，在文件顺向运动的大潮中，某些文件会作逆向的运动，他们把这称之为文件运动的"回流"形式。

吴品才先生认为文件线性运动是不能跳跃也不能回流的。他将文件运动分为纵向与横向两种。文件的纵向运动主要是指文件生命周期理论所描述的文件的线性运动。而何嘉荪、潘连根所描述的文件的"跳跃"与"回流"现象，应该称之为文件的横向运动更合适，这主要是针对科技文件运动过程中的现实使用、修改等问题而言的。

二、档案的定义、价值和实现档案价值的规律性

（一）档案的定义

中华人民共和国档案行业标准《档案工作基本术语》对档案定义的表述是："国家机构、社会组织或个人在社会活动中直接形成的有价值的各种形式的历史记录。"[①]

从这一定义中，我们看到了"直接形成"、"历史记录"这些关键词，它们揭示了档案的本质属性。"直接形成"体现了档案的原始性，说明档案所记载的内容是国家机构、社会组织或个人在当时的社会活动中的原始记录，而不是事后制作的。"历史记录"揭示了档案的历史性，说明从时态上讲，档案是已经形成的而不是正在形成或尚未形成的东西，它是以往社会活动的原始记录。档案是社会记忆。

综上所述，我们不难发现，档案的本质属性就是历史的原始记录性，这是档案区别于其他

---

① 中华人民共和国档案行业标准：《档案工作基本术语》（DA/T1—2000），2000 年发布。

事物的根本所在。

（二）档案的价值

什么是档案价值呢？档案价值是档案客体对人类主体需求的满足程度，这是对档案作用的一种理论概括。档案价值的具体体现就是档案的作用。档案在社会生活的各方面都可以发挥广泛的作用，例如，档案是经济建设的依据与资源，是管理活动的凭据与工具，是维护相关各方合法权益的重要凭证，是传承历史文化的载体、实施教育的素材，是科学研究的可靠资料，等等。

从不同的角度进行剖析，档案价值还可以划分为不同的价值形态。这些档案价值形态包括：

1．凭证价值和情报价值

根据档案价值的实现领域和效果的不同，可以分为凭证价值和情报价值。这两者也可以称之为档案的基本价值。

所谓档案的凭证价值，就是指档案能够作为其形成者的有关情况（如机构的组织、职能、开展的活动、个人的自然情况等）的证据。这是档案不同于其他各种资料的最基本的特点，是由档案的形成过程及其结果的内容和形式特点决定的。

所谓档案的情报价值，是指档案所记载的内容对档案形成者及其他社会组织和个人的可资参考的价值和意义。由于档案记录了一个社会组织或个人的历史活动的事实和经过，同时也记录了人们在各种活动中的思维过程，所以它给我们以互有联系的、相对系统的、广泛的情报信息。较之其他文献，档案是最为可靠的第一手的参考资料。

2．现实价值和潜在价值

根据档案价值的存在状态或表现形态，可以分为现实价值和潜在价值。

一份档案文件在此时此刻此地也许没有展现它的价值，但随着时间、空间的变化，它的价值总会随之体现。档案的价值在实现的那一刻即为现实价值，在还没有实现的时期即为潜在价值。例如一份房屋产权档案为某起民事纠纷的解决提供了证据，维护了当事人的利益。这一过程使该房屋产权档案的潜在价值转化为现实价值。

无论是档案的凭证价值还是档案的情报价值，在未被利用时都表现为潜在价值，只有在被人们利用时，档案的潜在价值才能外现，即转化为现实价值。

3．原始价值和从属价值

根据档案价值实现主体的不同，可以分为原始价值和从属价值，也可表述为对于形成者的价值和对于社会的价值。这就是著名的双重价值说。

文件的双重价值说是由美国著名档案学家谢伦伯格提出来的，他在《现代档案——原则与技术》一书中指出："我们现在承认，文件要能够成为档案，其产生和积累就必须是为了达到某种特定的目的，并且除了达到此种目的的价值之外尚有其他一些价值。这就是说，成为公共档案的文件有两种类型的价值：对于原机构的原始价值，对于其他机构和非政府使用者的从属价值。"[①]在我国档案界，通常把档案的原始价值叫第一价值，把档案的从属价值叫第二

---

① 谢伦伯格著：《现代档案——原则与技术》、（黄坤坊等译），北京：中国档案出版社，1983年，第22页。

价值。

所谓档案的原始价值是指档案对于档案形成者所具有的价值，其价值主体是档案形成者，在我国，这一价值的实现一般是在档案室阶段。所谓档案的从属价值是指档案对于社会所具有的价值，其价值主体是档案形成者之外的社会其他用户，这一价值的实现一般是在档案馆阶段。

（三）实现档案价值的规律性

1. 档案价值的扩展律

由于档案的原始记录性、孤本的稀有性、内容的唯一性等特点，档案价值是可以扩大和发展的。这就是档案价值的扩展律。

档案价值扩展的表现形式，主要包括：

（1）档案价值实现主体的扩展。即档案对于其形成者所具有的价值扩展为对社会所具有的价值，档案价值由部分向整体扩展。

（2）档案机密程度的递减。需要保密的档案一般可分为绝密、机密、秘密等不同密级。所谓保密，实质上是对档案允许利用的范围和利用的程度的限制。处在保密期的档案，被允许利用的人少，因此档案价值的实现被限制在可以接触这些档案的利用者范围内。但随着时间的推移，档案密级的下调或解除，其利用这范围也得以扩展，这也终将导致档案价值更广泛的实现。

（3）档案作用性质的扩展。从形成之初主要发挥业务或管理方面的作用，逐步扩展到科学、文化、教育、司法，乃至休闲方面的作用。

2. 档案价值的时效律

档案价值的时效性是指某些档案对社会的有用性是有时限的，在一定时期内有价值的档案，在超过这个时间限制后则降低或丧失了价值。这一规律可称为档案价值的时效律。

档案价值的时效律主要表现在两个方面：

（1）档案与利用者需求之间关系的时效性。可以说，档案的价值鉴定就是认识和确定档案价值的时效期，定期保管的档案就是只在一定时期内具有效用的。

（2）档案价值形态的时效性。前述现实价值与潜在价值的区别与转化，原始价值与从属价值在不同时期内的此消彼长，正体现了档案价值形态的时效性。

3. 档案价值实现的条件律

各方面条件对于价值实现的影响被称为档案价值实现的条件律。这些条件涉及的因素很多，主要有以下几个方面：

（1）社会环境。社会制度、法规政策、社会进步与文明程度等，提供了档案价值实现的大环境，对档案价值的实现有重要的制约作用和直接的影响，有的时候甚至可以起决定性的作用。

（2）社会档案意识。社会各方面的人们对档案和档案工作的认识水平和认可程度，可以称之为社会档案意识。社会档案意识对于档案价值实现的影响主要表现在档案利用需求、档案利用政策和档案管理与服务观念等方面。

（3）档案管理水平。档案管理水平高低直接影响到档案管理部门提供档案服务，满足社会需求的能力以及利用者获取所需档案信息的可能性。

4. 档案价值的转移律

随着时间的推移和人们的利用，有相当一部分档案信息转移到其他文献形式或信息载体之中，从而引起价值的转移。例如，历史档案文献的内容被转存到史书文献中流传后世。

档案价值转移的主要渠道包括：档案编研成果，图书资料，报刊、电台、电视台等大众传媒，计算机信息网络等新媒体。

我们作为档案的管理者和利用者，应该充分地运用档案价值实现的扩展、时效、条件和转移的理论与规律去指导我们的现实工作，通过多种渠道、方式利用档案，加快档案信息的传播速度，拓宽其利用范围，使档案的价值得以更好地实现。

第二节　档案管理的内容与原则

一、档案管理是文件管理的延伸

我们已经知道，档案与现行文件的区别，其实质是文件处于其生命周期中的不同阶段而已。我国一般将文件生命周期当中的第一、二阶段（文件的制作阶段、文件的现实使用阶段）作为文件，将第三、四阶段（文件的暂时保存阶段、文件的永久保存阶段）作为档案。在第一阶段中，文件的书面撰写、图表绘制、电子数据的输入以及制作文件的载体材料都会对文件的质量产生影响。而档案是经过分类、立卷、归档而构成一定系统并集中保存起来的文件，因此，文件质量的好坏直接决定着档案的质量，文件管理的好坏也直接决定着档案管理的优劣，它们二者是不可分割的，档案管理可视为文件管理的延伸与发展。

在我国，通过"归档"环节的设置，将文件与档案区分开来，并对其采取不同的标准和方法进行管理，使得文件与档案相对独立。要想解决由此引起的文档分离这一实际工作的难题，就应该积极推动文档一体化。

文档一体化的重要内容之一，就是文件生命周期各阶段管理业务诸环节的相互衔接和照应，并适当归并和简化，避免标准不统一和重复劳动，以取得系统的最优化，求得系统的最高效率。

总之，增强对文档一体化管理的认识，才能使文件管理与档案管理顺利衔接，才能把文件管理和档案管理整合为一个系统，进行前端控制和全程管理，实现文档工作的互利双赢。

二、档案管理的内容

我国档案界普遍认为，文件是分散和零乱的，档案则是具有内在联系的文件整体。那么，从分散到集中，从零乱到有序，从杂乱无章到联系紧密，这一过程是如何实现的呢？毫无疑问，是通过档案管理。档案管理是指用科学的原则和方法管理档案，并提供档案和档案信息为用户服务的工作。它的基本内容包括：收集、整理、鉴定、保管、检索、编研、利用服务与统计。

（一）收集

把分散的文件和档案集中到档案保管机构的过程就是收集工作。主要包括各单位文件的归档和零散文件的收集工作,档案馆对现行机关和撤销机关具有长久保存价值档案的接收工作、对历史档案的接收和征集工作等。

(二) 整理

将处于零乱状态和需要进一步条理化的档案,进行基本的分类、组合、排列和编目,以组成有序体系的过程就是整理工作。换言之,档案整理也就是档案实体分类。

(三) 鉴定

鉴别和判定档案保存价值,确定档案保管期限的工作,就是档案的鉴定。挑选有价值的文件作为档案保存,剔除保管期满且无保存价值的档案,按规定销毁,都是档案鉴定的任务。

(四) 保管

安全存放和安全防护档案的工作,就是档案的保管。其内容主要包括档案库房的管理、档案流动过程中的保护、为延长档案寿命而采取各种保护措施。

(五) 检索

档案的检索工作包括编目与查找,即对档案信息进行系统存储和根据需要进行查找。编目就是编制档案检索工具,包括目录、索引、指南和档案目录数据库的编制。查找则需要借助这些检索工具来进行。本书第九章拟着重讲述该环节中的编目。

(六) 编研

以馆(室)藏档案为基础,以满足社会利用档案的需求为目的,在研究的基础上,编辑档案原文(图、记录)汇编,编写档案参考资料,撰写论著,从事创作等活动,就是档案的编研工作。

(七) 利用服务

通过各种方式直接向用户提供档案和档案信息方面的服务,就是档案的利用服务,又称利用工作。

(八) 统计

以数字和报表的形式,揭示档案和档案工作的基本情况,就是档案统计工作。

上述八个环节,又可以分为基础工作和利用工作两个部分。其中,基础工作为利用工作提供前提,创造条件;利用工作则直接体现档案工作的目的和方向,既反映基础工作的成果,又向基础工作提出新的要求。二者相互依存,不可偏废。

三、我国档案工作的基本原则

档案工作的基本原则,决定着档案工作的发展方向、管理体制和管理方法,是开展档案工作首先要解决的一个重要问题。《中华人民共和国档案法》(以下简称《档案法》)第五条规定:"档案工作实行统一领导、分级管理的原则,维护档案完整与安全,便于社会各方面的利用。"[①]这是用法律的形式确定了我国档案工作的基本原则。它的基本思想包括以下三个方面:

(一) 全国档案工作实行统一领导、分级管理的原则

这是我国档案工作的组织原则和管理体制,是我国档案工作基本原则的核心。其具体内

---

① 《中华人民共和国档案法》,中华人民共和国主席令　第 71 号,全国人民代表大会常务委员会通过,1996 年 7 月 5 日。

容主要包括：

1. 档案由各级、各类档案保管机构分别集中管理。具体来说，国家机关、社会团体、国有企事业单位等社会组织形成的档案要按照相关规定定期向本单位档案机构或档案人员移交，实行集中统一管理。国家机关、企事业单位等社会组织还要按照相关规定定期向有关国家档案馆移交需要长久保管的档案。其中，中央的机关单位向中央档案馆移交，地方的机关单位向各级综合档案馆移交，专业领域内的档案向相关的专业档案馆移交。非国家所有的档案，档案所有者应当妥善保存。

2. 各级党委和政府领导下的档案行政机构统一、分级、分专业管理档案事业。统一管理是指国家档案行政部门主管全国档案事业，对全国的档案事业实行统筹规划，组织协调，统一制度，监督和指导。分级管理是指县级以上地方各级人民政府的档案行政部门主管本行政区域内的档案事业，并对本行政区域内机关、团体、企业事业单位和其他组织的档案工作实行监督和指导；乡、民族乡、镇人民政府和街道办事处的档案机构或者档案工作人员负责管理本机关的档案，并对所属单位和所辖基层自治组织的档案工作给予指导、支持和帮助。基层自主组织应当指定人员负责管理所形成的档案，并依法提供利用服务。分专业管理是指具有专业或行业管理职能的各级主管部门应当根据管辖范围，按照国家档案行政主管部门的要求，指导本系统、本行业的档案工作。

3. 对党政档案和党政档案工作实行统一管理。

（二）维护档案完整与安全

这是档案工作的基本要求。因为只有维护了档案的完整与安全，才能实现档案的管理与利用，才能使档案作为人类的一种历史文化遗产继续传承下去。其主要内容包括两个方面：

1. 维护档案的完整

（1）从数量上要保证档案的齐全。确保一个单位、一个系统、一个地区甚至一个国家的具有保存价值的档案都收集齐全。

（2）从种类上要尽量实现档案的齐全。随着时代的发展，各种新型载体的档案也层出不穷。在纸质档案的基础上，尽量通过多种途径收集声像、照片、电子以及其他新型载体档案。

（3）从质量上要维护档案的有机联系。将具有保存价值的档案按照它的形成规律，组成有机联系的整体。这样才能全面反映出社会活动主体从事社会活动的过程与本来面貌。

为了从源头上确保档案的齐全完整，各单位应当把文件材料归档纳入本单位档案工作人员的岗位职责。对国家规定的应当整理归档的材料，必须按照规定向本单位档案机构或者档案工作人员移交，集中管理，任何个人不得据为己有或拒绝归档。国家规定的不得归档的材料，禁止擅自归档。

2. 维护档案的安全

（1）从物质上力求档案不遭受损坏，尽量延长档案的寿命。主要是通过管理上和技术上的相关措施，确保档案保管环境与档案载体的安全性。

（2）从内容上要保护档案机密不被盗窃，不失密泄密，保证档案的政治安全。这需要对机密档案和需要控制范围的档案实行严格的管理，如设置查档权限等。

（三）便于社会各方面的利用

这是档案工作的根本目的，也是检验档案工作效果的重要标准。档案工作做得是否有成效，主要应该通过利用档案所实现的社会效益和经济效益来衡量。

档案工作基本原则的以上三个方面，是辩证统一的有机整体。实行统一领导、分级管理，维护档案的完整与安全，都是为了便于社会各方面的利用。为了更好地实现档案利用，必须实行统一领导、分级管理和确保档案的完整与安全。某种意义上讲，前两者是手段，后者是目的。

四、档案工作法治化

档案工作法治化，就是要档案工作做到有法可依、有法必依。在我国，档案工作有法可依的具体表现就是 1987 年 9 月 5 日第六届全国人民代表大会常务委员会第二十二次会议通过的，并根据 1996 年 7 月 5 日第八届全国人民代表大会常务委员会第二十次会议《关于修改〈中华人民共和国档案法〉的决定》修正的《档案法》及其他法律中的相关条文。《档案法》作为法律，高于档案法规与规章，是档案工作实现"依法治档"的重要保障。

现行《档案法》共分为六章二十七条，其中包括总则、档案机构及其职责、档案的管理、档案的利用和公布、法律责任和附则。

第一章"总则"共五条，分别提出了《档案法》制定的法律宗旨，指明了国家管理档案的范围，规定了国家机关、社会组织及个人保护档案的义务，规定了各级人民政府对建设与发展档案事业担负的职责，明确了我国档案工作的基本原则。

第二章"档案机构及其职责"共四条，分别规定了各级档案行政管理部门对本级档案工作的职责与权限，规定了各社会组织单位的档案保管机构对本单位档案工作的职责与权限，明确了各级、各类档案馆对本级、本类档案的保管职责，指明了档案工作者的职业素养与工作中的奖惩规定。

第三章"档案的管理"共九条，基本内容涉及档案立卷归档、移交、利用、鉴定、保管、交换、转让、出卖等方面。

第四章"档案的利用和公布"共五条，分别规定了国有档案的开放期限并明确了组织和公民利用档案的权利，规定了档案按未开放档案的利用办法，指出了单位和个人对其移交档案馆档案的优先使用权与开放限制权，规定了国有档案、集体和个人所有档案的公布权限，规定了国家档案馆对档案史料的编研整理职责。

第五章"附则"共两条，规定了该法实施办法的制定权和批准实行权及法律的具体实施日期。

我国档案法规体系由档案法律、档案行政法规、档案地方性法规、档案规章四个层次构成。其中档案规章又包括部门档案规章和地方政府档案规章。

在上述的四个层次的档案法规中，档案法律具有最高法律效力，其他任何档案行政法规、地方性档案法规以及规章不得与之相抵触；地方性档案法规和档案规章不得与档案行政法规相抵触。

五、档案工作标准化

何为"标准"？标准就是为在一定范围内获得最佳秩序，对活动或其结果规定共同和重复使用的规定、指南或特性的文件。该文件经协商一致制定并经一个公认机构的批准。[①] 档案工作标准就是以在档案工作领域中的重复性的事物和概念为对象而制定或修订的各种标准的总称；它是档案工作中有关单位和个人应当遵守的共同准则和依据。目前，我国已经制定了一些档案工作标准，主要是国家标准和行业标准。

何为"标准化"？标准化就是为在一定范围内获得最佳秩序，对实际的或潜在的问题制定共同的和重复使用的规则的活动。[②] 对比标准和标准化的定义，我们发现，它们所强调的重点不同，标准注重标准文件本身，而标准化则注重标准的制定和使用。标准是标准化的前提条件与科学基础。那么，在有了档案工作标准这一前提条件的基础上，如何实现档案工作标准化呢？

档案工作标准化就是通过制定标准和实施标准，对档案和档案管理实行统一、简化、协调和优选等有序化管理控制，以便获得最佳档案管理效益的活动。主要通过两个角度实现：

1. 从广度上讲，随着档案事业的发展与档案工作的需求，要不断扩大档案工作标准的制定与实施范围。如果只有少量的档案工作标准，档案工作标准化的目标就很难实现。为此，必须逐步建立一个档案工作标准体系。这个体系中既要有国家标准，也要有地方标准；既要有管理标准，也要有技术标准；既要有少量强制性标准，更要有大量推荐性标准；既要有正式标准，也要有参照标准。这样才能确保档案工作标准化工作的正常进行。

2. 从深度上讲，主要是必须提高档案工作标准的制定水平和贯彻的深度。档案工作标准的制定应当顺应档案事业发展的需要，并尽最大可能地扩大到一切可以实现标准化的档案工作环节中去，并通过科学、有效的管理手段深入贯彻落实到档案工作实践中，通过实践的检验，再对原有的档案工作标准进行修订与补充，再到档案工作实践中去贯彻落实，以此循环往复，不断充实新鲜内容，档案工作标准化工作必将促进档案事业的发展。

需要注意的是，在档案工作标准化活动中，每一项标准的制定和实施都不是孤立进行的，标准与标准之间纵横交错，交织成一个复杂的档案工作标准系统。档案工作标准化，就是这个系统不断扩大和发展的过程。

第三节　档案管理的组织、制度与基本经验

一、档案机构的设置

伴随档案在人类社会的产生，作为档案管理的组织依托，档案保管机构随之问世。根据我国《档案法》的规定，按照档案工作统一领导，分级管理的原则，全国的档案工作，则由各级档案行政机关统一地、分级负责地进行监督和指导。这些保管档案和管理档案工作的机构，在全国范围构成了一个严密、完整的组织体系。主要包括档案行政机构、档案馆、档案室及其他各种

[①] 标准化和有关领域的通用术语　第1部分基本术语（GB 3935.1—1996－T）。

[②] 同上。

新型档案机构。

（一）档案行政机构

档案行政机构，是党和国家指导和管理档案工作的部门，如中央和地方各级档案局、处等。其基本职责就是：在统一管理党、政档案工作的原则下，分层负责地掌管全国档案事务，对全国档案工作进行监督与指导。

《档案法》第二章第六条规定：国家档案行政管理部门主管全国档案事业，对全国的档案事业实行统筹规划，组织协调，统一制度，监督和指导。县级以上地方各级人民政府的档案行政管理部门主管本行政区域内的档案事业，并对本行政区域内机关、团体、企业事业单位和其他组织的档案工作实行监督和指导。

（二）档案馆

按照档案保管范围的差异进行区分，我国档案馆主要包括历史档案馆、各级综合档案馆和专业档案馆。

1. 我国历史档案馆主要是指中国第一历史档案馆和中国第二历史档案馆。其中前者主要保存明清时期的中央机构档案，后者主要保存民国时期的中央机构档案。

2. 各级综合档案馆一般隶属于各级人民政府，主要包括中央级和地方级综合档案馆。根据《中华人民共和国档案法实施办法》第二章第十条规定："中央和地方各级国家档案馆，是集中保存、管理档案的文化事业机构，依照《档案法》第八条的规定，承担下列工作任务：（1）收集和接收本馆管理范围内对国家和社会有保存价值的档案；（2）对所保存的档案严格按照规定整理和保管；（3）采取各种形式开发档案信息资源，为社会利用档案资源提供服务。"①

3. 专业档案馆

专业档案馆是指国家为专门管理某一方面或某一类特殊专业活动中形成的档案而设置的档案馆。目前我国已建立的专业档案馆有：中国人民解放军档案馆、中国照片档案馆、中国电影资料馆、外交部档案馆、交通部档案馆、铁道部档案馆、测绘档案馆、气象档案馆，以及数量众多的城建档案馆等。

档案馆作为我国档案事业的主体，要加强档案信息资源的开发利用，将档案馆建成集档案安全保管基地、档案利用服务中心、爱国主义教育基地、政府信息公开中心与电子文件管理中心为一体的科学文化事业单位。

（三）档案室

档案室是机关、团体、企业、事业单位中负责管理本单位档案的机构，是国家档案事业系统的基层组织。

档案室，亦称内部档案机构，也有称档案馆、档案信息中心的。这类机构的本质特征是统一管理本单位档案和主要为本单位服务。它是一个单位档案信息存储、加工和传输的服务部门，与本单位的领导和各内部机构发生联系，为领导决策、处理工作、组织生产、进行科研等活动提供依据和参考材料。档案室又是国家档案事业组织系统中的基层组织，是档案馆工作的

---

① 《中华人民共和国档案法实施办法》，国家档案局　第5号令，1999年6月7日。

基础。因此,档案室保存的档案,不仅对本单位的工作、生产和科研有现实查考价值,而且其中具有长久保存价值的部分,是国家和社会的档案财富,具有历史文化价值。

在中国,档案室的数量大、分布广、类型多。可归纳为:

1. 普通档案室,又称文书档案室,主要负责管理本单位的文书档案。

2. 科学技术档案室,是指保管本单位科技档案的专门档案机构。

3. 综合档案室,是各单位建立的综合性档案管理机构,统一保管本单位形成的各种门类和载体的档案。

4. 声像档案室,是保存影片、照片、录音带等特殊载体的档案室。

5. 人事档案室,是专门设立的保管人事档案的机构。

6. 档案资料信息中心,是在图、情、档一体化的基础上设立的统一的信息资源管理机构。

7. 联合档案室,是指在同一地区或者同一专业系统内,一些驻地相近的单位联合起来设立的,为所有参联单位提供档案管理服务的机构。

(四)新型档案机构

随着我国档案事业的进一步发展,我国档案机构的设置也出现了一些新情况,近年来,我国出现了一批新型档案机构。较为突出的是文件中心、档案事务所、电子文件中心、电子文件备份中心等。

1. 文件中心

文件中心产生于二战期间的美国,由于二战期间美国政府机关的文件数量急剧膨胀,办公室空间日益紧张,致使大量文件不能妥善保管,于是,美国军事部门创建了一种新型文件管理机构——文件中心。用来保管那些使用率低,但仍必须保管一段时期的文件。

由此可见,文件中心是一种过渡性的文件保管机构,它介于文件形成单位和档案馆之间,负责保管文件形成单位不经常使用但还不能最后处理的文件。

建立文件中心的理论根据是文件生命过程三阶段论:现行阶段,由文件形成单位自行保存;半现行阶段,由文件中心保存;档案文件阶段,由相关档案馆保存。

建立文件中心可使政府机关或私人企业的办公室摆脱大量半现行文件的沉重负担,提高工作效率,降低文件保管费用,并保证有永久保存价值的文件得到妥善保护和最终移交档案馆。

2. 档案事务所

档案事务所是应我国近年来档案工作中业务量迅速增加,有关部门档案工作人员较少的新情况出现的一种新型档案机构,它是一种提供档案事务服务的商业性档案服务机构。

档案事务所可以承担大量的档案劳务性工作,减轻档案部门指导、监督工作量过大的压力,也使档案部门可以集中力量抓好档案局和档案馆的本职工作。

国家应该鼓励和支持档案事务所这类中介机构依法开展档案领域的社会服务。但在其开展档案中介服务时,不得违反国家有关保密的法律规定,不得损害国家利益、社会公共利益和公民、法人及其他组织的利益。

3. 电子文件中心

电子文件中心是指社会化的保管电子文件,并将归档前的文件与归档后的文件结合进行连续管理的机构或工作模式。

电子文件中心的工作模式与以往的文件管理方式有很大的区别,主要表现在对文件管理的连续和统一上。在完全依靠手工管理的时候,如果单位很分散,就很难实现对文件管理的统一和连续。而在网络化的环境中,文件传递和控制的技术壁垒可以克服,即使单位很分散,也可以方便地实现连续、统一的控制管理。

4. 电子文件备份中心

电子文件备份中心,主要是对电子文件进行备份,由"电子文件本地备份中心"和"电子文件异地备份中心"组成。在公共档案馆内筹建和运行电子文件备份中心,是确保归档电子文件完整、准确、系统与安全的必要措施,是落实电子文件与数字档案登记备份制度的重要步骤。

电子文件备份中心应该同时具备多种功能:(1)容灾备份和异地保存的功能;(2)法律效力的权威认证功能;(3)政府信息和公共信息的查询功能;(4)文件中心和档案托管中心的社会化服务功能;(5)地区性档案目录中心的检索功能。备份中心的理想形态应该是与多功能电子文件中心合二为一,并且成为数字档案馆、公共档案馆的有机组成部分,真正实现档案馆事业的数字化、网络化、社会化。

二、档案管理的制度

档案工作的顺利进行,离不开科学、有效的档案管理制度。常见的档案管理制度可以包括以下八个方面:

1. 文件归档制度。包括文件归档范围及保管期限、归档时间、归档程序、归档质量要求以及归档控制措施。

2. 档案保管制度。包括各门类档案的保管条件、特殊载体档案保管方式、档案清点检查办法、对受损档案的处置办法、档案进(出)库要求、库房管理要求和库房管理员职责等。

3. 档案鉴定销毁制度。包括鉴定、销毁工作的组织、职责、原则、方法和时间等要求。

4. 档案统计制度。包括统计内容、统计要求和统计数据分析要求等。

5. 档案利用制度。包括档案提供利用的方式、方法,查(借)阅档案的权限和审批手续,接待查(借)阅档案的要求等。

6. 档案保密制度。包括档案形成者、档案管理者、档案利用者应承担的保密责任等。

7. 电子档案管理制度。包括对企业各信息系统中形成的电子文件提出归档、管理和利用的要求。

8. 档案管理系统操作制度。包括档案管理系统操作人员的职责、档案管理系统软件、硬件的操作要求等。

三、档案管理的来源原则与基本经验

(一) 来源原则

来源原则是国际档案界公认的档案管理,特别是档案整理的基本理论。

在学习了解档案管理的来源原则之前,必须先了解另一个概念——全宗。全宗是一个独立的机关、组织或人物在社会活动中形成的档案有机整体。而我们这里所说的来源首先指的就是档案形成者,包括机关、组织和个人。据此,来源原则指的就是档案馆按照档案的来源进行整理和分类,要求保持同一来源的档案的不可分散、不同来源的档案不得混淆的整理原则。来源原则的基本内容可以归纳为三个基本点:

1. 尊重来源

这是来源原则的第一层内容,指档案馆应该按照来源标准整理档案,确保档案与其形成者之间的来源关系。

2. 尊重全宗的完整性

这是来源原则的第二层内容,指整理档案必须要做到同一全宗的档案不可分散,必须维护全宗的完整性。

3. 尊重全宗内的原始整理体系

这是来源原则的第三层内容,指移交到档案馆的全宗内的档案整理要充分利用原形成机关对档案的整理体系,不应轻易打乱重整。这样可以避免重复劳动,有利于保留档案形成和整理的本来面貌。

综上所述,来源原则的三层内容是层层递进的,尊重来源是基础,在此基础上,尊重全宗的完整性,再在前面两个基础上,尊重全宗内的整理体系。最终实现档案作为社会实践活动原始记录的功能,社会记忆的功能。

随着电子文件的出现,进入了电子时代,计算机与远程通讯手段的集合,关系数据库的普遍使用以及全球互联网络的出现,使得不同机构共同参与并形成一批数据成为可能,档案管理的来源原则受到了挑战,新来源观顺势出现。

加拿大档案学者特里·库克是"新来源观"的倡导者,他认为,电子时代档案的来源不仅指文件的形成机关,而且应该包括其形成目的、形成活动、过程、处理程序和职能范围等。新来源观并不是对来源原则的否定,而是在顺应时代发展的基础上,对来源原则的补充与优化。

(二)档案管理的基本经验

在档案管理工作实践的基础上,档案管理的基本经验可总结为:

1. 档案工作是机关、企事业单位和其他社会组织各项活动的有机组成部分,应纳入各单位领导工作议事日程,纳入各单位的规章制度及工作流程,纳入各单位相关部门和有关人员的经济责任制或岗位责任制。

2. 各单位的档案部门或档案人员应参加产品鉴定、科研课题成果审定、项目验收(活动结果验收)、设备开箱验收等活动,负责检查应归档文件是否完整、准确、系统、规范。

3. 下达项目(活动)计划任务应同时提出项目(活动)文件的归档要求;检查项目(活动)计划进度应同时检查项目(活动)文件积累情况;验收、鉴定项目(活动)成果应同时验收、鉴定项目(活动)文件归档情况;项目(活动)总结应同时做好项目(活动)文件归档交接。

以上经验,可以概括为"三纳入"、"四参加"、"四同步"。

思考练习题

1. 什么是档案？如何准确把握文件与档案的关系？
2. 实现档案价值的规律有哪些？
3. 什么是档案管理？档案管理的基本内容包括哪些环节？
4. 我国档案工作的基本原则是什么？
5. 常见的档案管理制度有哪些？
6. 什么是"三纳入"、"四参加"、"四同步"？

第八章 档案实体管理

档案实体管理包括收集、整理、鉴定和保管四环节。本章对这些环节的工作内容与方法进行全面阐释，学习本章要掌握这些环节之间的相互关系。

第一节 档案实体管理诸环节的相互关系

一、收集、整理、鉴定三环节的分工与融合

（一）三环节的形成与分工

1. 档案的收集工作

各个机关、机关内部各个部门和单位形成使用的文件，往往是分散的，数量也浩繁，而机关与社会对档案的利用则要求一定程度上的集中。为了解决文件和档案的分散形成与集中利用之间的矛盾，就形成了档案的收集工作。

2. 档案的整理工作

收集起来的文件内容非常复杂，而且涉及各个方面，仍然处于零乱状态，而文件的日常管理和提供利用则要求相对的系统化。为了解决档案的零乱性与实际保管及提供利用时所要求的系统性之间的矛盾，需要把零乱的档案加以系统排列，这就形成了档案的整理工作。

3. 档案的鉴定工作

档案数量随着时间的推移和社会活动的持续而不断增长，有些档案也会因其存在环境的变化而失去保存价值。为了使有限的保管费用得到最有效的利用，使有保存价值的档案能够优先保管并发挥最大作用，需要对档案进行鉴别和挑选，剔除那些失去保存价值的档案，这就形成了档案的鉴定工作。

（二）三环节的融合

档案实体管理的几个业务环节都有自己特定的工作对象和具体任务，从这点来讲是相对独立的；同时又是相互融合、相互促进、相互制约、相互依存的统一体，构成了特定的流程性的工作系统。

1. 收集工作是档案管理工作的实际起点，其任务是把应归档文件集中到档案机构来。这项工作的意义与价值在于决定馆（室）藏的状况与水平。

2. 整理工作是档案实体管理工作的核心部分，其任务是建立档案实体管理秩序，使档案实体有序化、条理化。这项工作的意义与价值在于为整个管理工作提供一个严格有序的工作基础。

3. 鉴定工作是对档案保存价值的鉴别判定，其任务是决定档案的存毁，确定档案的保管

期限。这项工作是档案管理中难度最大的一个环节。

在归档过程中,收集、整理、鉴定的工作通常是结合在一起进行的。在把办毕文件移交给档案机构或者档案人员之前,首先要确定哪些文件应该归档,确定归档文件和案卷的保管期限,这就是鉴定。移交之前,必须进行分类、组合与排列,这就是整理。归档的,其实是经过整理与鉴定的办毕文件。归档之后,这些文件就转化成了档案。

二、保管环节的特殊地位

档案的收集、整理、鉴定是档案保管及其他环节的基础,是决定档案存在和发展的前提条件,其任务是"建业";档案保管工作则是前面三环节工作的稳定性延续,其任务是"守业"。

档案保管工作是指根据档案的成分和状况所采取的存放和安全保护措施。档案保管工作是整个档案工作的重要组成部分,是一个独立的工作环节;维护档案的完整与安全,是整个档案工作中必须始终遵循的基本要求,而档案保管工作是实现维护档案完整与安全的重要环节。档案保管工作质量的高低,对提高档案管理水平具有重大影响。

第二节 档 案 的 收 集

一、内部档案机构的收集工作

（一）归档制度与归档工作

在正常情况下,各单位档案的收集工作是通过执行一定的文件归档制度来完成的。归档,是指各单位的文书部门和业务部门将办理完毕且有保存价值的文件,经系统整理交给本单位档案机构保存的过程,这也是内部档案机构的收集工作。归档是国家规定的一项制度,叫做"归档制度"。

归档工作总的来说要符合以下要求。

1. 各单位应建立文件材料归档制度,明确本单位文件材料的归档范围、时间和要求,保证归档文件材料完整、准确、系统。

2. 归档工作应纳入本单位各项工作计划,纳入领导工作议程,纳入有关人员岗位责任制。具体来说,在归档工作分工上,各部门专（兼）职档案人员负责所形成的文件材料的收集、整理,并按要求向档案部门归档。单位档案部门负责本单位及所属单位文件材料归档工作的指导、监督和检查。

3. 各单位应建立文件材料归档责任追究制度。不按要求归档的应由有关单位追究当事人或部门的责任。

（二）归档制度的内容

1. 文件归档范围

就机关而言,其文件材料归档范围主要是四部分:

（1）反映本机关主要职能活动和基本历史面貌的,对本机关工作、国家建设和历史研究具有利用价值的文件材料;

（2）机关工作活动中形成的在维护国家、集体和公民权益等方面具有凭证价值的文件材料；

（3）本机关需要贯彻执行的上级机关、同级机关的文件材料；下级机关报送的重要文件材料；

（4）其他对本机关工作具有查考价值的文件材料。

就企业而言，企业在筹备、建设、生产、经营、管理等活动及产权变动过程中形成的具有保存价值的各种载体形式的办毕文件都应纳入归档范围。

归档文件的主要来源有：

（1）本企业形成的文件；

（2）本企业引进项目、外购设备等接收的文件；

（3）所属单位及参股企业应向本企业提交的文件；

（4）本企业参与的合作项目，合作单位按要求应向本企业提交的文件；

（5）本企业执行、办理的外来文件。

总之，归档文件必须是本单位工作活动中形成并具有保存价值的。实际操作中，归档范围应考虑以"我"为主，兼顾上下左右。"我"是指本单位的发文，上下左右，则是指执行过或者办理了的收文。

2. 文件归档时间

（1）经营管理工作、生产技术管理工作、行政管理工作、党群工作中形成的文件一般应在办理完毕后的第二年一季度归档。

（2）科研开发、项目建设文件应在其项目鉴定、竣工验收前归档，周期长的可分阶段、单项归档；产品生产及服务业务应定期或按阶段归档。

（3）产权产籍、质量认证、资质信用、合同协议、知识产权等文件应随时归档；外购设备仪器或引进项目的文件应在开箱验收或接收后即时登记归档。

（4）会计核算专业材料应在会计年度终了后由会计部门整理归档，保管一年后向档案部门移交。

（5）电子文件逻辑归档宜定时进行，物理归档应与相应门类或内容的其他载体归档时间一致。

（6）磁带、照片及底片、胶片、实物等载体形式的文件应在工作结束后及时归档，或与相应内容的纸质载体归档时间一致。

（7）更新、补充的文件，企业内部机构变动和干部职工调动、离岗时应清退的文件，企业资产与产权变动过程中形成的文件，其他活动中形成的文件等，应随时归档。

3. 文件归档要求

（1）应实行部门、项目及专项工作的文件收集、整理、归档责任制。各部门、项目及专项工作专兼职档案人员应按照规定将文件整理后归档。

（2）归档的文件应完整、准确、系统，其制成材料应有利于长久保存，图文字迹应符合形成文件设备（打印机、复印机、扫描仪等）标称的质量要求。

（3）归档的文件应为原件。因故无原件的可将具有凭证作用的复制件归档。

（4）非纸质文件应与其文字说明一并归档。外文（或少数民族文字）材料若有汉译文的，应一并归档,无译文的要译出标题和目录后归档。

（5）归档的文件一般一式一份。重要的、利用频繁的和有专门需要的可适当增加份数。

（6）两个以上单位合作完成的项目,应以合同、协议等形式约定文件归档要求。主办单位一般应保存全套文件,协办单位保存与所承担任务相关的正本文件。

4. 文件归档手续

文件形成部门应就归档文件填写《档案交接登记表》。重要项目文件归档时应由项目管理部门编写归档说明,并经项目负责人审核签字。

档案交接登记表

移交时间：_____   移交部门：_____

序号	题名	年度	文号或图号	页数	保管期限	备注

移交人签名：_____   接收人签名：_____

文件形成部门应按期将《档案交接登记表》随同已整理的文件向档案部门移交。档案部门接收时应认真核对,并检查档案质量。双方在《档案交接登记表》签字后各保留一份。

二、档案的移交、接收与征集

（一）档案的移交

这里的档案移交,是指正在进行工作活动的机关、企业、事业单位及其他社会组织,根据国家有关文件的规定,将具有长远保存价值的档案,通过一定的移交方式,交给各有关档案馆集中保存。

1. 移交要求

根据《档案馆工作通则》[①]等文件的规定,档案馆接收现行机关档案有如下要求：

（1）进馆档案应根据全宗原则和国家有关规定整理,保持本机关档案的完整与安全。

（2）进馆档案必须是经过鉴定的、具有长远保存价值的档案。

（3）与立档单位有关的资料和全宗有关的检索工具,应随同档案一起移交,如立档单位的组织沿革、全宗介绍、案卷目录等。

（4）移交档案时,必须根据移交目录,移交机关同档案馆一起清点核对,并在交接文据上签字盖章,以便明确交接双方的责任,保证档案齐全完整。

2. 移交期限

根据《档案法》有关规定,机关、团体、企事业单位和其他组织必须按照国家规定,定期向有关国家档案馆移交档案。

属于中央级和省级、设区的市级国家档案馆接收范围的档案,立档单位应当自档案形成

---

① 国家档案局制发：《档案馆工作通则》（国档发[1983]14号）,1983年。

之日起满 20 年即向有关的国家档案馆移交;属于县级国家档案馆接收范围的档案,立档单位应当自档案形成之日起满 10 年即向有关的县级国家档案馆移交。

各级档案馆收集范围,按照 2011 年国家档案局 9 号令《各级各类档案馆收集档案范围的规定》①执行。

经同级档案行政管理部门检查和同意,专业性较强或者需要保密的档案,可以延长向有关档案馆移交的期限;已撤销的单位的档案或者由于保管条件恶劣可能导致不安全或者严重损毁的档案,可以提前向有关档案馆移交。

(二) 档案的接收与征集

除了现行机关移交档案,档案馆还有以下的馆藏来源。

1. 撤销机关档案

它是指中华人民共和国建国前后,由于政权变更、体制改革、行政区划调整等原因而被撤销、合并的机关、团体、企业、事业单位及其他社会组织的档案,档案馆按国家规定接收。

2. 散失历史档案

收藏有革命政权档案、历代王朝和民国档案的机关、组织或个人,档案馆应通过各种有效方式、措施向他们征集这些散失历史档案,以丰富馆藏。

《档案法》规定,属于集体所有、个人所有以及其他不属于国家所有的对国家和社会具有保存价值的或者应当保密的档案,档案所有者可以向各级国家档案馆寄存、捐赠或者出卖。

3. 档案馆之间交接档案

一方面,由于行政区划变更和档案馆布局的变化等因素的影响,使有关档案馆收藏范围发生变化,因而产生某档案馆接收其他档案馆档案的情况。另一方面,由于各国文化交流活动的开展,我们通过交换或购买等方式,将一些收藏在外国档案馆中的我国历史档案(包括其复制品)收集起来,丰富有关档案馆的馆藏。

第三节　档案的整理

一、档案整理的原则与步骤

(一) 原则

1. 坚持历史主义,再现历史联系是档案管理理论的灵魂与核心原则

要求遵循文件的形成规律,使档案实现历史的再现:档案整理工作的对象是种类繁多的文件材料。不同种类文件材料的形成过程各具有其特定的规律。整理档案时必须解读文件材料的形成过程,认知其内在的规律,并尽可能地遵循固有规律。这就要求档案工作者必须对档案形成单位的历史演变,机构设置,工作职能,工作流程等尽可能多地了解,以掌握文件材料的产生、运转的流程和规律,便于整理工作科学和规范地开展。

2. 保持历史联系,利用原有基础,便于保管利用

要求保持文件之间的有机联系:文件是有个性和共性的。单个的文件因为内容,形式上的

---

① 国家档案局:《各级各类档案馆收集档案范围的规定》(国家档案局 9 号令),2011 年 11 月 21 日起实施。

不同而具有个性,同时,文件之间又有着千丝万缕的联系而形成各种共同的特性。档案整理就是要寻找文件材料的共同点,也就是文件的历史联系,以组成具有共性的一个个不同层次的文件材料群体。档案文件之间的历史联系主要存在档案文件的来源、内容、时间、形式等几个方面。

来源:产生文件的一定单位或部门构成了文件来源方面不可分割的历史联系。来源方面的联系是文件的首要联系,整理档案时要首先遵循这 ·原则。常用的来源联系有:一个单位,一个部门,一个工作人员等。

时间:文件材料形成者所进行的具体活动都有阶段性,是在一定时间里进行的,形成了文件材料之间的时间联系。常用的时间联系有:公元年度,季度、月度、教学年度、农业年度等。

内容:文件材料是立档单位在围绕各种目标开展工作,解决问题活动中形成的,构成了内容上的一定联系。常用的内容联系有:一个问题、一项工作、一起案件、一次会议、一个项目、一个部件、一个零件等。

形式:文件材料的种类、名称、规格、制成材料等形式标志着文件产生时的特定内涵,构成了文件材料之间的特定联系。常用的形式联系有:公文文种、报表、图纸、照片、磁带等。

只要做到了保持历史联系,那么档案整理的结果一般来说也是便于保管利用的。当二者之间有矛盾的时候,就要注意适当兼顾两个方面。

这里还须强调一点,就是"利用原有基础",只要"有规可循,有目可查",就不要反复折腾。后来的管理者应充分尊重和利用所接手管理的档案原有的整理结果,不要动辄就推倒重来。

(二) 档案系统整理步骤

1. 区分全宗

全宗是一个具有独立性的社会组织或个人在其社会实践活动中所形成的档案的有机整体。凡具有社会独立性的组织或个人,其形成的档案就可以构成一个全宗。本书谈及的全宗主要是指组织全宗,形成全宗的组织也称之为立档单位。立档单位的核心条件是"社会独立性",可以从以下三个侧面来理解:其一,可以独立行使职权,并能主要以自己的名义单独对外行文,即拥有独立发文权;其二,设有会计单位或经济核算单位,自己可以编造预算或财务计划,即拥有独立财务权;其三,设有管理人事的机构或人员,并有一定的人事任免权,即拥有独立人事权。一般具有法人资格的单位都具备构成全宗的条件。

一般的基层组织历史不长,构成不复杂,一个组织的档案就构成一个全宗。但也有很多组织,规模较大,机构复杂,有着不同的档案全宗,就必须加以区分。以某集团公司为例,在集团公司档案馆,独立子公司的档案就不能与集团公司的档案合在一起整理,要按公司区分不同的全宗进行整理,如:集团公司全宗、上市公司全宗、甲子公司全宗、乙子公司全宗等。

另外,也有很多组织历史沿革复杂,经过多次撤并、兼并,形成了不同的档案全宗,也必须加以区分。这种涉及组织基本职能发生变化所导致的全宗区分有以下几种情况:

(1) 组织撤销问题。立档单位被撤销,其基本职能也已停止,其档案应作为一个完整的全宗看待。

(2) 组织合并与兼并问题。由几个立档单位合并组成新的立档单位,合并前的档案分别构成独立全宗,合并后形成的档案构成一个新的全宗。如是兼并,也就是以其中一个立档单位以为中心的合并,那么,中心立档单位兼并前的档案与兼并后的档案则应属同一全宗,被兼并的其他立档单位兼并前的档案分别构成独立全宗。

(3)组织机构独立问题。由立档单位内部机构独立出来而形成的立档单位,其独立之前的档案作为其原所在立档单位档案全宗的一部分,独立后形成的档案构成新全宗。

(4)组织机构并入问题。内部机构直接并入(划归)其他立档单位的,其并入前的档案是原立档单位档案全宗的一部分,并入后的档案是所并入立档单位档案全宗的一部分。

以上情况是导致全宗区分的主要情形,那么,以下几种情况的组织变化,因为基本职能没有发生变化,全宗应保持不变。

(1)立档单位名称变更。

(2)立档单位隶属关系改变。

(3)立档单位内部组织机构调整。

(4)立档单位组织规模扩大或缩小。

(5)立档档案工作地点变迁。

(6)立档单位建立的临时性机构,一般应与立档单位同一全宗,不增新全宗。

我们以某高校的历史演变图为例。(如下图所示)

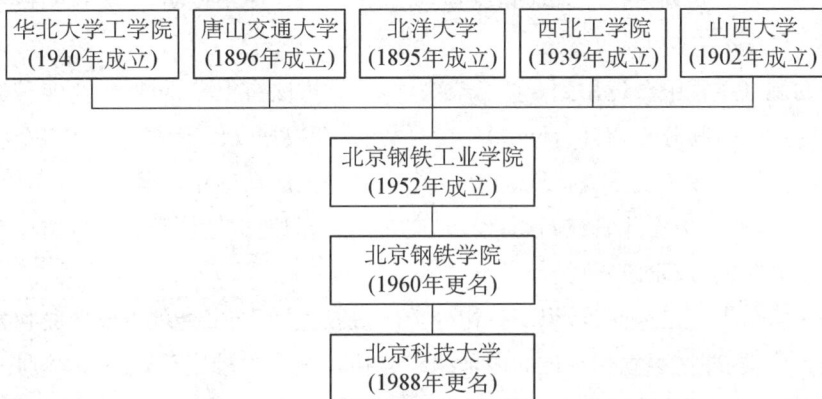

从上图我们知道,以上学校的系列变化中形成了六个独立全宗,分别为:华北大学工学院全宗,唐山交通大学全宗,北洋大学全宗,西北工学院全宗,山西大学全宗以及北京科技大学全宗。北京钢铁工业学院,北京钢铁学院和北京科技大学只涉及名称变更,学校的基本职能未变,因而作为同一全宗处理。

如两个或两个以上立档单位合署办公,形成互有联系不易区分的文件材料,已无法将其分开。这时我们不得已只能把这两个档案全宗进行联合管理,这种常见的全宗特殊形式称为联合全宗。

2. 制订分类方案

档案分类方案是立档单位文件归档和档案管理的业务规范,也是档案分类、组卷、编目、排架的依据性文件和行动指南,其科学性、合理性决定了档案整理的质量,因此制订分类方案十分重要,要认真重视。

制订档案分类有哪些要求?首先,分类方案应依据立档单位管理职能,结合档案形成特点制定。每种性质的单位或是同一种性质的单位,其职能等情况是千差万别的,所以具体到某一个单位,其适用的分类方案是不一样的。因此分类方案必须根据本单位实际情况制定,只能借鉴不能照抄。

其次,应保持相对稳定性和可扩充性。档案的分类方法一旦确定以后,要严格执行,保持档案分类排列前后的一致性,即保证始终如一,不宜随意变动,以便于系统、准确、快速地提供利用。但是,分类方案的这种稳定性是相对的,随着立档单位各项事业的发展及档案工作的不断深入,归档文件范围或某部分档案内容发生变化,因此在制定分类方案时也应该适当考虑可扩充性。

要注意的是:(1)要把本单位的全部档案纳入分类方案中,不能出现有的材料无处可分。(2)不同种类的档案均有自己的形成规律,应运用不同的分类方法。

现在我们讲讲分类方案的制订方法:

一般来说,一个完整的档案分类方案应由编制说明、分类表、使用说明三部分组成。编制说明包括分类方案的编制目的、分类的依据、规则、体系结构、类目设置以及若干重要问题的说明,是使用方案的指南。分类表是分类方案的主体部分,它是将立档单位各职能活动中所形成的全部档案按类目进行划分排序,以图表的形式表示出来。使用说明,主要说明档号标示和案卷排列方法。

分类表的制订过程中会运用到一些分类方法,分类方法有很多,可归纳为四种类型:

按文件的产生时间分类,有两种:(1)年度分类法,即根据文件形成的年度将全宗内档案分成若干类别的方法。按年度分类,可以反映一个立档单位活动逐年发展变化的面貌,看出不同时期工作的特点,便于历史地研究问题;(2)时期分类法,即把文件按照立档单位在发展变化过程中形成的不同时期(或阶段)分类。

按文件来源分类,有三种:(1)组织机构分类法,就是根据文书处理阶段形成和处理文件的承办单位进行分类,即按照立档单位的内部组织机构将全宗内档案分成各个类别;(2)作者分类法,即按文件的作者(机关或个人)分类;(3)通讯者分类法,即按与立档单位有来往通讯关系的机关或个人分类(收文按作者,发文存本和原稿按收文者)。

按文件的内容分类,主要有两种:(1)问题分类法,问题分类法就是按照档案文件内容反映的问题将全宗内档案分为各个类别。以内容所反映的主要问题(事由)作为分类标准,将全宗内档案分为若干类别的方法;(2)地理分类法,即按文件内容涉及的地区分类。

按文件的形式分类,主要有两种:(1)文件种类(名称)分类法,如账册、凭证、报表等;(2)文件载体分类法,如影片、照片、录音带等。

以上诸分类法中使用较多的是年度分类法、组织机构分类法和问题分类法。单纯采用其中一种的比较少,大多是结合使用,综合运用多种分类方法。

通常由年度同组织机构或问题分层联合,构成如下四种复式分类法:

(1)年度-组织机构分类法,即首先把全宗内档案按年度分开,然后在每个年度下面再分组织机构。这种方法适用于立档单位内部机构经常变化但不复杂的全宗,现行机关的档案采用较适宜。

(2) 组织机构–年度分类法,即首先把全宗内档案按组织机构分开,然后在组织机构下面再分年度。这种方法适用于立档单位内部机构多年稳定或调整不大的全宗,一般多用于撤销机关的档案。

(3) 年度–问题分类法,即首先把全宗内档案按年度分开,然后在每个年度下面再分问题。这种方法适用于立档单位内部机构变化复杂,或由于机构间分工不明确、文书工作不正规等原因而难以区分文件所属机构,以及没有内部机构或内部机构简单的全宗。

(4) 问题–年度分类法,即首先把全宗内档案按问题分开,然后在每个问题下面再分年度。这种方法多适用于撤销机关档案和历史档案。

这四种联合分类法都可与保管期限结合,保管期限可以放在第三层,也可以前置为第一层。

由于性质不同的立档单位其职能等情况千差万别,所以具体到某一个单位,分类方案是不一样的。因此,本教材以事业单位和企业两种不同的立档单位为例,对分类方案的制订方法进行说明。

(1) 事业单位档案:

以高等学校为例,针对高校以教学与科研工作为主的职能特点,有《高等学校档案实体分类法》[①],该分类法以年度分类法设置一级类目,这是因为,年度分类法容易掌握,具有较好的稳定性与规律性,且在档案排架上不用预留空架位。二级类目按问题分类法设置以下类别:

1. 党群:主要包括学校党群部门在工作中形成的文件材料。

2. 行政:主要包括行政职能部门(教务、科研、开发、基建、设备、外事、财务等部门除外)工作中形成的文件材料。

3. 教学:主要包括教学管理和教学实践活动中形成的文件材料。

4. 科学研究:主要包括科学研究管理和科研实践活动过程中形成的文件材料。

5. 产品生产与科技开发:主要包括产品生产、科技开发管理及活动过程中形成的文件材料。

6. 基本建设:主要包括基本建设管理和项目建设中形成的文件材料。

7. 仪器设备:主要包括仪器设备工作管理和仪器设备申请购置、开箱验收、安装调试、管理使用、维修改造、申请报废等各个环节中形成的文件材料。

8. 出版:主要包括出版工作管理和出版活动过程中形成的文件材料。

9. 外事:主要包括外事工作管理和外事活动中形成的各种文件材料。

10. 财会:主要包括财务工作管理和会计核算活动中形成的文件材料。

每个类目再根据每类档案的特点再作分类,文书档案一般采用问题分类法,科技档案按项目、课题、设备等设置。

---

① 国家教育委员会:《高等学校档案实体分类法》(教办〔1993〕429 号),1993 年 11 月 16 日。

（2）企业档案：

企业档案分类方案一般按问题分类法设置一级类目，把企业档案分为以下类目：经营管理类、生产管理类、行政管理类、党群管理类、产品生产类、科研开发类、项目建设类、设备仪器类、会计业务类、职工管理类。可以根据公司规模、文件数量、职能活动复杂程度等实际情况增设或者减少一级类目。由于经营管理类、生产管理类、行政管理类、党群管理类等基本上是文书档案，所以也可不分这4类，统一按年度-机构，或者年度-问题（职能）的方法对文书档案进行分类。

一个立档单位形成的档案种类有多种，有文书档案、科技档案、会计档案、人事档案等，不同种类档案分类方法肯定是不同的。一般来说，企业档案分类二级及二级以下类目的设置方法如下：党群工作、行政管理、经营管理、生产技术管理类的二级及二级以下类目一般按问题或组织机构设置；产品、设备仪器类的二级及二级以下类目按产品和设备仪器种类或型号设置；科学技术研究类的二级及二级以下类目按课题性质或课题设置；基本建设类的二级及二级以下类目按工程性质或建筑项目设置。会计档案类的二级及二级以下类目可按年度、文件形式（名称）等设置，按《会计档案管理办法》①有关规定执行；干部职工档案可按《干部档案工作条例》②和《企业职工档案管理工作规定》③有关规定分类排列。

二、科技档案的整理

这里讲的科技档案整理，包括产品、科研、基建、设备四个大类档案的整理。科技档案的整理按照《科学技术档案案卷构成的一般要求》④，采用案卷级整理方法，即将归档文件以案卷为单位进行装订、分类、排列、编号、编目、装盒。这是因为，一个科技项目的文件材料作为一个集合体，具有成套性，不能分散。

第一步：分项目

首先将科技文件材料按科技活动项目分开。这里的项目，可以是一种产品、一个科研课题、一个工程项目或一套（台）设备。

第二步：组织案卷

组卷要求：

1. 案卷内科技文件材料内容必须准确反映生产、科研、基建、设备及其管理活动的真实情况。

2. 案卷内科技文件材料要齐全、完整。

3. 案卷内科技文件材料的载体和书写材料应符合耐久性要求。不能有热敏纸，不能有铅笔、圆珠笔、红墨水、纯蓝墨水、复写纸等书写的字迹。

---

① 财政部、国家档案局印发：《会计档案管理办法》（财会[1998]32号），1998年8月21日。
② 中共中央组织部、国家档案局印发：《干部档案工作条例》（组通字[1991]13号），1991年4月2日。
③ 劳动部、国家档案局：《企业职工档案管理工作规定》（劳力字[1992]33号），1992年6月9日。
④ 国家质量技术监督局：《科学技术档案案卷构成的一般要求》（GB/T 11822—2000），2000年12月11日发布，2001年5月1日起实施。

这里需要注意,组卷要在一个独立的科技活动项目范围内进行。即先分了项目再组卷,不能跨项目组卷。一套科技文件,根据数量的多少,可组成一个或若干个案卷。

组卷方法:

1. 直接针对具体项目的管理性科技文件材料放入所针对的项目里组卷。

2. 科技文件材料根据数量和形成时间情况,可按其结构或阶段等分别组卷。我们分别讲述。

(1)产品档案的组卷:简单、小型产品,文件材料较少,可按产品型号组卷。大型、复杂产品或文件材料较多的产品,按结构或阶段分别组卷。产品档案一般有以下阶段和内容:市场调研、立项——设计、产品标准——图纸、工艺——工装、包装——鉴定、检验——创优评优——质量分析。组卷时可按阶段分别组合,也可几个内容合在一起,图纸按部件分别组卷。

(2)科研档案的组卷:科研课题简单者,可按课题组卷,即一个课题的全部文件组成一个案卷。课题文件材料较多者,可按课题阶段分别组卷。科研档案一般以下几阶段:调研——申报立项——研究——试验——总结——鉴定——报奖——推广应用。具体操作可根据文件材料多少进行组卷。也可按材料性质进行组卷。

(3)基建档案的组卷:小型基建项目,文件材料较少时,可按项目组卷,即一个项目的文件组成一个案卷。大中型项目,按形成阶段组合内容分别组卷。基建档案一般分以下阶段和内容:依据性文件(可行性研究、立项、审批)——基础性文件(勘探、测绘、征迁工作、招投标)——设计文件——施工文件——监理文件——竣工、验收文件——评奖创优文件——使用、维修、改建、扩建文件。

(4)设备档案的组卷:小型设备,可按单体设备组卷。大型复杂设备,按形成阶段或文件种类分别组卷。产品档案一般有以下阶段和内容:市场调研——立项审批——购置合同——商务洽谈——开箱验收——安装调试——验收——使用维护——更新改造。组卷时按文件形成阶段、文件形式结合数量多少确定组合。

3. 引进项目中的成套科技文件材料可不拆散组卷。

4. 一个单位保存一套相关的通用图、标准图,并单独组卷;采用了这些通用图、标准图的项目,其科技文件材料组卷时可在卷内备考表中说明并标注标准图、通用图的图号。

5. 底图以张为单位单独保存和管理。

6. 产品更新换代或更换零部件时,保留新形成的科技文件材料并单独组卷排列在原产品案卷之后。

7. 设备维修中形成的科技文件材料单独组卷。外购设备中的随机文件材料可以单独组卷。

第三步:排列

科技档案案卷及卷内文件排列要遵循其形成规律和文件之间内在的自然联系和逻辑关系排序,排列时可参照如下规则:

1. 产品类案卷按产品开发设计(含初步设计、技术设计)、工艺、工装、加工制造、生产定型等工作程序或按其产品系列、结构排列。

2. 科研类案卷按课题准备立项阶段、研究实验阶段、总结鉴定阶段、成果申报奖励和推广应用等阶段排列。

3. 基建类案卷按项目依据性材料、基础性材料、工程设计（含初步设计、技术设计、施工图设计）、工程施工、工程监理、工程竣工验收等排列。

4. 设备类案卷按设备依据性材料、外购设备开箱验收（自制设备的设计、制造、验收）、设备安装调试、随机文件材料、设备运行、设备维护等排列。

5. 案卷内管理性科技文件材料按问题、时间或重要程序排列。

6. 案卷内科技文件材料排列应文字在前，图样在后。有译文的外文资料在前，原文在后。

第四步：材料修整

科技档案材料的修整主要包括两个工作：去订与折叠。

归档的科技文件材料中有金属物装订的要拆除。以件为单位的可参照文书档案的装订方法，用不锈钢钉或用线装订。

归档的科技文件材料规格大小采用 A4 标准。如果图纸尺寸大于标准规格，要采用"手风琴"式折叠成标准规格，做到大小统一，标题栏外露。如果科技文件材料小于标准规格，要采取裱贴方法。

第五步：编号

科技档案案卷有装订与不装订两种方式，对应的编号也有两种方式。

1. 装订成卷的案卷

（1）案卷内科技文件材料均以有书写内容的页面编写页号。

（2）单面书写的科技文件材料在其右下角编写页号；双面书写的科技文件材料，正面在其右下角，背面在其左下角编写页号。图样页号编写在标题栏外。

（3）成套图样或印刷成册的科技文件材料，自成一卷的，原目录可代替卷内目录，不必重新编写页号；与其他科技文件材料组成一卷的，应排在卷内文件材料最后，将其作为一份文件填写卷内目录，不必重新编写页号，可在备注中注明总页数。

（4）卷内目录、卷内备考表不编写页号。

2. 不装订的案卷

不装订的案卷，应在每份科技文件材料的右下角加盖档号章，式样见右图。档号及序号填写方法见后面步骤讲述。

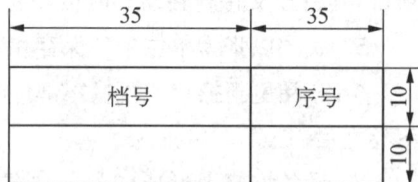

35	35
档号	序号

第六步：编目

1. 编制案卷封面

（1）案卷封面印制在卷盒的正表面，也可采用内封面形式。

（2）案卷题名应简明、准确地提示卷内科技文件材料的内容，主要包括项目名称或代字、代号及其结构、阶段的名称等，案卷题名一般由立卷人拟写。

（3）立卷单位应填写负责科技文件材料组卷的部门或项目负责部门。

（4）起止日期应填写案卷内科技文件材料形成的起止日期。

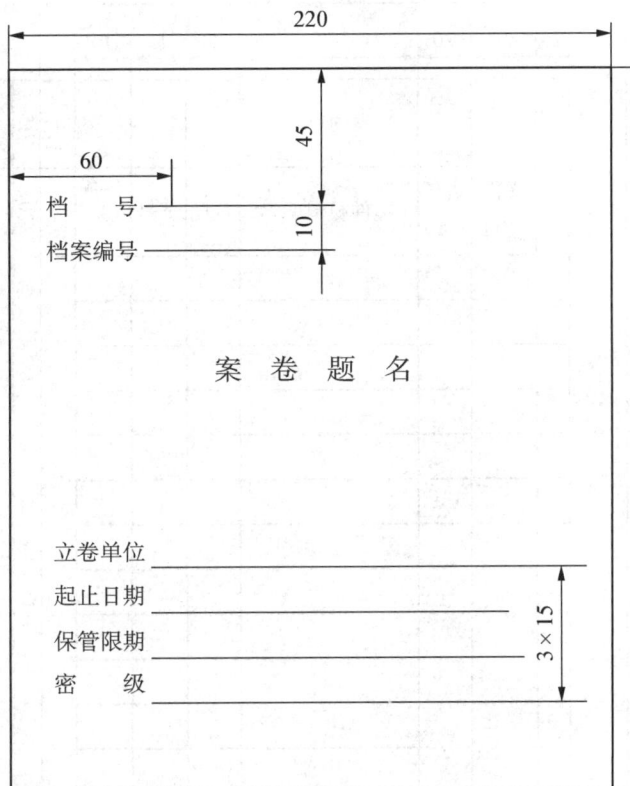

单位统一为mm

比例1:2

（5）保管期限应依据有关规定填写组卷时划定的保管期限。

（6）密级应依据保密规定填写卷内科技文件材料的最高密级。

（7）档号应填写全宗号、分类号（项目代号或目录号）、案卷号、全宗号由各单位根据本单位法人的变更情况自行设定，需向国家档案馆移交的档案，其全宗号另定；分类号是指按统一的分类规则划分本单位全部档案后所给定的类别号；项目代号是指科技档案所反映的产品、工程、课题、设备的代字或代号；目录号一般指分类目录号；案卷号是指科技档案按一定顺序排列后的流水号。

（8）档案馆号应填写国家档案行政管理部门赋予的档案馆代码。

2．编制案卷脊背

案卷脊背项目有保管期限、档号、案卷题名，式样及规格见左图。

保管期限项除填写外，也可用色标区分；红色代表永久，黄色代表长期，绿色代表短期；案卷题名可根据各单位具体情况自行填写或不填。

3．编制卷内目录

（1）序号应用阿拉伯数字从 1 起依次标注卷内科技文件材料的顺序。

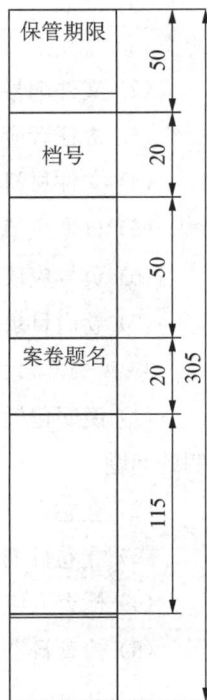

210						
25	10	20	70	20	15	15

			卷内目录			
序号	文件编号	责任者	文件材料题名	日期	页号	备注

（2）文件编号应填写科技文件材料的文号或图样的图号、设备代号、项目代号等。

（3）责任者应填写科技文件材料的形成部门或主要责任者。

（4）文件材料题名应填写科技文件材料的全称。

（5）日期应填写科技文件材料的形成日期。

（6）页号应填写每件科技文件材料首尾页上标注的页号。

（7）卷内目录排列在卷内科技文件材料首页之前。

4. 编制卷内备考表

（1）说明包括：案卷内科技文件材料的件数、页数以及组卷和案卷提供使用过程中需要说明的问题。

（2）立卷人应由责任立卷人签名。

（3）立卷日期应填写完成立卷的日期。

（4）检查人应由案卷质量审核者签名。

（5）检查日期应填写审核的日期。

（6）互见号应填写反映同一内容而形成不同且另行保管的档案保管单位的档号。档号后

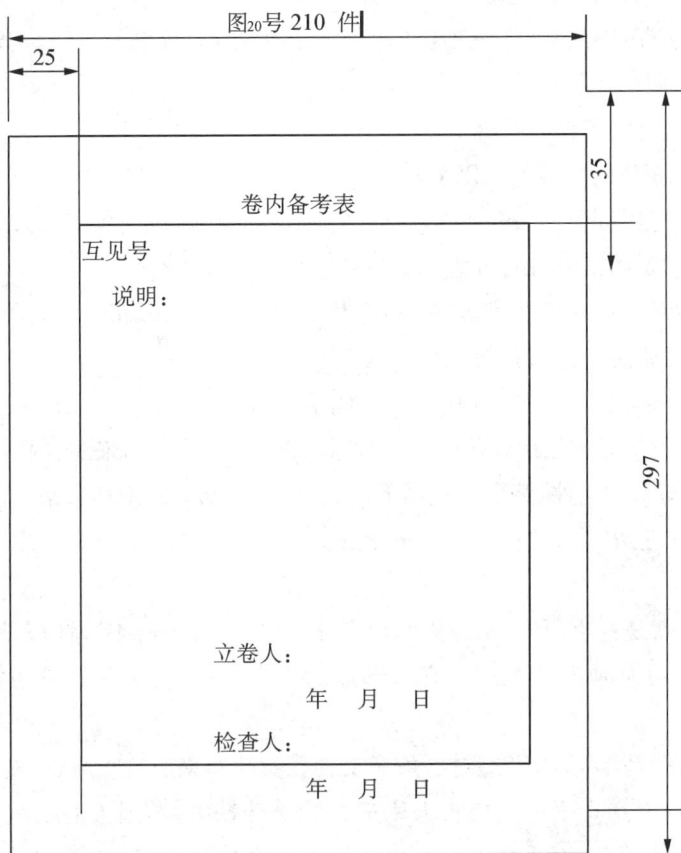

图₂₀号 210 件

卷内备考表

互见号

说明:

立卷人：

　　　年　月　日

检查人：

　　　年　月　日

应注明档案载体形式，并用括号括起。

（7）卷内备考表排列在卷内文件材料之后。

第七步：装订、装盒

采用装订方式的，用档案行政机关统一监制的软卷皮，将卷内目录、归档文件材料和备考表一起装订成册，装订方式用三孔一线。装订成册后再装入科技档案盒内保存。

采用不装订方式的，可将卷内目录、归档文件材料和备考表依次装入科技档案盒内。

第八步：入库上架

科技档案排架按最小类目排列。排列顺序从上到下，从左到右。因为一个项目的科技档案不是一次完成的，是个不断积累的过程，所以入库上架时换个小类就要另起排列，每个类后面都要空出相应空间，以便存放新增加的档案。

第四节　档案的鉴定

一、档案价值鉴定工作的内容与原则

（一）档案价值鉴定工作的定义

所谓档案鉴定，可以包括档案真伪鉴别和档案价值的鉴定。在档案实体管理工作中，档案鉴定主要是指档案保存价值的鉴定,即本章所讲的档案价值鉴定。

档案价值鉴定,是指档案实体管理机构按照一定的原则、标准与方法,判定档案的价值,进而确定档案保管期限的工作。

（二）档案价值鉴定工作的内容

档案价值鉴定工作的内容包括以下几个方面:

1. 制定档案价值鉴定的标准,通常包括单行规定和档案保管期限表等。

2. 依据标准判定档案材料的价值,确定存毁以及保管期限。

3. 剔除无保存价值和保管期满的档案,按规定进行销毁或做相应的处理。

（三）档案价值鉴定工作的原则

档案鉴定工作要全面、历史、客观地判定档案的价值。

1. 所谓全面,就是全方位地评价一份文件或一卷档案,从它的来源、内容、载体、时间以及其他特点上,从它与其他文件、档案的联系上,从它已经起到的作用和未来可能发挥的作用上,从政治、历史、经济、艺术等多方面价值领域上,从党政机关、工人、农民、学生、居民等不同角度上,权衡它的价值。

2. 所谓历史,就是尊重历史,用历史的观点评价档案的价值。因为档案是历史的记录,所以在分析档案价值时必须把档案放在它所形成的历史环境中,去具体分析档案的内容和形式,判别其价值。

3. 所谓客观,就是不带主观随意性,按照文件档案的本来面目和原意,实事求是地公正地评价文件档案,尤其是历史事件和历史人物形成的文件档案,不因人的功过是非或事件的结论影响其档案的价值评定,不凭个人的好恶和情感取舍文件档案,也不因某人或社会上某种因素影响对档案的评价。

此外,还要考虑效益因素,比较保管的成本与效用,从总体上考虑是否值得保存。

二、鉴定档案价值的标准

档案价值鉴定是档案工作者对档案价值的认知,为避免和降低主观随意性,确保鉴定质量,必须建立明确的档案价值鉴定标准。

档案的有用属性决定了档案价值是客观存在的,而同时档案价值的体现又依赖于社会需求。因此,鉴定档案价值的标准主要包含档案属性和社会需求两个方面,同时还要考虑一些相关因素。

（一）档案属性标准

档案属性标准主要包括来源、内容、时效与时间及形式特征等几个方面。

1. 来源标准

来源是指档案的形成者。档案形成者在社会结构中的地位重要,形成档案的活动项目重要,这些档案通常也具有较高价值。

从文件责任者与档案形成者的关系看,本单位发文通常也是该单位档案中具有较高价值的部分,是该单位保存的重点。

2. 内容标准

文件的用途以及价值是同文件所记载的内容紧密联系在一起的,因而文件内容是判定档案价值最重要、最本质、最关键的因素。内容标准主要把握以下几个方面:

(1) 文件内容的重要性。

(2) 文件内容的独特性。

(3) 文件内容的真实性。

(4) 文件内容的综合性或集中性。

3. 时效与时间标准

一方面,有些档案文件是有时效的,在其现行效用丧失或者某方面的特定需求消失后,其价值就降低甚至丧失。另一方面,一些具有较高历史、文化、科学价值的档案,随着时间的推移,尤其是其同时代的档案逐渐稀少后,价值会愈来愈高。所以"高龄案卷应该受到尊重"。对这两方面的情况,在鉴定时都应该重视。

4. 形式特征标准

档案的形式特征主要包括文种、责任者、文本、载体形态、记录方式等等。档案的形式特征也可能对档案的价值有一定影响。

(1) 文种即名称。如决定、决议、命令、指示性通知等文件,一般具有权威性和重要性,往往价值较高;而事务性通知、简报、来往函件等,有可能价值较低。

(2) 责任者。在一个单位中,文件的具体撰写人和制发机构也会对档案价值产生影响。本单位的决策部门、综合性部门、主要职能部门、人事部门和外事部门制发的文件大多能比较直接地反映本单位主要职能活动和基本情况,其中具有长久保存价值的文件比例较高,而一般行政事务性部门、后勤部门形成的文件中具有长久保存价值的文件比例则相对较低。

(3) 文本。文件在撰制过程中可以形成不同的稿本,如正本、副本、草稿、定稿、底图、蓝图等。文件的稿本不同,其功效和作用也有区别,其价值自然也不同。一般来说,正本比副本价值高,定稿比草稿价值高。

(4) 载体形态和记录方式。文件会因为载体的古老或珍稀,有艺术价值的书法或装帧,有名人手迹或题词等原因具备较高的保存价值。

档案属性的各个方面相互联系,不可分割。档案自身各方面的特征,对档案价值的影响,往往比较复杂。在分析和判定档案价值时,应该综合地分析文件各个方面的特征及其作用,全面地分析文件来源、内容和形式特征等多种因素,进而科学判定档案价值。

(二) 社会需求标准

档案价值是客观存在的,但是档案价值的实现有赖于社会需求方能体现。从社会的利用需求和效益去评判档案价值,是档案价值鉴定工作的重要切入点。社会利用需求,通常包括以下三个方面:

1. 社会需求趋势。不同历史时期,不同层次、不同目的的利用者所需要的档案内容有很大差别,档案人员要站在社会总需求的高度,把握公民个人、机关以及社会各方面的各种需求。

2. 社会需求广度。鉴定档案时,要考察每份文件的社会意义,避免片面地以个别需要为鉴定标准。

3. 社会需求时效。鉴定人员必须研究利用者对各种档案需要时间有多长,并据此决定档案的保管期限。

(三) 相对价值标准

1. 相关档案的保存状况。包括所存档案的完整程度、可替代程度和各全宗之间档案的重复性。简单来说,所存档案比较完整的,其内容能独立反映一方面问题的,与其他全宗较少重复性的,其价值可能就相对较高。

2. 保管条件和费用。保管条件和费用较宽裕的单位,可适当扩展保管档案的范围,延长保管期限。要考虑保管费用支出与档案效用的投入产出比。当然这里的效用,除针对本单位外,还包括社会效益和长远效益。

三、档案保管期限表

(一) 定义

档案保管期限表,是用表册的形式列举档案的来源、内容和形式,并指明其保管期限的一种指导性文件。它是鉴定档案价值和确定档案保管期限的依据和标准,是档案鉴定原则和标准的具体化。使用保管期限表有利于提高鉴定工作的质量和效率,可以比较有效地防止档案价值鉴定过程中因鉴定者主观性而导致的局限性与片面性。

(二) 类型

档案保管期限表通常包括以下几种:

1. 通用档案保管期限表

通用档案保管期限表由国家档案行政管理机关编制,供各社会组织鉴定档案时使用。通用保管期限表概括性强,可在全国通用,是制定其他各种保管期限表的依据。

2. 专门档案保管期限表

专门档案保管期限表由国家档案行政管理机关和(或)专业主管机关编制,供各社会组织在鉴定专门档案时使用。

3. 同系统社会组织档案保管期限表

由专业主管机关编制,供同一系统内各社会组织鉴定档案价值时使用。

4. 同类型社会组织档案保管期限表

由档案行政管理机关或专业主管机关编制,供同一类型社会组织鉴定档案时使用。

5. 社会组织档案保管期限表

由各社会组织根据自身档案具体情况编制,供本组织鉴定档案时使用。这种保管期限表内容具体,对各社会组织的档案鉴定工作起直接的指导作用。

(三) 结构

通常情况下,保管期限表的主要成分包括顺序号、条款、保管期限、附注以及说明等几个部分。条款较多的保管期限表可以加上类别。

1. 顺序号

顺序号是在各条款前固定条款排列位置的号码。顺序号可作为鉴定工作人员使用档案保管期限表时引用条款的代号。

2. 条款

条款是同一组类型相同的文件的标题。拟制条款时,要求能反映出一组文件的来源、内容、名称和形式特征,文字要求简明确切。在保管期限表中,每一条款代表一组具有内在联系的文件。这些文件价值可以是相同的也可以是不相同的,当条款内文件价值不相同时,可在条款下分别列出不同保管期限。

3. 保管期限

划分档案保管期限是档案价值鉴定的主要任务,因而确定档案保管期限就是编制档案保管期限表最关键的问题。

对于文书档案而言,档案保管期限一般分为永久和定期两类,其中,定期又分为30年和10年。科技档案保管期限可按照《企业档案工作规范》[①],分为永久、30年和10年。会计档案的保管期限执行《会计档案管理办法》,会计档案的保管期限分为永久、定期两类。定期又分为3年、5年、10年、15年、25年5档。

总之,档案保管期限应根据文件对各社会组织、国家和社会所具有的现实价值和今后工作中的查考、凭证作用,以及历史研究价值确定。凡是反映本单位主要职能活动和历史面貌,对本单位、国家和社会有长远利用价值的文件,列为永久保管,反映本单位一般工作活动,在一定时间对本单位各项工作有参考利用价值的文件,列为定期保管。

4. 附注

附注是对保管期限表中某些条款及其保管期限所做出的必要注释和说明。

5. 说明

指出保管期限表的使用范围,制定保管期限表的依据,保管期限表的结构,保管期限的计算方法,保管期限表的批准机关以及其他相关事项。

总之,各机关、企业在制定档案保管期限表时,可以以《机关文件材料归档范围和文书档案保管期限规定》[②]、《企业档案工作规范》等规章与标准中的保管期限表为依据,结合组织内部的具体情况加以细化。要进一步提高保管期限表的科学性、针对性和可操作性。

四、鉴定档案价值的方法

(一) 直接鉴定法

无论定性分析方法还是定量分析方法,都只是提出了怎样分析和认识档案价值。即便是档案保管期限表对各类型档案材料的保管期限做了明确规定,但其条款也不可能反映出实际工作中形成的档案材料的一切特点,不能包括所有的档案材料,保管期限的最终确定还是需

---

① 国家档案局:《企业档案工作规范》(DAT/42—2009),2009年11月2日发布,2010年起实施。

② 国家档案局:《机关文件材料归档范围和文书档案保管期限规定》(国家档案局令第8号),2006年9月19日起实施。

要档案鉴定人员直接去审查档案材料。即运用直接鉴定法。

直接鉴定法是直接地、具体地审查档案。鉴定人员根据档案价值鉴定的原则与标准,根据档案的实际情况判定档案价值。鉴定工作人员须逐件、逐页(张)地阅读、审查档案材料,从它的内容、作者、可靠程度等方面,去全面考察分析并确定其价值,而不能只根据文件题名、文件目录、文种、案卷题名、案卷目录去确定档案的价值。直接鉴定法长期使用于传统载体档案的鉴定,并且行之有效。

(二) 间接鉴定法

在电子文件时代,按照新职能鉴定论,又出现了一种新的鉴定方法,就是间接鉴定法,也叫批量鉴定法,就是把鉴定标准侧重于文件形成者和文件所从属的职能、任务或活动,由此出发去推断文件的潜在价值。由于文件形成者在社会结构中所处的地位,即所扮演角色的重要性,形成文件的职能或项目在社会活动中所处地位或所发挥作用的重要性,归根结底,会对档案价值具有重要的甚至是决定性的作用,通过文件形成者及其职能来判定档案价值的方法,无需对文件具体情况进行微观分析,具有简便易行,效率很高的优点。间接鉴定法较多运用于对电子文件实施前端控制的归档前的鉴定,可以通过在电子文档管理系统中事先设定鉴定功能来实施。

五、档案价值鉴定工作的制度及其实施

(一) 档案价值鉴定工作的制度

档案价值鉴定工作制度主要包括以下内容:

1. 确立统一的鉴定标准

国家档案行政管理机关制定统一的全国性鉴定标准,各地区、各系统、各社会组织根据其制定具体的鉴定标准,这些标准是各社会组织开展鉴定工作的依据。

2. 鉴定工作的组织领导

档案鉴定工作须有组织、有领导、有计划地开展,各社会组织应建立鉴定工作组织,加强对鉴定工作的领导,提高鉴定工作的效率与质量,防止片面性和草率从事。

各社会组织应成立由主管领导、职能部门、专业技术人员和档案人员组成的档案鉴定委员会(或小组),负责确定文件保管期限和到期档案鉴定。

3. 销毁档案的批准与监销制度

根据档案法规定,销毁档案应编制销毁清册,办理审批手续,并坚持执行监销制度。

各社会组织销毁档案,须经领导人批准。销毁档案应注意安全保密,一般应有两人以上监销。销毁后监销人应在销毁清册上签字盖章,并注明销毁方式和日期。

4. 制定档案保管期限表,实行审批制度

各社会组织应根据国家档案行政管理机关和有关主管部门的相关规定及全国性通用保管期限表,结合本组织职能和工作实际,编制本组织适用的文件材料归档范围和档案保管期限表,经同级档案行政管理部门审查同意后执行。

(二) 档案价值鉴定工作的实施

机关文件归档时,首先应该确定文件是否属于归档范围;紧接着,确定归档文件的保管期

限。到一定年限时,进行档案价值复审。复审有两种:一是移交复查,对需要向档案馆移交的档案的保管期限进行审查;二是到期复审,即期满鉴定,对于保管期限已满的档案重新审查其价值。

期满鉴定可以根据相关档案社会需求的变化情况,对原定保管期限作必要调整,该延长的当然要继续保留,而对确已丧失保存价值的档案,则应该及时处置。为稳妥起见,对于决定销毁的档案,可以缓期执行,但切忌长期不处置。

(三)档案的销毁

经鉴定,对保管期满确无保存价值的档案应登记造册,填写销毁清册,经企业法定代表人或者单位主要负责人批准后监督销毁。销毁清册永久保存。

第五节 档案的保管

一、档案保管工作的主要任务与要求

(一)档案保管工作的主要任务

档案保管工作,就是档案的保护和管理,是指对已整理好并入存库房及其柜架中的档案进行日常的维护、保护性管理工作。

档案保管工作的主要任务是:

1. 建立和维护档案的存放秩序,使档案在存放和使用中始终有序。

2. 尽可能使档案在存放和使用中不受或少受人为的或自然因素的损害,以延长其寿命,主要是档案物质实体的“自然寿命”。

3. 维护档案的完整,努力确保档案不分散不残损。

4. 维护档案的安全,努力确保档案不丢失不泄密。

(二)档案保管工作的要求

档案工作的实践告诉我们:一方面要求把档案长期地保管下去,为维护历史真实面貌和社会的进步与发展服务;另一方面档案的“寿命”又是有限的。档案保管工作的根本目的就是解决这个矛盾。为此,档案保管工作要做到:

第一,要求建立科学的档案库房管理制度,如进出库制度、检查制度等,逐步实现档案管理的规范化。

第二,配备适宜档案安全保存的专门库房和装具,配备防盗、防火、防光、防有害生物等必要的设施,确保档案的安全与完整。

第三,根据档案事业发展的需要和可能,配备先进的档案管理技术和设备,实现档案管理的现代化。

二、档案库房的管理

(一)库房管理制度

1. 进出库制度

包括人员进出库制度和档案进出库制度。

人员出入库管理制度,是对进出库房的人员及其进去的方式、时间、要求等做必要的限制与专门的规定。一般情况下,档案库房只允许库房管理人员进入,非库房管理人员原则上不允许进入。因工作需要,如参观、维护库房、设备等需进入库房时,则需对进入库房的人员、时间、目的进行登记,并在库房管理人员的陪同下进入。非工作时间一般不允许进入库房。

建立档案进出库制度要求档案部门应加强对库存档案变化情况的管理,建立档案收进、移出登记和档案借阅代卷卡,保证账物符合,完整无缺。档案室(馆)所藏档案材料实体与档案材料的目录要相吻合,档案的收进、移出、保存、销毁、展出等都必须有严格的手续,随时掌握档案的库存量、借出量、阅览量、移出量、销毁量,确保档案不丢失。

2. 检查制度

档案库房要做到定期检查和清点。定期检查的内容重点是档案实体和库房的理化性状,以发现是否有霉变、虫蛀等现象和迹象,库房中是否有潜在的隐患等因素存在,以及档案的进出库是否履行了有关制度,等等。定期清点目的在于及时发现档案实体秩序的错乱及档案丢失或去向不明等,并随手予以纠正。

3. 档案库房安全管理制度

电力、电器等设备的安装使用不当,是档案库房的主要安全隐患之一。档案库房安全管理要做到:档案库房的电器设备,应定期检查、保养,发现隐患及时排除。严禁工作人员擅自改接电线、电源。严格控制档案库房中使用明火、电炉、电熨斗等电器设备。严禁在库房吸烟。档案库房中的空调机、去湿机、微波杀菌灭虫机等设备要有专人管理。库房应配足灭火工具,并安放在便于取用的地方,消防通道严禁堆放杂物,库房管理人员应学习消防的基本知识并掌握灭火的技术方法。等等。

4. 档案馆突发事故及灾害应急预案

为了最大限度地避免或减轻突发事故及灾害可能对档案造成的危害,提高保障档案安全和处置突发事故及灾害的能力,各级国家档案馆应本着预防为主的原则,结合本馆实际,制订档案馆突发事故及灾害应急预案。

(二)库房管理措施

1. "八防"措施

档案保管工作中所说的"八防",通常是指防火、防水、防潮(霉)、防有害气体、防虫、防光、防尘、防盗。要配置档案库房防火、防盗监控设备,包括无线红外探测器、烟感、温感火灾探测器、自动报警器、气体灭火设备等。库房建筑要符合《档案馆建筑设计规范》[①],要采用合格的档案装具等。

除了做到以上"八防",还要注意防鼠、防磁等。

2. 库房温湿度控制

库房的温度和湿度直接影响档案的寿命,根据目前的研究结果,较为适宜的库房温度和湿度范围分别是:温度:14℃—20℃,相对湿度:50%—65%。电子文件管理对库房温湿

---

① 中华人民共和国住房和城乡建设部:《档案馆建筑设计规范》(JGJ25—2010),2010年8月3日发布,2011年2月1日起实施。

度有更严格的要求,库房温度应控制在 17℃—20℃ 之间,而相对湿度应控制在 35%—45% 之间。

三、全宗卷

(一) 全宗卷的性质和作用

全宗卷是档案馆(室)在管理档案全宗过程中形成的、能够说明该全宗历史情况的各种文件材料所组成的专门案卷。按有关规定,每一个全宗都要建立全宗卷,记载立档单位和全宗历史变化情况。

全宗卷是档案馆(室)管理全宗的一种工具,可以为该全宗档案的整理、鉴定、统计和利用服务提供帮助,为进一步收集该全宗档案提供重要的依据,是档案工作人员掌握全宗情况不可缺少的材料。

(二) 全宗卷的内容

1. 在收集档案过程中形成的文件材料,如档案交接文据、移交目录、接收、征集记录,档案来源和价值说明等。

2. 在整理档案过程中形成的文件材料,如整理工作方案、分类方案、案卷目录说明、整理工作小结等。

3. 在鉴定档案过程中形成的文件材料,如鉴定小组成员名单、档案管理期限表、档案鉴定分析报告、销毁档案的请示与批复、销毁清册等。

4. 在保管档案过程中形成的文件材料,如档案安全检查记录、报告、对重点档案采取的特殊保护措施等。

5. 在提供利用档案过程中形成的文件材料,如全宗指南(全宗介绍),开放和控制使用说明,档案利用的重要登记等。

6. 在统计档案过程中形成的文件材料,如档案收进、移出登记,案卷基本情况统计和重要的利用统计表等。

四、档案保护技术入门

(一) 档案制成材料损坏原因

一是内因,即档案制成材料及记录材料的耐久性。档案制成材料的质量好,耐久性就好,档案的寿命也就长;质量差,耐久性就差,档案的寿命就短。记录材料的耐久性取决于字迹色素成份耐久性以及字迹转稳固方式。

二是外因,即保管保护档案的自然的、社会的环境与条件。在不适宜的温度、湿度、光线、水、火灾、灰尘污染、磁场、机械磨损和有害气体(SO_2、H_2S、NO_2)以及害虫、霉菌等环境影响下,档案的寿命就会明显缩短。

(二) 纸质档案及其耐久性

1. 纸张耐久性

纸张的耐久性主要与纤维素、半纤维素、木素以及机械造纸的生产工艺过程有关。我们这里重点说说纤维素对纸张耐久性的影响。

纤维素水解是档案纸张损坏的重要因素之一。纤维素水解是指纸张纤维素和水在酸或酶的作用下,生成水解纤维素的过程。纸张随着纤维素的水解,发黄变脆,强度与耐久性不断降低,最后完全遭到损毁。影响纤维素水解的因素有:

(1)水分(湿度):湿度是纤维素水解的必要条件。纸张中含水量高,纸中的酸性物质容易转化成酸,更有利于水解。档案纸张的含水量与档案库房的相对湿度有关,湿度大,纸张含水量高,有利于纤维素水解。因此,在保护档案过程中要控制环境的湿度。

(2)酸:酸是纤维素水解的催化剂,加速水和纤维素的反应。档案纸张在加工过程中残留的酸及空气中的酸性有害气体、灰尘及微生物的污染都能加快纤维素的水解。

(3)酶:酶是微生物霉菌的分泌物,是一种生物催化剂,档案长霉时,霉菌分泌出酶使档案纸张中纤维素水解,从而失去机械强度。

(4)温度:温度升高纤维素水解速度加快。当温度在10℃以上时,每升高10℃,纤维素水解速度加快1—2倍。因此,档案保存在低温环境中,有利于降低纤维素水解速度。

(5)时间:纤维素水解时间越长,水解反应进行就越彻底。

另外,纤维素氧化也是档案纸张损坏的重要原因之一。纤维素氧化后纸张变脆,机械强度下降。普通条件下极缓慢,但在热、光、潮湿条件下,氧化加速。如:报纸放在窗台上晒,光氧化作用加速,变脆。

2. 字迹材料耐久性

字迹材料,是指在文件形成过程中,用于在纸上书写、印刷的材料。字迹材料能否耐久,决定于两个因素:

(1)字迹材料色素成分的耐久性:

碳黑:最耐久的色素成分。碳黑的耐光性和耐久性好,有极强的吸附性,能和纸张牢固地结合,其化学性稳定,耐酸碱,不溶于水、油和普通溶剂,同时也耐氧化,是最耐久的色素成分。墨、墨汁、黑油墨、黑铅笔等的色素成分都是碳黑。

颜料:属于比较耐久的色素成分,不易溶于水、油和其他溶剂,有一定的耐酸碱性。颜料分为无机颜料和有机颜料两种,无机颜料比有机颜料耐久。蓝黑墨水、彩色油墨、红蓝铅笔、印泥、铁盐线条等的色素成分即为颜料。

染料:属最不耐久的色素成分,它易溶于水、油或其他溶剂,耐光性差,不耐酸碱。纯蓝墨水、红墨水、复写纸、普通圆珠笔、印台油(号码机)、重氮盐蓝图等的色素成分即为染料。

(2)字迹色素与纸张结合的牢固程度:

结膜方式:当字迹材料写在纸上时,能够在纸上形成一层薄膜,与纸张纤维粘着力牢固、耐磨擦,不易使色素成分扩散,这种结合方式最耐久。比如:印刷等等。

吸收方式:字迹材料写在纸上时会被纸张纤维吸收,这种字迹材料耐磨擦,但由于没有形成结膜,字迹材料易扩散,这是一种比较耐久的结合方式。

粘附方式:指字迹材料写在纸上时,既没有结膜,也没有被吸收,只是粘附在纸张上,这种结合方式不耐磨擦,是最不耐久的结合方式。如铅笔、重氮盐线条等。

3. 影响档案字迹材料耐久性的其他因素

（1）光：使字迹材料褪色、变色。

（2）空气中的氧化剂：光、氧同时作用引起光氧化作用，纸张发黄、变脆，强度下降，有机染料字迹褪色。

思考练习题

1. 什么是通用档案保管期限表？什么是期满鉴定？什么是直接鉴定法？什么是全宗卷？

2. 不同种类的文件归档时间有何不同？

3. 比较文书档案和科技档案整理步骤的异同。

4. 从档案损坏的原因分析为什么要做好库房的温湿度管理。

案例分析题

1. 以下为某房地产公司档案分类表，试对其科学性与可行性进行分析。

0 类　党群工作类（略）

1 类　行政管理类：（略）

2 类　经营管理类：（略）

3 类项目管理类：

3.1 项目的研发成果。

3.2 项目营销策划方案、市场调研报告；售楼部相关事宜。

3.3 项目广告。

3.4 各项目销售价格方章、销售手册、销售分析、销售总结。

3.5 宗地情况。

3.6 工程三算审查表、工程预结算书。

3.7 工作联系单，经济签证限价资料，中标价格资料。

3.8 加工材料收货单，各项扣款单。

3.9 项目规划设计草案相关文件。

3.10 计划立项批文，投资许可证，用地规划许可，设计中标，开工证明等。

3.11 总平面图建设工程规划许可证，各类施工图审核意见。

3.12 房地产证、预售查账报告，预售许可证。

3.13 公司管理业务合同，财务管理等合同。

4 类物业管理类

4.1 房产　4.1.1 报表　4.1.2 账目　4.1.3 清册

4.2 住户　4.2.1 业主　4.2.2 租户

4.3 租赁　4.3.1 商业租赁　4.3.2 住宅租赁

4.4 修缮

5 地块和房产销售档案

6 基本建设工程

6.1 按项目设置类目

6.1.1 工程准备阶段文件

6.1.2 监理文件

6.1.3 施工文件

6.1.4 竣工图

6.1.5 竣工验收文件

6.1.6 其他

7 设备仪器类（略）

8 会计类档案（略）

9 人事档案（略）

10 声像、实物档案（略）

2. 以下是某企业的文书档案保管期限表，试对其科学性与可行性进行分析。

企业综合档案室档案保管期限表（文书档案部分）

1. 董事会及经理办公会议会议记录、纪要、决议 ·········· 永久

2. 党支部、团委、工会、妇工会计划、总结、报告及其会议记录 ·········· 30 年

3. 党团工会等统计年报、名册、登记表 ·········· 永久

4. 职工代表大会材料 ·········· 永久

5. 有关企业、人员先进表彰、处分决定等 ·········· 30 年
（省级以上先进和人员开除处分为永久）

6. 党团组织介绍信、存根 ·········· 30 年

7. 思想政治学习、文明建设等材料 ·········· 30 年

8. 企业规章制度、规定 ·········· 永久

9. 工会等部门工作规定、制度 ·········· 30 年

10. 企业召开的各类工作会议和专业会议材料 ·········· 30 年

11. 企业编写的大事记、年鉴、企业沿革、年度工作计划、总结等 ·········· 永久

12. 企业各部门年度总结、计划、考核等材料 ·········· 30 年

13. 企业文书处理、档案、保密工作、保卫工作形成的
材料 ·········· （重要）30 年
·········· （一般）10 年

14. 企业编印的简报、报纸、杂志、图书的定稿和正稿 ·········· 30 年

15. 有关企业升级、申报的省级以上先进材料 ·········· 永久
省级以下的材料 ·········· 30 年

16. 企业领导出席重要活动的材料 ·········· 永久
一般活动的材料 ·········· 30 年

17. 企业建立、名称变化、印章启用及各部门设置、撤并、董事会成员变化，
经理任免 ·· 永久

18. 企业各部门负责人任免、聘用、定级、确定工资及职称评定等 ·········· 30 年

19. 企业参加外事活动材料 ··· 永久

20. 企业职工教育、培训等材料 ··· 30 年

21. 企业后勤福利、医疗卫生等材料 ·· 10 年

22. 企业制定的发展长远规划、年度经营计划 ····································· 永久

23. 企业制定的财务管理方面的材料 ·· 30 年

24. 企业有关市面上场问卷调查、市场分析等材料 ······························ 30 年

25. 企业与各单位签订的各种协作特许经营书 ···································· 30 年

26. 企业各类专卖、销售方面的统计报表 ··· 30 年

27. 企业有关经营专类方面的材料、简报 ··· 10 年

28. 企业制定的生产计划以及实施过程中的记录、安全操作规程及改进意见 ····· 30 年

29. 企业有关质量管理的规定、质检报告、质量事故分析 ······················· 30 年

30. 本单位制定的企业标准 ··· 30 年

31. 企业有关能源、环保、工业、卫生、计量方面的材料 ····················· 30 年

32. 有关企业章程、资产组成资料 ··· 永久

33. 企业有关商标注册等材料 ·· 永久

34. 企业有关原料标志等材料 ·· 永久

3. 以下节取的是某企业档案保管期限表中党群类档案的"组织工作"部分,试对其科学性与可行性进行分析。

2	组织工作	
2.1	党员干部考察、考核、任免、政审决定等	永久
2.2	入党、转正、退党、转入、转出等决定及党员名册	永久
2.3	党委(总支、支部)组织工作的规章制度	30 年
2.4	党群机构设置、调整、人员编制等方面的决定及通知	30 年
2.5	党费收支与党组织关系信及存根	30 年
2.6	党员学习教育等活动形成的文件	
2.6.1	重要的	永久
2.6.2	一般的	10 年
2.7	党员统计年报、计划总结、组织发展计划	30 年

第九章　档案资源开发

档案资源开发是档案馆(室)主动提供利用的重要准备。学习本章,要求了解编目是档案资源开发的重要路径和进一步深度开发的前提与基础;编研则是促进档案资源深度开发的关键环节。

第一节　档案的编目

计算机技术和网络通讯技术的发展,有力地推动了档案资源开发工作的深化,极大地促进了档案著录、标引和编目工作的变革与创新。本节着重讲述档案的著录与标引、档案检索工具的编制和档案计算机检索系统的建立等方面的内容。

一、档案编目工作概述

档案编目是指档案馆(室)对档案进行著录、标引和条目组织,制作目录的工作,是档案管理中的一项重要内容。

档案在经过分类、装盒、排列以后,即开始编目工作。首先进行的编目是对档案整理成果的固定与归纳,主要包括编制卷内文件目录、案卷目录、归档文件目录和全宗目录,以及案卷封面的编目(拟定案卷题名,填写卷内文件起止日期、编制单位、保管期限和案卷密级等)等,为下一步档案的保管和提供利用奠定基础。这些,也可以视为档案整理工作的一部分。其次,在著录、标引,形成条目的基础上,建立档案目录数据库即计算机检索系统,编制多种类型的目录、索引和指南。

二、档案检索语言

(一) 档案检索语言的概念

检索语言也称标引语言、标识语言,是为了提高检索工作的效率与质量而把信息存储与信息检索连结对应起来的一种人工语言,它可以为检索系统提供一种作为基准的、统一的、规范化的专门语言,是将信息标引人员与检索人员沟通起来的工具与桥梁。

档案检索语言具有单义性和专业性的特点。检索语言的单义性是指一种检索语言只能代表某一种特定含义,不能为其他语言所替代,从而达到一词一义的目的。检索语言的专业性是指档案检索语言的词汇及其编排都要符合档案的特点,以便档案的标引与档案的查找利用。

(二)《中国档案分类法》

《中国档案分类法》[①]于 1987 年编制出版的,后经大幅修订,1996 年出版第 2 版,主要用于档案分类标引和组织档案分类目录。适用于我国各个历史时期形成的各类档案。

《中国档案分类法》由编制说明和中华人民共和国档案分类表、新民主主义档案分类表、民国档案分类表及清代档案分类表四个分类表组成。四个分类表的结构大体相同,由基本大类、主表和辅助表组成。以中华人民共和国档案分类表为例:

1. 基本大类

以一览表的形式将中华人民共和国档案分类表的 19 个基本大类及其代码标识列举出来。

> A 中国共产党党务;
>
> B 国家政务总类;
>
> C 政法;
>
> D 军事;
>
> E 外交;
>
> F 政协、民主党派、群众团体;
>
> G 文化、教育、卫生、体育;
>
> H 科学研究;
>
> J 计划、经济管理;
>
> K 财政、金融、保险、审计;
>
> L 商业、旅游业、服务业;
>
> M 农、林、牧、渔业;
>
> N 工业;
>
> P 交通;
>
> Q 邮电通信;
>
> R 城乡建设、建筑业;
>
> S 环境保护;
>
> T 海洋、气象、地震、测绘;
>
> U 标准、计量、专利。

每一大类下,再视需要分设若干属类,一般设 5 级类目,也有的设 7 或 8 级类目,形成等级分明、次第清楚的分类系统。

2. 主表

主表是分类表的主体,详细列举出每一大类下各个属类的名称和代号,由词汇、语法、符号体系和注释组成。

---

① 《中国档案分类法》编委会:《中国档案分类法》,北京:中国档案出版社,1987 年。

词汇是指类目名称，以分类号为代码。如"G"代表"文化、教育、医药卫生、体育"。例如：

```
G    文化、教育、医药卫生、体育
GA    文化
GA1    文学
……
GB 教育
……
```

语法是指用词汇表达的类属之间的关系，包括并列关系和从属关系。如"G"与"GA"之间是从属关系，"GA"与"GB"之间是并列关系。

符号体系是用人为规定的符号体系代表类目的逻辑体系。如"G"是一级类，由"文化"、"教育"、"医药卫生"、"体育"四个方面组成，所以用"GA 文化"、"GB 教育"、"GC 医药卫生"和"GD 体育"来分别表示二级类。字母之后，用数字表示下属类目的划分，如"GA1"。

3. 辅助表

辅助表又称复分表。由于分类表采用的是列举式的分类方法，造成分类体系相当庞大，为了简化分类表，对分类表中某些具有共性的类目，从主表中抽取出来而分别汇编成各种复分表。适用于整个分类表各大类的，称为通用复分表；仅适用于某一类目中各下属类目或若干相近类目的，称为专类复分表。《中华人民共和国档案分类表》共设置了5个通用复分表，均附于主表之后，包括综合复分表、世界各国和地区表、中国地区表、中国民族表和科技档案复分表。

（三）《中国档案主题词表》

《中国档案主题词表》[①]是一部由反映档案内容的规范词目组成的词典，是进行档案主题标引和主题查检的语词控制工具，是供档案馆（室）及文书处理部门标引和检索档案、文件、资料专用的主题检索语言。1989年8月，我国出版了《中国档案主题词表》试行本，在对试行情况进行验证的基础上又加以修改和完善，于1995年11月正式出版。该部词表主要用于各级综合性档案馆和档案室收藏档案的标引与检索，企业、事业单位在对公文、资料进行主题标引与检索时也可参考使用。该表对科技档案及某些专门档案中的专业名词收录较少，明、清时期的专用名词基本未收。中央专业主管部门可参照本表体例，编制自己专用的档案主题词表。

《中国档案主题词表》的结构体例：

《中国档案主题词表》由主表（字顺表）、词族索引、范畴索引、首字笔画检字表和附表、附录组成。

1. 主表

主表的基本单元是主题词款目。主题词款目由款目主题词及其汉语拼音、范畴号、注释、

---

① 《中国档案主题词表》编委会：《中国档案主题词表》，北京：中国档案出版社，1995年。

词间关系项等内容组成。

款目主题词依照首字音序、调序结合汉字字形笔划排列。

范畴号是款目主题词的范畴分类类目代号,标识在款目主题词的右侧。

注释是对主题词所作的简要说明,分为限定注释和含义注释,限定注释用圆括号注在款目主题词之后,含义注释用圆括号注在主题词之下。

词间关系用来说明款目主题词在语义上的等同关系、属分关系和相关关系,其中等同关系中的正式主题词和非正式主题词分别用"Y"、"D"表示,属分关系中的族概念、属概念和分概念分别用"Z"、"S"和"F"表示,相关关系则用"C"表示。

例如:

Renmindaibiaodahui·····················款目主题词及其汉语拼音

人民代表大会·····················〔BB〕···范畴号

D　人代大会·····················代项

F　地方各级人民代表大会·····················分项

全国人民代表大会

S　国家权力机关·····················属项　词间关系

会议 *

Z　国家机构·····················族项

C　人民代表大会制·····················参项

2. 词族索引

词族索引就是把主表中具有属分关系、包含关系和整体关系的正式主题词,按规定属分级别展开全显示的一种词族系统。

3. 范畴索引

范畴索引是将主表中的全部主题词按照既定的类目分类排列,以便按类查词的一种辅助工具。

《中国档案主题词表》范畴索引的类目参照了《中国档案分类法》主表的类目并结合主题词词目的属性而设置的,共有 20 个一级类,103 个二级类,37 个三级类。类目标识符号采用汉语拼音字母和阿拉伯数字混合结构的形式,一、二级类目用字母标识,三级目录用数字标识。

4. 附表

附表也即人名表、机构名表,收录的是人名和机构方面的词目。主表和附表收录的主题词加在一起,构成主题词总数之和。

5. 首字笔画检字表

首字笔画检字表包括词目首字笔画检字表、机构名首字笔画检字表和人名姓氏笔画检字表,按照款目主题词的首字依笔画顺序排列而成,字后注有该字在主表或机构名表和人名表中最先出现的页码。

6. 附录

有《中国历史纪年表》、《韵目代日表》、《干支次序表》和《化学元素周期表》等，供标引和检索时使用。

三、档案著录

档案著录就是在编制档案目录时，对档案内容和形式特征进行分析、选择和记录的过程。为建立健全我国统一的档案检索体系，广泛开展档案报道与交流，深入开发档案信息资源，充分发挥档案在我国社会主义建设事业中的作用，行业标准《档案著录规则》（DA/T18—1999）[①]分别从著录项目、著录用标识符、著录条目格式、著录用文字、著录信息源、著录项目细则等多个方面对档案著录工作做出详细要求。

（一）著录项目

档案的著录项目是指用以揭示档案内容和形式特征所需要的记录事项，根据《档案著录规则》的规定，需要提取的档案著录项目有以下七项：

1. 题名与责任说明项，包括正题名、并列题名、副题名及说明题名的文字、文件编号、责任者、附件六个单元。

2. 稿本与文种项，包括稿本、文种两个单元。

3. 密级与保管期限项，包括密级、保管期限两个单元。

4. 时间项。

5. 载体类型与形态项，包括载体类型、数量及单位、规格三个单元。

6. 附注项与提要项，包括附注与提要两个单元。

7. 排检与编号项，包括分类号、档案馆代号、档号、电子文档号、缩微号、主题词或关键词六个单元。

上述项目中，除正题名、责任者、时间、分类号、档号、电子文档号、缩微号、主题词或关键词等八个项目或单元外，其余均为选择著录项目或单元（小项）。

（二）标识符号

标识符号是表示不同著录项目和著录含义的标志。常用的标识符号及其使用规定如下：

".—"置于下列各著录项目之前：稿本与文种项、密级与保管期限项、时间项、载体形态项、附注项。

"="置于并列题名之前。

":"置于下列各著录单元之前：副题名及说明题名文字，文件编号、文种，保管期限、数量及单位、规格。

"/"置于第一个责任者之前。

---

① 国家档案局：《档案著录规则》（DA/T18—1999），1999 年。

（三）著录条目格式

著录格式是指著录项目在载体上的排列顺序及表达方式。

著录格式有段落符号条目式和表格条目式。根据《档案著录规则》规定，一般采用段落符号条目式，著录格式见图 9-1：

分类号		档案馆（室）代号
档号	电子文档号	缩微号
正题名＝并列题名:副题名及说明题名文字:文件编号/责任者＋附件.—稿本:文种.—密级:保管期限.—时间.—载体类型:数量及单位:规格.—附注提要主题词或关键词		

图 9-1 段落符号式条目著录格式

（四）著录项目细则

1. 题名与责任者说明项

题名，又称标题，是表达档案中心内容、形式特征的名称；责任者是形成文件内容并对其负有责任的团体或个人。

2. 稿本与文种项

稿本是指档案文件的文稿、文本和版本，包括草稿、定稿、手稿、草图、原图、底图、蓝图、正本、副本、原版、试行本、修订本、影印本、各种文字本等，其前加".—"号。

文种是指文件种类的名称，依实际情况著录为命令、决议、指示、通知、报告、批复、函、会议纪要、说明书、协议书、鉴定书、任务书、判决书、国书、照会、诰、敕、奏折等，其前加":"号。

3. 密级与保管期限项

密级是指文件保密程度的等级。密级一般按文件生成时所限定的密级进行著录，前面加".—"号，对已升、降、解密的应著录新的密级。

保管期限一般按组卷时所确定的保管期限进行著录,前面加":"号,对已经更改的应著录新的保管期限。

4. 时间项

时间项视不同著录对象,分为文件形成时间、卷内文件起止时间等,其前均加". —"号。

5. 载体类型与形态项

(1)载体类型。档案的载体类型有甲骨、金石、简牍、缣帛、纸、唱片、胶片、胶卷、磁带、磁盘、光盘等,其前加". —"号。

(2)数量及单位。数量为阿拉伯数字,单位用档案物质形态的统计单位,如"页"、"卷"、"册"、"张"、"片"、"盒"、"米"等。著录时其前加":"号。例如". —光盘:10 张"。

(3)规格。规格指档案载体的尺寸及型号等,著录时其前加":"号。例如". —缩微平片:2 张:105 mm×148 mm"。

6. 附注与提要项

(1)附注项是著录档案中需要解释和补充的事项。其内容依各项目的顺序著录,项目以外需解释和补充的列在其后。每一条附注均以". —"号分隔。如果每一条附注都分段著录,可省略该标识符。

(2)提要项是对文件和案卷内容的简介,应反映其主要内容、重要数据(包括技术参数等)。提要在附注之后另起一段空两个汉字位置著录,一般不超过 200 字。提要内容依汉语的语法和标点符号使用方法著录。

7. 排检与编号项

排检与编号项是目录排检和档案馆(室)业务注记项。

(1)分类号依据《中国档案分类法》和《档案分类标引规则》的有关规定著录,置于条目左上角第一行。

(2)档案馆代码依据《编制全国档案馆名称代码实施细则》所赋予的代码著录,置于条目右上角第一行。

(3)档号著录于条目左上角第二行,与分类号齐头。档号中的全宗号、案卷目录号、案卷号、件号或页号之间以"—"号相隔。

(4)电子文档号著录于条目第二行的中间位置。

(5)缩微号著录于条目右上角第二行,与档案馆代码齐头。

(6)主题词或关键词著录于附注与提要项之后,另起一行齐头著录。各词之间空一个汉字位置,一个词或词组不得分作两行书写。

四、档案标引

档案标引就是在档案著录的过程中,对档案内容进行分析,从自然语言转换成规范化检索语言的过程,也即对内容分析结果赋予规范化检索标识的过程。其中,赋予分类号标识的过程称为分类标引,赋予主题词标识的过程称为主题标引。

（一）档案分类标引

1. 基本原则

档案分类标引应依据《中国档案分类法》及其使用指南,以国家机构、社会组织从事社会实践活动的职能分工为基础,结合档案记述和反映的事物属性关系并兼顾档案的其他特征,正确理解类目涵义与范围,充分考虑实际的检索需求和检索方式,选定适当的标引深度,并保持分类标引的一致性。

2. 工作步骤

(1) 系统研读分类法。档案标引人员在标引工作开始时,应对《中国档案分类法》的编制说明、主表、附表有系统的了解与认识,并深入透彻地掌握其使用方法。

(2) 分析档案内容,确定主题概念。充分考虑立档单位的性质、职能和任务,通过分析题名、浏览正文、参考文件版头和案卷封面等方面,了解档案的中心内容和涉及的主要问题,判明其属性特征。

(3) 判断主题类别。确定主题概念后,将其转换为检索语言标出,到《中国档案分类法》中查找其所属的类目。

(4) 标引分类号。根据归属的类别,对应《中国档案分类法》中赋予的分类标识给出分类号。

(5) 审校。这是分类标引的最后一道工序,是确保标引质量的最后关口,主要是查验档案内容是否得到全面分析,主题概念是否准确、恰当、辨类是否准确,同类档案是否归类一致,标引的类号是否充分、完整、准确,书写是否正确无误。审校过程包括自校、互校、总校,即标引人员对自己的标引结果进行核对,标引人员对标引结果的相互校对和熟悉业务、通晓目录工作的人员进行进一步消除主题分析与标引过程中的误差以保证标引工作的整体优化的总校。

3. 分类标引的质量控制

衡量标引工作质量的因素主要是指标引的客观性、专指性、全面性、一致性与适当的标引深度。影响标引工作质量的因素是:标引工作的组织管理、标引人员的业务水平和《中国档案分类法》本身的质量。

（二）档案主题标引

1. 基本原则

档案主题标引应以档案论述的客观事物和研究对象为依据,客观反映档案主题,依据《中国档案主题词表》及各种专业档案主题词表,保证档案主题标引的准确性和一致性,提高标引工作的质量和检索效率。

2. 工作步骤

(1) 了解内容,分析主题。主题分析是主题标引的基础,通过阅读题名、浏览正文等方式,对档案的内容特征进行分析,准确提炼和选定一个或若干个表达档案主题的自然语言主题概念。

(2) 查表选词,概念转换。按照主题标引的有关规则,对照《中国档案主题词表》,将提炼出来的主题概念转化成档案主题词表中的主题词(正式主题词)进行标引,并且书写形式应与词表中的词表中的词形相一致。需要注意的是,非正式主题词不能作为标引词使用。

当词表中没有与档案主题概念直接相对应的专指主题词时,应选用两个或两个以上的主题词进行组配标引;当某一主题概念在词表中查不到专指的主题词,也无法通过组配标引来表达该主题概念时,可以采用上位概念主题词或近义词进行靠词标引;如果上位词标引仍不合适时,可采用关键词标引,诸如某些概念采用了组配方式其结果却出现多义,词表中未收录的地名、人名、机构名、产品名等专有名称,表达新生事物的词等等。

(3) 审校。审校的形式与分类标引一样,分为自校、互校和他校。先由标引人员自己审校,再由专人审校或标引人员互相审校,并将审校意见反馈给原标引人员。

3. 主题标引的质量控制

主题标引的质量受标引工作的组织管理、标引人员的业务素质、档案主题词表本身的质量和相应的标引工作细则影响,为提高标引工作的质量,应做到以下几点:

(1) 做好审核校对工作。主要是检查主题词是否专指、客观,如主题概念提炼是否准确、转换成的标引词是否是词表中的正式主题词、是否符合组配规则、是否存在过度标引或标引不足、对同类型主题所施用的标引词前后是否一致等。

(2) 标引人员要熟悉《中国档案主题词表》或其他所用词表及标引规则与方法;熟悉所标引档案的内容及与之相应的科学知识;具备一定程度的语文水平;尽可能与利用者及利用接待人员多接触,并通过分析检索结果,改进标引工作,提高标引质量。

当不宜或不便标引档案主题词时,也可以从档案文件中抽取关键词进行标引。关键词是档案文件原文中,尤其是其关键部分,例如标题、摘要、核心段落和开头结尾等部分,本来就有的具有实质性内容或意义的重要词汇。作为主题检索语言,它是一种只做少量规范化处理或者不进行规范化处理的自然语言词汇。其检索质量稍逊于主题词,但标引难度较低。

五、档案计算机检索系统的建立

(一) 档案计算机检索的特点

1. 信息存储量大

利用计算机进行档案检索工作,可以将档案资源存储进计算机检索系统,存储的数据量较大。而占据的存储空间较小。

2. 检索速度快,检索效率高

计算机的运转速度很快,进行一次检索,只需短短的几秒甚至不及 1 秒的时间就可以完成,大大提高了检索档案信息的速度。

3. 检索途径多元化

一般来说,计算机检索除了可以满足传统的档案手工检索提供的检索途径外,还可以进行多途径的交叉检索,利用者可以根据自身的需要和已知信息任意选择检索途径,进行主题词检索、全文检索、摘要检索等,检出的信息更全面、更专业、更准确。

4. 检索灵活方便

网络化的计算机应用系统可以为分散的、远距离的利用者提供快速的联机检索,实现档案的异地查询和档案信息资源的共享。

5. 音、像、意结合，直观生动

使用计算机，除了可以检索出简单的文本信息，视频、音频、图片等各种形式的档案信息均可以快速查找，而且可以在计算机上直接阅读，用户可以直观生动地利用档案。

6. 对计算机检索系统的依赖性

档案计算机检索必须依赖于计算机、档案管理软件，网络数据库还受网络环境的制约，若没有这些软、硬件设施的配备，检索过程则不能实现，影响检索效率。

（二）档案计算机检索系统的建立

完善的计算机检索系统的建立，主要由计算机硬件、软件、数据库和通讯网络构成。

1. 硬件

硬件包括计算机和网络设备、信息传输的技术设备等，还要具备扫描仪、刻录机、打印机等信息化设备。

2. 软件

档案的计算机检索，各单位部门要自行研发或购置相应的档案管理软件。按照"实行统一管理、统一数据格式、统一计算机软件"的要求，要使用相对统一、符合规范的档案管理软件，为计算机档案管理、档案网络建设、实现档案信息资源共享奠定坚实的基础。

3. 数据库

档案数据库"从广义上讲，是以特定方式组织起来的档案数据集合。具体的讲，就是为了满足多个用户多种应用需要，按照一定的数据模型将本单位所保管的档案信息存贮在计算机中以备使用的数据形式"。在档案检索系统的构建过程中，数据库的建立是难度最大的一项工作，也是最基本的工作。而大量数据的采集与录入是数据库成立的前提与基础，没有数据，计算机检索也无从谈起，因此，必须保证采录数据的规范化与标准化，才能保证检索效果，适应网络化检索的要求。

4. 通讯网络

由于现代网络通信技术的发展，文本、图像、声音、视频等各种类型的档案信息均可以通过计算机和网络通讯设备与技术实现无障碍的采集、存储、处理和传递。在档案检索系统的构建过程中，除了配备基本的网络通讯设备，还要逐步建设和完善内部局域网，并确保网络的畅通，维护好网络的安全，才能实现档案资源最大程度共享的目的。

六、其他档案检索工具的编制

在档案检索工作中，除了使用《中国档案分类法》和《中国档案主题词表》进行著录、标引，建设档案计算机检索系统（含档案目录数据库）外，其他常用的档案检索工具也比较多，主要有全宗目录、案卷目录、卷内文件目录、归档文件目录、专题目录、文号索引、档案馆指南、全宗指南等。

（一）全宗目录

又称全宗名册，是介绍档案馆（室）所藏全部全宗简明情况的一种检索工具。主要用于向利用者简要揭示本馆馆藏档案的范围,同时也用于馆藏档案的统计工作。其内容及格式样例见表9-1。

表9-1 全宗目录

全宗号	全宗名称	案卷数量(卷)				档案形成起止时间
		总数	其中			
			永久	30年	10年	
1						
2						
……	……	……	……	……	……	……

(二) 案卷目录

案卷目录是以案卷为单位,依据档案整理顺序排列组织起来的一种检索工具。案卷目录的内容包括案卷号、案卷题名、年度、页数、保管期限和备注。其内容及格式样例见表9-2。

表9-2 案卷目录

序号	档号	案卷名称	起止日期	案卷页数	保管期限	备注
1						
2						
……	……	……	……	……	……	……

(三) 卷内文件目录

参见本教材上编文书处理第六章第二节三、立卷流程与具体操作。

(四) 归档文件目录

参见本教材上编文书处理第六章第二节三、立卷流程与具体操作

(五) 分类目录

分类目录是根据体系分类法的原理,以分类号为排检项,按照档案分类表的体系组织起来的一种检索工具。其特点主要是同一类别的档案集中在一起,便于族性查找。

(六) 主题目录

主题目录是按照主题法的原理,将档案的主题按字顺排列成的一种目录,其主要特点是专指性强、能够集中揭示有关同一事物的档案的内容,查准率高。

主题目录的编制应该以《中国档案主题词表》为依据,手工检索的主题目录多采用卡片式,一般以"件"为单位将标题式标识串(即主题词)作为排检项,按照标识串首字的字顺排列。

主题目录尤其适合计算机检索,它可以将任何一个词作为检索项,查找出有关该主题词的全部文件。

（七）专题目录

专题目录是集中、系统地揭示有关某一事物、某一专门内容档案的检索工具[①]。专题目录不受档案实体整理顺序的限制，可以将馆内甚至馆际间分散存放于不同全宗、案卷内的关于某一专题的档案内容集中在一起，专题的内容全面具体、专指性强，便于查找利用。

（八）文号索引

文号索引是揭示档案的文号和档号之间对应关系的一种检索工具，是按照文号进行档案查找的一种检索途径，适用于机关档案室和地、县级档案馆。

文号索引以不同年代，不同全宗的档案为著录对象，将同一年内、具有相同保管期限且有文号的档案先按发文机关分类，再在同一发文机关中将档案按文号顺序排列，编制文号目录，并将文号与档号或者档案存放位置逐一对应，最后制成规范表格，以满足利用者需求，达到查找准确、迅速的目的。其内容及格式样例见表9－3、表9－4。

表9－3　文号索引（文号与存放位置对应式）

序号	文号	作者	日期	存放地点	
				库号	柜号
1					
2					
……	……	……	……	……	……

表9－4　文号索引（文号与档号对应式）

序号	文号	作者	日期	档号
1				
2				
……	……	……	……	……

（九）档案馆指南

档案馆指南是一种全面介绍和报道档案馆所藏档案情况的工具书。它提供馆藏档案的基本信息和各项检索要素，是档案馆内业务人员和利用者了解馆藏内容与成分，查检和阅览馆藏档案的向导。档案馆指南是为适应档案开放的需要而编制的。

（十）全宗指南

全宗指南是以文字叙述的形式，比较全面地介绍和揭示某一全宗内档案内容、成份及其利用价值的一种引导性检索工具，主要由立档单位与全宗的历史概况、全宗内档案概况和全宗内档案内容与成分介绍三个方面组成。

1. 立档单位与全宗的历史概况主要包括立档单位的名称、成立时间、隶属关系、主要职能、性质、内部机构设置和主要领导人等的演变情况。

2. 全宗内档案概况主要包括档案的数量及保管期限、档案的完整程度、档案的利用价值

---

① 刘社文：《论政府信息公开环境下档案开放的原则》，载《安徽农业大学学报》（社会科学版）2009年第6期，第76页。

及鉴定情况、检索工具的配置情况和档案的整理情况。

3. 全宗内档案的内容与成分介绍主要以文章叙述的形式,按全宗内档案的实际分类体系,采用综合概括的方法进行介绍。也可以采取全面概括介绍与重点档案详细介绍相结合的方法。还可以把2、3两个方面合并在一起。

第二节　档案的编研

什么是档案编研工作呢? 这可以从两个层面上理解:一般地讲,它是组织和个人以各种门类和载体的档案为主要开发对象,在研究的基础上,编辑档案文献汇编,编写档案参考资料,撰写论著,从事创作等活动。广而言之,任何组织和个人围绕自己所承担或从事的职能、职业或其他活动而开展的信息调研、决策咨询、科技开发、广告宣传等诸多工作,凡调研对象包括档案者,或者有档案机构主持和参与其事者,都可视为一种档案编研工作。

一、档案编研概述

(一) 档案编研成果的类型

档案编研工作的成果,依其处理档案原文(图、记录)的方式和开发档案信息深度的差异,大致可区分为四种类型:

1. 复制型即原文(图、记录)汇编型成果,亦即各种门类的档案文献汇编。向用户提供档案原文(图、记录),是复制型成果的基本编辑宗旨。忠实转录档案原文(图、记录),是复制型成果的基本特征。在复制档案原文(图、记录)时,不得改动原文(图、记录),不得将其他文字、符号、信号、图样添加在档案原文(图、记录)之中,不得将评注性、说明性、校勘性文字与档案原文相混淆。

按照所选档案文件在文件运动过程中所处阶段的不同和汇编主要功能的差别,可以将汇编分为档案文件汇编和档案史料汇编。前者主要是为现实的工作活动,例如企业现实的生产经营活动,提供仍具有某种现行效用的处于半现行阶段的文件;后者主要是为人们了解和研究历史情况,或编修史、志提供档案史料。当然,二者之间并没有截然分明的界限。前者也可以转化为后者,有的汇编则兼具两方面的功能。

按照档案门类、记录方式和载体形态的差异,还可对档案文献汇编的类型做多种划分。换言之,汇编的种类也是丰富多彩的。例如,除了文本文件的汇编外,图样汇集、照片选编、录音剪辑、以音像档案或超媒体电子文件为材料基础制作的档案影片即文献性纪录片等,也都可按原文(图、记录)汇编的规则编制。

2. 浓缩型即信息缩编型成果,包括档案文摘、档案内容提要、档案信息快报、数据汇集、档案数据库、档案信息手册等。浓缩型成果以摘录、缩写、转述或选编档案信息为主,兼有直接提供档案信息和指示档案线索两方面的功能。

信息缩编允许在不歪曲档案原意的前提下,用比原文更精练的文字陈述档案信息或选摘档案原文中最重要的数据和其他信息,重新加以组合、编制或缩写。

1、2两类成果的相近之处在于:其一,无论是节录还是转述,均不得断章取义,不得以删节、摘录或浓缩为名歪曲、篡改、割裂档案原意。其二,某些摘录式的档案原文汇编与信息缩编较为接近,然而这种原文汇编所摘录的,仍严格限于档案原文原句。

3. 综述型即信息概述型成果,其种类很多,既包括大家比较熟悉的大事记、组织沿革、地区或组织历史综述等,也包括多种多样的专题概要,例如科技成果简介、重大项目介绍、产品说明书、组织概况简介、专题经验总结等,还有地区、行业和组织的年鉴等。

虽同为档案参考资料,但较之信息缩编,信息概述不只是客观地向用户转述档案信息,而且可以反映编研人员对于不同记述和观点的态度和意见。它是在系统研究有关档案和档案信息的基础上,综合编写而成的,具有较强的系统性和较明显的倾向性,且通常不以提供档案查找线索为主要功能。

4. 创新型即创作、论著型成果,是以档案和档案信息为主要材料基础,经过深入的科学研究或创造性思维活动,所撰写的论文、专著、研究报告,或以档案信息为据创作的文艺作品、视(音)频专题节目和各类广告等。这类成果的特点在于创造性,凝聚着新的信息、新的知识、新的思想成果、新的文化财富。

(二) 档案编研的基本程序

档案编研工作的基本程序,大致可划分为选题(选定题目)、搜集(搜集材料)、选材(筛选材料)、转录(复制、摘记、校勘)、重组(编排、整序)、研究、写作、校审(校对、审核)和传播(出版、发送、公布、展览)等9个环节。

上述工作,"研究"可贯穿于若干环节之中,又可成为综述型、创新型成果写作前集中开展的一个环节。其他环节,可组合为三个阶段:第一阶段是搜选,包括选题、搜集和选材;第二阶段是编校,包括转录、重组和写作;第三阶段是传播,含传播与传播前的校审。三阶段加"研究",可分别简称为"选"、"编"、"传"和"研"。

选、编、传、研这四类工作中,搜选与传播有较多的相似相通之处,无论何种类型成果的编研,这两个阶段工作内容与方法的差异都不太大。编校与研究则随成果类型的不同,其工作内容与方法都有较大的差异。

二、档案编研中的选题、搜集与选材

选题、搜集与选材三个环节,是档案编研工作的初始阶段,是全部工作的起点和基础。千里之行,始于足下,其重要性不言而喻。

(一) 选题

选题,即选择和确定将要着手进行的编研课题,是档案编研工作的第一步,编研过程的其他环节都要以此为根据展开。

选题是否得当,是否切实可行,往往关系到编研成果能否充分发挥作用及其作用之大小,关系到此项编研工作能否顺利展开。如果选题不当,所选课题或与社会需求、与档案室所在单位工作生产经营活动的需求脱节,或没有可供编研的相关档案文献和其他材料,或不能够深度开发馆(室)藏档案信息资源,或不便于充分挖掘档案人员的潜力,等等,就有可能事倍而功半,乃至劳而无功,中途夭折。可以说,课题选准了,编研项目就成功了一半。

确切地讲,选题应当将编研方案的策划包括在内,甚至可以说,编研选题的实质和重点乃是一种规划和设计工作,是给一段时间或一个项目的编研活动规定目标,作出安排,制作蓝图和框架。用书面文字来概括编研项目的题名,固然可以是选题环节的任务之一,但选题环节的主要着眼点却并不在此。选题的基本任务,应是确定一段时间或一个项目的档案编研工作的基本走向、中心内容、主要对象和重点目标,即必须明确编研什么,为什么编研,着重解决什么问题。

一般说来,档案编研选题的主要依据,应该是馆(室)藏材料基础与课题社会意义的有机结合,合理统一,同时要适当考虑有关人员的编研能力和成果的传播方式。需要强调指出,对于不同类型的档案机构而言,其编研选题的侧重点是有明显差异的。这里特别需要注意把档案室等内部档案机构和国家档案馆、公共档案馆这类终极性档案馆明确区别开来。

就终极性档案馆而言,作为永久、集中保管档案的基地,其开展编研工作的基本思路,应该是尽可能全面、系统地把本馆馆藏中最重要、最珍贵、最有价值的那部分档案的原文、原图和原始信息,尽早向公众传播与公开。例如,中央档案馆编辑出版的《中共中央文件选集》、中国第一历史档案馆编辑出版的清代历朝《汉文硃批奏折汇编》、中国第二历史档案馆编辑出版的《中华民国史档案资料汇编》、四川省档案馆编辑出版的《清代巴县档案汇编:乾隆卷》等,其选题方向就体现了上述思路。

事实上,各级各类档案馆(室),尤其是每个终极性档案馆所藏确实都有自己的特点和优势,以本地区或者本专业特色区别于其他档案保管机构,这也正是档案馆馆藏区别于和优于图书馆馆藏之处。编研选题中突出特点,发挥优势,扬己之长,正可提高编研成果的质量。丰富多彩的各馆特色档案,也正好可以满足社会各方面多样化的需求。从全局与局部的关系看,这样做,还有利于把不同时期、方面、内容、类型的档案和档案信息,通过编研成果的形式发掘出来,避免因为一窝蜂而挂一漏万。

档案馆(室),尤其是终极性档案馆在强调以本馆(室)所藏档案作为编研选题主要材料基础时,要充分了解和熟悉馆(室)藏,要注意文献新颖程度、价值高低,所选课题的规模与文献数量多寡和完整程度要大体相称。一些缺乏编研经验的档案馆(室),起步阶段可以先选小题目。

就档案室等内部档案机构而言,编研选题时侧重和优先考虑的,则应该是如何更充分和有效地适应和满足本单位工作生产经营活动的需求。要直接服务于所属单位现正从事的活动,直接为工作生产经营活动提供工具和武器。特别是企业档案编研工作,更必须着眼于、服从于、服务于企业今天和明天的生存与发展。如果做不到这一点,档案编研工作就很难在企业占有一席之地。

用户反映摘编、生产工艺汇编、图样选编、规章制度选编等档案文献汇编;档案文摘、提要、快报等档案信息缩编;企业财务数据汇集等基础数据汇集;营销、生产、技改、基建等企业专门情况综述和企业概况简介(综述)、企业年鉴一类专题概要;新技术、新工艺、新产品推介,专题经验总结等专题述评;招股说明书、产品说明书、商业广告、专题影视片等面向公众与用户的公关文献;可行性报告、信息调研报告、专题咨询报告、市场预测报告等专题研究报告;技术手册、产品手册、工作手册、综合性手册等工具书;诸多品种,都可以成为企业档案编研的成果,也可以是在搜选、编校、研究档案文献的基础上，与有关部门、有关专业人员合作编写、编制而成。不要一提到企业档案编研。就只知道编纂档案史料，编写大事记、组织沿革和厂史等。

（二）搜集

搜集，即围绕选定的题目搜集材料。这一步至关重要，因为任何编研课题，都必须以充分占有材料为基础。

在数字化、网络化快速进展的今天，搜集材料首先应该充分利用档案目录数据库、档案全文数据库和多种类型的网络信息资源。一般说来，终极性档案馆搜集材料应以本馆馆藏档案为重点，通过关键词、分类号、文号、责任者、时间、题名等多种途径全方位检索。内部档案机构则可视题目的要求和本单位工作生产经营活动的需要，决定搜集材料的范围与重点，不要画地为牢，不要只看到档案，只看到本单位所藏，尤其不要忽略了网络信息资源。当然，将外单位所藏或者网络信息资源作为编研对象时，不能侵犯有关权利人的合法权益，不能违反法律、法规、政策的有关规定。

在充分利用计算机检索工具的同时，也不要忽略了传统的搜集途径。这些途径包括：结合使用多种手工检索工具，熟悉馆（室）藏；审读重点档案文献，进一步扩充查找线索；向熟悉馆（室）藏的老同志和相关人员请教，全面把握整体与重点情况；面向各有关方面，搜求征集，以补现有馆（室）藏之不足。

搜集材料时须注意：一方面要全面查找，宁多勿漏。查找的面要适当放宽，尽可能做到不遗漏重要文献。另一方面又要围绕题目，目标明确。不要偏离课题宗旨与主题，徒劳无益地过分扩展搜集范围。要分清主次，突出重点，一般情况下，可先查馆（室）内，再查馆（室）外；先查档案，再查其他资料；先查与编研课题关系密切，相关档案密集度高，价值和质量也较高的全宗和类别，再查散在的零星文献。还要及时记录新发现的有关文献线索。

（三）选材

选材，也就是筛选材料，即对已经搜集起来的材料进行鉴别、分析、比较和选择，剔除无关、虚假、重复、过时、无用或相形见绌、价值不高的材料，选留或摘取适用、可靠、精粹的材料。

档案、资料及其所包含的信息，构成了档案编研成果的主体和基本内容，一项编研成果的内容是否充实、准确、新颖，很大程度上取决于选材工作的水平和质量。因此，从确保材料基础质量的角度看，选材应是档案编研过程的关键性环节。对于复制型成果——档案文献汇编的编辑过程而言，选材更往往是最重要的一环。

选材应该和考据与研究工作结合在一起进行。通过考据，鉴别档案文献的真伪，考订其作者与形成时间，考证档案内容的可靠程度。通过研究，对档案文献价值的高低及其是否可用于此项编研课题作出判断。

选择档案文献，除了注重真实可靠性之外，还要注意其关键性、典型性、深刻性、系统性和特殊性，把这几点作为选用档案文献的基本要求。

选材一般可分为初选、复选和定选三个步骤。

初选即对档案文献进行初步筛选，剔除与编研课题明显无关或关系疏远的文献，初选又称为"粗选"，标准应从宽，即要求不可过高。凡可选可不选，一时难以决定取舍的文献，一般应暂保留,留待复选时再决定弃取。从宽是为了防漏,即要避免因为缺乏经验,或仓促、武断、忙乱,遗漏重要文献。

复选是在初选的基础上,进一步严格筛选初步保留下来的文献。复选是最关键的步骤,通过复选要基本选定收入编研成品的绝大多数文献。复选也就是精选,标准要从严,从严是为了防杂,即防止入选文献内容杂乱,价值参差,选材标准不一。复选既要突出重点,即特别注意一些重要的、艰深的、尚无定论的文献,干净利落地处理初选所遗留的问题;又要照顾全面,考虑编研成品各部分选留文献份量的平衡。可以采用分类排比的方法,对初选所留文献进行调整和补充,但不要削足适履,片面追求形式上的平衡而砍掉珍贵文献。

定选是对选留文献和前两步的最后审定,应取严肃慎重的态度。

集体选材,特别是为大型课题选材时,要认真做好组织、协调工作。

三、档案编研中的转录、重组与写作

搜选告一段落后,紧接着的工作便是编校,包括转录、重组和写作三个环节。这一阶段工作的实质,是对通过搜选已集中起来的相关档案信息资源进行深度开发与重新组合,使之更便于用户的使用。

(一) 转录

转录,包括复制、摘记、校勘等多项工作。对于不同类型的档案编研成果而言,这个环节工作的内容、方法和侧重点都有很大的差异。

对于原文(图、记录)汇编型成果,亦即各种门类的档案文献汇编的编辑过程而言,这个环节要做的工作,包括转录档案原文(图、记录)或复制档案原件,标点(含分段)和校勘档案原文,以及编拟文献标题等,这是一种复制性的转录,又可称之为复制与点校,或简称点校。转录过程要严格忠实于档案原文(图、记录),严禁改动、添加和歪曲,但可以对原文进行标点、校勘,可以对原文(图、记录)进行必要的说明与注释(说明与注释要和原文、原图、原录音、原录像区别开来)。点校后的档案原文复制件,经过编排,便转化为档案文献汇编的主体(正文)部分。

在信息化条件下,对文字型汇编的原文转录与校勘工作可分别实施,原文转录通过扫描和刻录进行,校勘意见则形成校勘记,附录在汇编正文之后。图形与音像的说明与注释则可在转录完成后或转录过程中制作。这里想强调一点,就是在编辑那些文字比较艰深或者原件文字错漏较多的档案史料汇编时,仍有校勘的必要。

校勘,又称校雠,即核对文字异同,勘正文字错漏。"欲读书必先精校书",前人早已反复论述。档案文献之所以必须校勘,是因为在文件的形成和处理过程中,在档案的流传和保管过程中,可能产生异文,可能在文字方面出现与作者原意不符,与文件原貌有差异的问题。

其一,在撰拟文件时,一些本不得由撰拟者任意改动的特殊文句,如人名、地名、日期、数字、译名及译文、引文等,可能误写。由于作者疏忽大意或水平所限,又可能造成文字的讹、脱、衍、倒。要通过校勘订正讹误。一些档案文献字迹潦草模糊,难以辨认,也需要通过校勘解决辨识文字的问题。

其二,文件在制作(含打印、复印、排印、抄写、扫描、OCR识别转换等)过程中,也可能产生

文字错讹。要通过校勘,使档案文献恢复或接近原稿的本来面貌。

其三,随着时间的流逝,档案文献可能出现纸张残缺不全,字迹污损褪色等问题,需要通过校勘予以补正。

校勘档案文献,需要注意以下问题:

1. 灵活运用校勘四法

对校、本校、他校、理校是校勘常用的四种方法,要根据档案文献的特点,灵活运用。

(1) 对校法的运用。

对校法是以同份文献(或同本书)的不同文本(或版本)互相对照比较,从而发现和改正底本的文字错漏。

运用对校法的关键是选择恰当的底本和对校本。

底本是用作复制对象或转录依据的文本(稿本)和版本。选择底本的标准可以从两个方面考虑:一个方面是本子的质量,要尽可能选用质量最佳的文本或版本即最完善、最精确、最可靠地反映作者意图的本子;另一个方面是编研课题和该课题所针对用户的具体要求,所选文本或版本的特定用途。

公文有草稿、定稿、正本、副本、存本等不同文本(稿本)。一般应选用正本、定稿或存本。正本、定稿和存本均不存,方可考虑选用副本。副本又称抄本,包括正本的多种复制本,一般情况下,可按同时印制本、复印本、已校手抄本、未校手抄本、重新打印或排印本的顺序选用。副本也不存,方可选用草稿。草稿又称未定稿,在需要了解文件的撰拟和修改过程时,也有特殊价值。有的重要文件则可能形成多种草稿,可根据需要选用。

私人文书和文稿的文本很不规范,大致可分亲笔手稿和代抄稿两大类。一般情况下,应首选作者亲笔手稿。作者亲笔手稿又有草稿、修订稿、誊清稿之别,当以作者最后誊清稿为最佳,修订稿次之。如果要了解撰稿和修改过程,也可根据需要选用修订稿和草稿。

亲笔手稿不存,可选用代抄稿,其中又首选经作者校订的代抄稿。

有的私人文书和文稿在社会上流传,形成了多种传抄本。应首先选用最早的抄本。因为辗转传抄的次数越多,错漏可能越多。

私人文书和文稿的上述选本领序,只是就一般情况而言,往往需要根据不同情况作变通处理。例如若亲笔手稿仅存多次修改前的草稿或潦草难认,可考虑以某种代抄稿,如根据作者最后誊清稿或最后修订稿抄录的代抄稿作底本,而以亲笔草稿作为对校本。

对校本即用来校勘底本的其他文本或版本。对校本的选择应以底本为转移,首选那些应该与底本文字基本一致的文本,如选定稿校正本,选副本或存本校正本或定稿等。如果选用那些文字或内容必定与底本有某些差异的文本作对校本,应将原作者在文件形成过程中修改文件造成的文本差异,跟文件制作过程和档案流传保管过程中产生的异文和缺损区别开来,一般只校补后一类异文和缺损。当然,如需反映文件修改过程,也可罗列文本差异,但应有别于勘改文字错漏的表达方式。

书刊上发表的档案文献,不得已时也可用作对校本,但需注意它们只是档案文献的转化形态,不是档案原件,可能存在人为增删修改或工作失误造成的文字错漏。不要因轻信公开发表本而误改底本。

选用书刊资料，要注意书刊版本的鉴别和挑选。首选祖本（首次刊印的版本）或精校本（校勘缜密精审，刊印质量也高的版本）作底本。祖本和精校本可互为对校本。

（2）本校法的运用。

本校法是以同份（组、案卷）文献或同本书的前后相关部分互相对照比较，从而发现和改正该文献或该书的文字错漏。

在运用本校法时，可将"同本"的范围从同一份文件或案卷，扩展至同一类别或同一全宗的相关案卷。同一事物、词句、名称（如同一人名、地名、书名等），在"同本"文件中往往多次出现，若前后互异，往往有正误之别。

在运用本校法时，要注意"同本"中也可能因同物异称、一人多名、同地异名，或所据各异，或不出一手而出现同一内容有不同表达方式的情况。这类情况一般不应勘改。

鉴于档案文献特别是历史档案的对校本和他校本往往不大容易找到，校勘档案文献时较常使用本校法。

（3）他校法的运用。

他校法是以其他文献（含书籍）的有关部分对所校文献（含书籍）进行对照比较，从而发现和改正其文字错漏。

在运用他校法时，要注意拓宽他校本的查找范围，除本馆（室）所藏和馆（室）外所藏有关档案文献外，也可使用其他类型的有关文献作他校本。

可以运用他校法校勘多层转发的公文，校勘引文。他校时要注意历史文献中常有缩写或改写所转公文或引文的问题。不要依据删改过的引文去改动原文，也不要强改引文使之与原文完全一致，只勘改文字讹误缺漏之处。

他校时，还要注意其他文献是否有与所校文献同述一事，提及同样的人名、地名、时间、事物、问题等。对于档案文献中的这类情况进行他校，较之他校引文适用范围更宽，效果可能更好。

（4）理校法的运用。

理校法是通过比较、分析和推理，发现所校文献（含书籍）文字悖理之处，从而改正其文字错漏。

理校法不得滥用轻用，无知妄断，但在必要且有条件时也要敢于和善于使用。

2. 合用诸法，互证互补

结合使用几种方法校勘档案文献，可以起到相互补充和印证的作用，比较容易发现文字错漏，校勘结论也比较稳妥。因此，要把以本校为主的"死校"，和以理校为中心的"活校"，灵活地合理地结合起来使用。

3. 保留原文，标注意见

底本的文字错漏，一般不宜在档案文献汇编中直接改动。原文应保留，校勘意见须另加符号和文字标示，也就是将校勘符号置于讹误文字之后或填补在脱漏残损之处，并将校订的文字置于符号之内。同一部成果使用的校勘符号前后要一致。错、漏、衍、倒、残损、附注等不同情况,要分别使用不同的符号,如〔〕、〈 〉、【 】、( )、[ ]、□等,以免混淆。如果将校勘意见写成校勘记,则可附录在原文汇编正文之后。

4. 注重证据,切忌妄改

这是关系校勘成败的最重要的一条戒律,对于校勘档案文献尤具有特殊的重要性。凡一时难以作出明确判断者,或校勘意见有疑义者,宁可并录诸种异文和意见,也不要勉强下结论。

对于浓缩型、综述型和创新型等非复制型成果的编研而言,该环节要做的工作,主要是摘记档案信息,即以较之原文更加精炼简短的文字,对档案(及其他有关材料)的原意加以概括,也可摘录档案原文或原文中的某些数据,还可通过扫描和 OCR 识别转换,将档案原文或档案信息直接存入计算机。这些工作,可以称作摘记型转录,简称摘记。摘记可与选材工作结合进行,即在筛选材料的同时,将选留材料的要点和存址(如档号)等记录下来。

在浓缩型成果的缩编过程中,该环节所做的,就是浓缩档案信息,亦即撰写档案文摘和档案内容提要的工作,具有关键性作用,往往是这类编研过程的最重要环节。而在综述型和创新型成果的编研过程中,该环节的工作,主要是为下一步的全面研究和重组、写作准备材料基础。

(二) 重组

重组,即编排整序,也就是对构成编研成果的材料加以分类和排列,使之系统化、条理化、有序化。

对于复制型成果的编辑和浓缩型成果的缩编过程而言,重组即编排是原文汇编和信息缩编成型的转折点。围绕某个题目而搜集和选留,经过复制或浓缩的材料,已经脱离其原件所归属的档案实体(或其他资料)的分类体系。成为一份份相对零散、相对独立的文献,或者转化为一份份文摘、提要、图表、条目等。必须通过编排,将它们重新组合为一个有机联系的整体,形成一个新的系统,也就是转化为一部(组、套)文献汇编,或者数据、文摘、提要、图表、条目等的汇集;同时也就确定了各份文献、文摘、提要、图表、条目等在新体系中的位置。

这类重组工作,可称作定型性编排。经过此种编排,汇编或汇集的主体(正文)部分便基本定型,一般不再变动,即该编排具有终极性或曰总结性,确定性或曰稳定性。复制型和浓缩型成果的编目,即编制目录索引的工作,具有固定和归纳编排成果,向用户揭示编排状况,进一步补充和完善编排工作的作用,一般亦归入该环节。

编排体例方面,汇编(集)可以单层分类、多层分类,又可以不分类。类与类之间和类内文献要选择恰当的顺序排列。

选择分类层次与分类标准,既要注意充分展示相关事物的本来面目,即客观性、科学性;又要考虑便于编者归类和用户查阅,即实用性、可操作性。既要遵守形式逻辑的划分规则,即同一层次划分标准要统一,同层次类与类之间不能相互交叉和从属,上位类要等于即不能大于或小于下位类之和,类名与类内文献的实际内容要吻合;又要适当简化分类层次,调整类别设置,使之与文献状况相适应。

对于综述型和创新型成果的编研过程而言,重组即整序工作具有中间性、可变性和复合性等特点,可以称为过渡性整序。中间性是过渡性整序区别于定型性编排的最重要的特点。

所谓中间性也就是非终极性，过渡性整序并不直接形成编研的最终成果，而只是给下一步的全面研究和写作作准备。可变性是与中间性联系在一起的。既然过渡性整序仍然只是为下一步的工作准备更便于阅读和研究的条件，那么这种整序就仍然是可以调整、可以变动的。哪些信息（包括数据、文字、情况、观点、事实等）写进编研成果，摆在什么位置，就仍在未定之中，处于随时可变的状态，并未最终确定。所谓复合性，是说不能将过渡性整序简单地归结为单纯的文献分类。这种整序，更多地具有科学分类、知识分类、信息分类的性质。按照所选课题研究的需要和有关的信息分类体系、知识分类体系的需要，同一份文献所包含的多条信息可以拆散开来，分别摆在不同位置；多份文献所提供的相关信息，也可以加以综合，合并在一起。总之，过渡性整序的对象，可以是一份份文献，但更多地却是一条条信息。

（三）写作

写作，即撰写成果。对于复制型和浓缩型成果而言，该环节主要是指序、例、按、注等评注性辅文的写作，可称作辅文写作。部分浓缩型成果，例如档案信息手册中所含某些缩写、转述和概括档案信息的资料的写作，也可放在此环节。对于综述型和创新型成品而言，写作则是指编研成果本身的撰写，主要是其正文即主体部分的写作，可称作正文写作或成果写作。

正文写作即成果写作直接关系到编研成果的质量水平，关系到这些成品能否顺利交流和利用，能否为用户理解、认可和欢迎。如果写作态度不认真，或者写作水平太低，或者档案信息不能准确无误地传达给用户，或者研究心得不能贴切中肯地表述清楚，或者文理欠通，结构紊乱，佶屈聱牙，难以卒读，那么，这样的成果是很难发挥作用的。

四、档案编研中的研究、审校与传播

档案编研工作的第三阶段是审校与传播。审校主要是指审核和校对。传播则是指编研成品的公布、发表、出版、发送、交流与展览等。研究可以贯穿于编研工作的若干环节之中，例如在复制型、浓缩型成果的编研过程中大体上便是这种情况；研究也可以主要集中在成果写作前，作为一个独立的环节进行，例如在综述型、创新型成果的编研工作中便是如此。这里对研究、审校与传播三个环节进行讨论。

（一）研究

在档案编研工作中，研究的重点往往因成果类型的差异而有很大的不同。

对于复制型成果的编辑而言，选题、搜集、选材及重组等诸环节都必须与研究紧密结合，也就是说，编辑的全过程都离不开对于档案文献及其他相关资料的研究。在搜集材料，特别是筛选材料的过程中，尤其必须同时进行鉴别、分析和比较，即认真的考据和研究。没有这种考据和研究，便不可能有高水平的科学的选材，不可能从根本上提高汇编的质量。

对于浓缩型成果的编制、编写而言，尤其是在编写文摘、提要等成果时，特别要注意通过认真的阅读和研究，准确而全面地理解和概括档案原意，以力避似是而非、望文生义、以偏概全、不得要领。

对于综述型和创新型成果的编研而言，研究主要是指搜集、选材、摘记和整序等项准备材料基础的工作完成之后，动手写作之前，还必须有一个全面、系统、深入研究有关材料的独立环节。在这两类成果的编研过程中,研究往往是最关键最重要的环节。因为只有通过全面、系统、深入的研究,才可能真正把握住事物的本质、特征、整体状况、发展趋势和运动规律,才可能通过创造性思维产生新的飞跃,实现新的突破,创造出新的知识、新的形象、新的信息、新的文化财富。如果尚未对材料基础进行全面研究便动手写作,那么,编写出来的综述型成果便可能杂乱无章,自相矛盾,甚至歪曲事实,破绽百出;撰写成文的所谓"创新"型成果便可能毫无新意,或谬误叠见。

研究环节涉及的相关问题很多,这里拟重点谈谈考据和研究方法。

考据,又称考证或考订,就是通过有关事实和证据的搜罗、比较、分析和归纳,得出文献和史实真伪、正误的结论。考据,是准确评估档案文献真实可靠性的基本方法。这里所说的考据,一是指档案文献的鉴别,包括辨别档案文献的真伪与考订其作者和形成时间;二是指档案记事的考证。

档案文献中存在少量赝品。伪造档案文献的动机,大致可归纳为三类:其一,政治欺骗,栽赃讹诈;其二,利欲熏心,牟取钱财;其三,借重声望,托名传世。

造成档案文献作者与形成时间不清的具体原因很复杂,举例而言有:文献分离、混杂、残损;文献未署名或署别名;文献签署者与他人(或其他组织)名同而实异;捉刀代笔或责任者与撰稿者分离;文献形成时间换算错误等。

鉴别档案文献的方法,较常见的包括以下类型:其一,考订文献源流;其二,鉴定文献外形,包括文献制作材料与制作方式(含纸张、用墨、印刷和装订方式等)、笔迹与字型、书写格式和印章等的鉴定;其三,考察文献语词,可以从公文用语、习惯用语、文体风格、姓名与避讳等角度入手;其四,考察文献内容、主要是考察内容与有关时代、有关作者的关系;其五,查证其他资料,即将其他资料,特别是其他文献资料上的记载与被鉴别文献进行对照比较。

在鉴别档案文献时,往往同时使用多种方法,从多个角度进行综合考察。对于归档电子文件,还需要对它的电子签名及元数据和背景信息进行鉴别与分析。

由文件和档案的原始记录性所决定,档案记事往往比较可靠。但是,决不能因此就忽略一部分档案记事虚假不实的问题,讳言与夸饰并存的问题。例如,旧政权档案、反动人物私家档案和某些特殊时期、特定条件下形成的档案,其虚伪性与片面性问题便非个别现象。对于这些问题,选材时应该加以考证,尤应注意文献作者的社会地位和(广义的)切身利益对于档案记事可靠程度的影响。

考证档案记事的方法,较常见的可以分为以下类型:其一,书证,即考证档案记事是否与其他文献的记载相吻合;其二,物证,即考证档案记事是否与有关实物资料反映的事实相吻合;其三,人证,即通过调查访问当事人、知情人和其他有关人员,了解情况,以考证档案记事;其四,理证,即通过比较、分析和推理,得出档案记事是合理还是悖理的结论。还可以将理证与书证、物证、人证相结合,进行综合考证。

在研究方法方面,要注意对档案文献进行全方位研究,包括综合研究和系统研究。

所谓综合研究,即对档案文献的来源、内容、历史背景和形式进行全面研究。文献的来源是指档案的形成单位或个人,包括文献作者和作为收文者的立档单位,尤应注意考察文献作者的利益和地位。文献的历史背景包括档案文献产生于其中的具体环境和那个时代的社会背景。脱离历史背景，就可能混淆进步与落后，颠倒革命与反动，难以正确地理解档案文献。文献的形式，主要是指公文的文种。文种不同，档案文献的重要性、权威性、可靠性，文献内容和价值的侧重点等，都可能有很大差异。文献的内容是指档案文献所记录的信息，所反映的事实或问题。一般情况下，档案文献价值的高低，直接和主要取决于它的内容。考察文献内容，必须坚持以直接审读文献原文为主，并注意把文献的内容与其来源、历史背景和形式等诸因素联系起来进行研究。

要对档案文献进行系统研究，把有关档案文献看作一个整体，把单份档案文献作为所属系统的一个要素，把档案文献摆在事物发展的过程中进行比较与研究。

（二）审校

审校主要是指审核和校对。

审核是对已经基本成型的编研成果底稿的全面审查和校核。审核者要依法办事，严格把关，确保编研成果不泄露国家秘密、商业秘密和个人隐私，不损害国家安全和利益，不损害公民和有关社会组织的合法权益，不违犯法律、法规和政策规定。审核又是对编研成果内容、结构、文字和编研工作质量的全面检验，审核者必须严谨负责，一丝不苟。完成审核后，一般应形成明确的书面意见，送领导批准。

在转录档案原文和复制、打印编研成果的过程中，又可能产生新的文字错漏。要通过校对，尽可能消灭这些转录与复制过程中产生的新错漏。

要注意校对与校勘在适用对象、具体目的和处理方式上的明显差异。校勘以改正和恢复文献本身在撰拟、制作、流传和保管过程中产生的文字错漏为目标，可以择善而从或者罗列异文，可以文字和符号标注校勘意见，但在原文汇编中一般不得直接改动底本所记录的原文。校对则应该直接改动（或者通过校对符号指示复制者、打印者改正）编研过程中所形成的复制件、打印件上的文字错漏，使之尽可能与原文、原件，与编研成果底稿完全一致。

校样要经过多次校对，方能付印。基本的校对方法有对校法、折校法和读校法三种，核红与通读也可以看作是两种校对方法。

核红又称核对、对红，即逐一检查红样（经过校对但还未改版的校样）上以红字标明的改动之处，是否都已在改版后形成的清样上得到了改正。

通读一般用于最后校次。它的特点，是基本脱离付印底稿和红样，不再逐字逐句地比照校对，而是直接通读清校。通读是对一部编研成果质量的全面检查，不仅要注意发现前几个校次和改版中的疏漏之处，更要立脚于成果整体，兼顾内容与形式，兼顾排印质量与编辑质量。通读时发现了问题，可根据情况，查对原件或编研成果底稿，或全面斟酌，妥善处理。通读是编研成果正式传播之前的最后一关，通读者是编研成果的第一个读者，应有较高的水平、素养和认真负责的工作作风。

（三）传播

将编研成果通过各种渠道传递给用户的过程，就是传播。在信息化和信息公开快速发展的背景下，传播编研成果需注意以下几点：

1. 传播渠道更加多样：以纸质书刊的形式公开发表和出版编研成果当然仍是一种重要的传播方式，但早已不是唯一的方式。编研成果还可以在网络上通过网站、博客、微博、数字档案馆、数字图书馆的渠道传播，通过档案阅览室、档案咨询、面向特定人群发送与交流等渠道更有针对性和互动性地传播，通过光盘和缩微胶卷等形式更加廉价地传播，通过档案展览、音像制品等形式更加生动活泼，有声有色地传播。

2. 传播理念更加开放。传播编研成果，应该成为公布档案和档案信息，提供档案利用服务的重要方式，但又不是唯一的方式。应该在保护有关权利人合法权益的前提下，方便和鼓励用户传播已经公开、开放的文件和档案信息。

3. 进一步提升传播过程的技术含量，更加注重现代信息技术在传播环节中的运用。

五、各类档案编研成果的编写

（一）档案文献汇编辅文的编写

档案文献汇编除转录档案原文的正文之外，还包括序、例,、按、注、年表、图例等多种辅文。这些辅文，虽非汇编的主体，但对于帮助读者理解和研究汇编正文却不可或缺。这里着重谈谈如何编写序、例、按、注。

1. 序言的编写

序言，又称序、前言、引言、弁言等，是阐明编著书籍的宗旨或缘起，评述书籍内容与其他有关问题的文章。置于书尾的序言可称作跋、后记等。一篇好序言，是全书的纲领。

档案文献汇编序言的主要内容包括四个方面：其一，阐明编辑意图；其二，评述汇编所收文献的内容和价值，包括：介绍文献内容，评估文献价值，对文献涉及的某些问题作必要的补充、修正或说明，评述重要观点；其三，评述有关的基本史实、历史背景和其他情况；其四，介绍编辑体会和有关研究成果。

编写档案文献汇编序言的基本要求是：序言要有相应的学术水平或思想深度，序言可适度表达编写者的倾向性，序言的篇幅要相宜。

有的汇编，以代序或内容提要代替序言。

2. 编辑说明的编写

档案文献汇编的编辑说明，又称凡例、编辑例言等，是对汇编选收文献的范围、标准和编辑情况的总说明。

编辑说明的主要内容包括两个方面：其一是汇编选收文献的范围和标准；其二是编辑情况，包括汇编的编排体例、转录与点校情况、辅文状况和编辑人员姓名（或单位名称）等。

编辑说明的内容应具有高度的准确性，应与实际情况完全吻合，尤其是对校勘符号和其他符号、注码、标记的介绍要准确；其文句应力求简明扼要，条理清楚。

档案文献汇编序言和编辑说明的关系，大致可分为三种类型：其一是有例无序；其二是序、例合写，其三是序、例分列。在序、例分列时，二者的主要区别在于：序言的重点是评述汇编所收文献的内容及其价值，并可评述有关事实和背景，对读者有指导性作用；编辑说明侧重于介绍编辑情况，是说明具体问题，供读者了解情况的。它们的编写要求也有区别。

3. 按语的编写

按语即编者按,简称按,是编者对一组或一篇文献所作的介绍、评论和说明。

按语可分两类:一类是给小型汇编加的按语,往往兼有短序和编辑说明的某些主要成分和作用。(加按的小型汇编便不写序、例)另一类是给汇编内部的一组或一篇文献加的按语,这类按语不再重复序言和编辑说明已有的内容,而着重在提示、评述或说明该组或该篇文献某些方面的特殊情况。

按语的文字多简短,内容多有所侧重,力求一针见血,画龙点睛。

4. 注释的编写

档案文献汇编的注释,是对汇编所收文献中某些不易被读者理解的内容和文字,以及点校情况、文献来源等问题的解释和说明。

常见的汇编注释包括题解、内容注释、语词注释、点校注释、特殊文句注释和来源及外形注释等种类。

题解是对文献标题、成文背景及其他与文献有关的情况所作的综合性的解释和说明。常见的题解内容大致可包含以下方面:对文献基本状况的说明;对文献形成背景及其意义的评述;对文献署名、作者修改和编辑情况的说明。

内容注释是对文献内容,即文献所涉及的事物、问题和人物等的注释。常见的内容注释有事实注释、考评注释和人物注释等。

事实注释是对文献所涉及的事件、问题、组织、会议、学科,书刊及其他具体事实、过程和细节的说明与补充,又可称为史实注释。

考评注释是对文献所包含的某些观点和记述的评论、考证或说明。

人物注释可包括两方面的内容:一是在文献中以别名或别称出现的重要人物,要注出其本名或为公众所熟悉的姓名。二是对文献中提到的某些重要人物的生平,进行介绍和评论。评述人物生平要实事求是,可以概括介绍人物的主要经历和特殊身份,也可以"时任"为主。

语词注释包括方言、术语、典故、成语、隐语和职官名、地名及其他专有名词与难解词语的注释。

点校注释是对转录原文、标点、分段、校勘和编拟标题等情况的文字说明。其中较多见的是校勘注释,即对校勘情况的文字说明。

特殊文句注释是对文献原文中所包含的引文、译文和音译的注释。

来源及外形注释又可称为出处注释或备考。它主要是对文献出处的注释,也可兼及文本或版本、完整程度、外形特征及出版情况的说明。

注文在汇编内的位置,大致可分为脚注、尾注(含篇后注和书后注)和夹注三种。一般情况下,档案文献汇编宜采用脚注或篇后注。

(二) 浓缩型成果的编写

浓缩型档案编研成果主要包括档案文摘、档案内容提要、档案信息快报、数据汇集、档案数据库、档案信息手册等。

1. 档案文摘的编写

我国国家标准对文摘的定义是："以提供文献内容梗概为目的，不加评论和补充解释，简明、确切记叙文献重要内容的短文。"

档案文摘是简要而准确地摘录、缩写或转述档案主要内容的二次文献。一般以文件或案卷（保管单位）为单元编写，也可围绕一个题目，将相关文件组合起来，作为一个文摘条目的反映对象，可分别称为文件级、案卷级和文件组合级的档案文摘条目。

档案文摘各条目的主要成分包括：

（1）文摘编号。

（2）文摘题录：包括文件或案卷题名（也可是文件组合的题名）、文件责任者即作者、分类号、档号或归档文件编号等。

（3）文献内容摘要：这是文摘的主体部分，是编写文摘时着力最多的部分。

按照摘要部分的详简程度及相应的功能差异，可以将常见的档案文摘分为指示性文摘和报道性文摘两类。

指示性文摘只是简略地介绍档案的主题内容，主要是给读者提供档案线索，并供读者判断是否需要阅读原文。这类文摘一般不包括档案所记述的具体事实、过程和意见，而着重在揭示档案主题或主要记录对象的概念、名称、范围和目的，至多再概略地简介其最主要特性或最主要结论或最终结果。每条字数一般不超过250字，多由编写者根据档案主题进行简略的概括和转述。读者若需全面了解有关文献的基本内容，必须查阅文献原文。

报道性文摘则应对档案原文的要点作比较详细的摘录。要全面反映档案所记录的具体对象、事实、数据、观点、方法、过程、结果或结论等，要使读者不查阅原文便能了解原文的精华。就编写方法而言，可以摘录或缩写原文，也可转述或介绍档案原意。一般情况下，建议尽可能以摘录或缩写为主。每条字数一般以四五百字左右为宜。如果档案有特殊价值或内容特别复杂，也可以长一些。还可按原文长度的十分之一控制字数。

无论是指示性还是报道性文摘，均须客观、忠实地转达档案原意，不得歪曲或片面剪裁，不得将编写者的意见与档案原意相混淆。确有重大问题需要批评或澄清，可另加注释或按语，并用符号标明。无论何类文摘，都应提供浓缩了的档案信息，文字要简明精炼。

为了确保文摘的客观性和准确性，在动笔编写摘要之前，档案编研人员必须认真阅读档案全文，尤其是文献题名、摘由、提要、主题词、开头、结尾和重点、难点段落等。

常见于文摘类报刊的，还有字数教多的简写性文摘（字数可超过千字甚至数千字）和侧重选摘文献精彩部分或可读性较高部分的选择性文摘，可称作"非标准"型文摘。编写档案文摘，当然应该以指示性和报道性文摘为主，但也可根据档案用户的实际需求，适当地编写一些简写性和选择性文摘。

（4）文摘编写者姓名，以示负责。

2. 档案内容提要的编写

提要又称解题、简介，是对文献主要内容及其基本观点所作的简要介绍和评论。档案内容提要通常比指示性文摘更为简短，且可对档案内容及其价值进行提示性的简略评论，是一种指示性与评论性相结合的更精炼的文摘。

3. 档案信息快报的编写

档案信息快报是一种及时向用户通报档案信息的文献。它是一种比文摘和提要更为灵活与快捷的档案信息缩制品,也可看作是一种方便型的文摘。

较之前述档案文摘与档案内容提要,档案信息快报通常应具备快、活、明三大特点:

(1) 快,即迅速及时。这是档案信息快报的最主要特点和优点。在管理、利用和编研档案的过程中发现了有扩散价值的档案信息,新接收了一些重要档案文件,等等,都应及时通过档案信息快报快速向有关用户通报。

(2) 活,即不拘成法,量体裁衣。根据所报道档案和档案信息的实际情况,同一份快报所含各条目的编写格式允许灵活多样,可详可简,题录式(相当于文摘的题录部分)、文摘式、提要式、简介式(不作评论性提示的内容提要)、新闻式(消息报道),乃至动态介绍式,情况综述式均可。在通报档案信息时,不一定全面介绍单元文献的主要内容,而是更多地侧重于提示特别新颖或意义重大的部份。详写者,文长可以超过报道性文摘,可以接近简写性文摘。简要者,可以只提供简明目录。在编排体例、栏目设置方面,亦应采取灵活的方式。

(3) 明,即明白易懂。要做到深入浅出,直截了当,流畅通达,非专业人员也能基本读懂。快报中一些需要通过大众传媒(如广播、电视、新闻性报刊和计算机网络等)向公众传播的信息,更要注意表达方式的醒目性或鲜明性(易于引人注意并给人深刻印象)、通俗性(语言生动形象并尽量接近口语)和直观性(可以方便地转化为视频、音频、图像、图表)等。

4. 数据汇集的编制

数据汇集是以数字的形式反映基本情况或汇总科技信息,可供用户随时查阅的工具书式的档案参考资料,又称数据手册。

数据汇集可分两大类:一大类是统计数字汇集,又称基础数字汇集、基本情况统计。这类汇集是在对档案中包含的基础数字或统计数字进行摘录、整理和初步分析的基础上,汇总为新的统计表或统计表汇编。又可细分为系统记载一个地区或系统或单位全面情况的综合性统计数字汇集和记载某一方面或某一专题基本情况的专题性统计数字汇集。另一大类是科技数据汇集,又称参数汇集、参数表、参数手册等。此类汇集主要由档案所载反映科研、技改、生产、基建等活动条件、方法、目标、成果、结论及其他信息的重要数据,或表明某种产品、设备及其生产、使用、运转或试制过程的某种性质的常量或参变量,即参数编制而成。此类汇集通常按专题或产品编制,并多在题名上冠以专题或产品名称。

企业档案部门编制的统计数字汇集中,最重要和最常见的是企业财务数据汇集,包括全面反映企业生产、经营、财务状况的综合性财务数据汇集和专门记载某方面情况的专题性财务数据汇集。企业财务数据汇集,尤其是专题性财务数据汇集,是企业决策的重要依据,是企业持续开展生产经营活动的必备工具。

参数汇集有较强的专业性,可与有关专业部门或有关专家共同编制,所选参数应能准确地反映对象的某种性质、特征或基本要求,要有实际的参考价值。

数据汇集的编制方法以摘录和选编为主,多采用表格形式,也有用图表形式的(如曲线图、条形图、网络图和其他形式的示意图）。表格式数据汇集的编制可分三步：一是根据档案所载数据和社会利用需求的实际情况，选定栏目名称，制作表格。二是摘录档案记载的数据，填入表格。必要时，还应对档案所载数据进行整理和分析，再将所得数据填入表格。三是按照一定的题目，将有关数据表编排汇集成册。必要时，可以单独发表一份或几份相关数据表，也可以把数据表作为其他编研成品的一部分或附录。

（三）综述型成果的编写

综述型档案编研成果的种类很多，这里主要谈谈大事记、组织沿革、多种专题概要和地区或组织历史综述的编写。

1. 大事记的编写

大事记是按照时间顺序，扼要记载一个国家、地区、社会组织或者个人一段时间的重大事件和重要活动的综述型档案编研成品，又简称大事年表。企业大事记是其中的一种。

（1）企业大事记的种类和编排体例：

从企业大事记的内容上分析，有综合性的，也有专题性的。综合性大事记全面记述企业各方面的重大事件和重要活动。专题性大事记则专门反映企业某一方面的重大事件与重要活动，如基建技改、营销活动、新产品研制等各方面的大事记。

企业大事记通常由一个个的条目，按照年、月、日的顺序依次编排，即所谓"以时系事"。也有的企业大事记，由于所涉及的问题头绪较多，先按问题分类，再按时间先后顺序排列有关大事条目。

（2）企业大事记的编写程序：

为了使企业大事记的编写工作持之以恒，形成制度，宜采用平时坚持记录，逐年编订成文的编写程序。

所谓平时坚持记录，就是要建立企业大事记录制度，由企业办公室指定专人负责填写大事日志（逐日填写），或大事月表（按月填写），或大事记录本、卡（大事发生的当日或次日填写），以备年末系统整理。企业档案部门要监督、检查和指导大事记录工作，并督促建立和完善大事日志、月表、本、卡的归档制度。大、中型企业除总厂（总公司）要指定专人记录大事外，还应建立大事填报制度，各直属机构要及时向总厂（总公司）申报本机构所发生的大事。也可在二级机构（乃至有一定规模的三级机构）普遍建立大事记录制度，为企业编写大事记积累各方面的原始记录。

所谓逐年编订成文，就是每年续编上年大事记，使企业大事记成为逐年延伸的活体。续编大事记的时间，通常应摆在次年第一季度，也可与企业管理类（含党群工作、行政管理、经营管理、生产技术管理等类）文件的归档工作同步或紧接其后进行，以便查阅档案，与档案记载相核对。

为方便编写专题性大事记，大事记录卡（本）也可按专题分别填制。还可在大事日志、月表或大事记录本、卡的每卡（页）上，标注专题标记，使这些原始记录既可用于编写综合性大事记，也可分别用于编写专题性大事记。专题性大事记的编订时间可以根据需要，灵活掌握，例如可在历经数年后进行总结性编写。

（3）大事条目的编写要求：

企业大事记的主体部分是大事条目。各条目主要由大事记述和大事时间两种成分构成。

大事记述是大事条目的核心成分。编写大事记述要注意的问题包括：选事得当、记事客观、简明清楚、褒贬适度、信息源可靠。

所谓选事得当，是说选取大事既要做到大事突出、要事不漏，又要防止庞杂繁琐、巨细无遗。

所谓记事客观，是说大事记要如实反映企业的真实情况，要认真核实和全面辨析档案记载与客观事实是否有出入，数字、情节、名称、地点等要力求准确具体。

所谓简明清楚，是说大事记述的文字要简洁，记载要清楚，风格要朴实。大事条目通常为一条一事。不要把几件事搅在一起记述。一般应该是详事略人，详异略同（突出有本企业特点的大事）。必须记载有争议或暂未作结论的问题时，宜粗不宜细。

所谓褒贬适度，是说大事记应侧重于客观记述，一般不加主观评议。对于事件的褒贬，可以通过客观记述的字里行间，自然地流露出来。例如：×年×月×日，由于行车未及时检修，发生重大安全事故，死1人伤3人。是为该年的第3起重大人身伤亡事故。确有必要的，也可作公正、中肯、简短的评议。

所谓信息源可靠，是说编写大事记述必须以信实、权威、充分的材料来源为依据，忌捕风捉影，道听途说。企业档案部门参与企业大事记的编写工作，一般应以档案文件（包括企业生产、经营活动中形成的档案文件和大事日志、月表、大事记录本、卡等）为主要信息来源。必要时，也可兼采其他文献资料，或向有关人员调查。可在大事记的重要条目之后，标注信息来源（如有关档案文件的档号等）。必要时，还可直接摘引重要文献中特别精当中肯的词句或数据。

大事时间是大事记条目的另一主要成分。记载大事发生时间的基本要求是准确。通常应写明确切的年、月、日。有些大事的发生时间甚至要求精确到时、分、秒，或者是凌晨、上午、下午、傍晚、深夜等。

大事发生时间不清楚的，要尽力加以考订，力求写明确切时间。确实考订不清的，要记载近似日期。日不详，则记月或月和旬，并将条目置于该月或所属旬后；月不详，则记年或年和季，并将条目置于年或所属季后。

有的大事，如会议、活动等，迁延数日或数月，可根据情况分别采取以下记时法：一是在起、止月、日各形成一条目，分别写明大事开始和结束的时间。二是将一件大事的全过程，写入同一个条目，并在该条目内依次写明该大事发生、发展和结束的重要时间。这样的条目通常按大事开始时间排定其位置。也可将涉及时间较长的这类条目置于有关年、季或月的其他条目之后。三是跨年度的大事，通常应在各有关年度分别形成条目，以保持各年度大事记的相对完整性。

有的大事条目还可附有必要的注释。

（4）大事记的辅文：

企业大事记还可包括以下辅文：正文之前的前言（编写说明）与目录，正文之后的各种附录等。

2. 企业组织沿革的编写

企业组织沿革是系统记载企业生产、经营范围与规模，经营管理体制，内部组织机构，人员配置的基本情况及其沿袭和演变的综述型档案编研成果。

（1）企业组织沿革的内容：

通常可包括企业概况及其沿革简介，企业领导人、高级管理人员和企业领导机构的设置及其变化情况，企业内部其他组织机构的设置、职能或主要生产、经营任务及其变化情况，内部机构主要负责人的姓名及其任免情况，企业及其内部机构在册职工人数及其变化情况，企业与主要相关单位的联系及其变化，以及主要相关单位的重大变更事项等。

（2）企业组织沿革的体例：

企业组织沿革的编写体例，较常见的有 4 种：编年法、阶段法、问题法、机构法。

其中，问题法通常与编年法或阶段法相结合，形成年度（阶段）——问题体例和问题——年度（阶段）体例。

机构法可与编年法、阶段法和问题法分别结合，形成多种复合体例，分别适用于情况各异的大型企业。常用的复合体例有：问题——系列——年度（阶段）体例；年度（阶段）——问题——系列体例；系列——年度（阶段）体例等。

（3）企业组织沿革的形式：

企业组织沿革可以采用文字叙述或图表显示的形式，但最常用的还是图文并用，即文字叙述与图表显示相结合。

通常的做法是，企业概况及其沿革宜用文字叙述，机构和人员配置及其沿革宜用图表，其他有关情况可酌处（如主要领导人简介用文字叙述，相关单位情况可灵活处理等）。这样做，可收简洁醒目，条理清楚之功效。

3. 专题概要的编写

专题概要是简要记述某一方面社会活动或自然现象的基本状况及其发生、发展、变化过程的档案参考资料。专题概要种类很多，常见的有会议简介、项目与成果简介、行业或专门问题概况、产品说明书、专题经验总结、地区性情况综述，还有地区、行业和组织的年鉴等。

会议简介又称会议基本情况简介，例如历届党代会、人代会、政协会和重要的工作会、专业会议简介，即属此类。

项目与成果简介是对于科技、生产、建设活动过程或成果的简要介绍，包括产品介绍、科研成果介绍、工程项目介绍、新工艺新技术介绍等。

行业或专门问题概况是对某一行业（如工业、农业、商业及其所属具体行业）、某种资源（如矿产、水利资源）、某一问题（如某种疾病及其防治）等的基本状况及其变化情况的概略介绍。这类概要的记述范围多限制在一定地区之内，也有全国性的。

地区性情况综述是综合反映某一地区各方面基本情况的概要。

（四）创新型成果的撰写和创作

创新型即创作、论著型成品。其体裁，既有论文、专著、研究报告，又有文艺作品、视（音）频专题节目和各类广告等。其具体撰写和创作方法涉及面很宽，本书不拟详述。

这里只想强调一点，就是这类成果最大的特点就在于创新，就在于新知识、新见解、新思想、新成果的创造。撰写和创作这类成品，既要注意充分利用档案和档案信息作为主要材料基础，更必须特别注重深入的科学研究和创造性思维，敢于质疑传统观点，敢于推陈出新。要在开发档案信息资源的基础上，力求在原始创新、集成创新和引进消化吸收再创新等诸方面有所贡献。

思考练习题

1. 简述《中国档案分类法》的分类体系和《中国档案主题词表》的基本结构。

2. 什么是档案著录？如何进行档案著录？

3. 什么是档案标引？如何进行档案标引？

4. 如何建立档案计算机检索系统？

5. 如何编制文号索引与全宗指南？

6. 什么是档案编研工作？档案编研成果的主要类型有哪些？

7. 档案编研的基本程序包括哪些环节？

8. 档案编研应该如何确定选题？

第十章　档案的利用服务与统计

档案具有特殊价值和作用,而这种价值和作用只有通过利用才能实现。档案统计是档案管理工作的重要内容之一,涉及了档案管理领域所有的重要事实与数据。登记则是统计数据的主要来源。学习本章,要理解和掌握档案利用服务的常见方式和档案利用服务方式的发展与创新,了解档案统计的的基本知识。

第一节　档案的利用服务与开放

一、档案利用服务工作概说

档案馆收藏档案的根本目的就是满足广大档案用户对档案信息资源的利用需求,为社会进步与发展服务。档案本身具有重要的作用和价值,档案内容信息要想在社会生活中发挥其作用、实现其价值,必须通过档案利用服务工作来实现。档案利用服务工作是指档案保管部门以所收藏的档案资源为依据,以利用者为服务对象,通过一定的方式与方法,直接提供档案信息,为社会各项事业服务的一项业务活动。

档案利用服务工作的内容,包括了解和熟悉馆(室)藏档案资源的内容和成分,掌握各种检索工具的使用方法;分析和预测社会对档案信息的需求特点,把握档案利用需求的发展规律;向档案用户揭示和报道馆(室)藏中相关的档案信息线索,积极开展档案咨询服务;直接向档案用户提供他们所需要的档案文献与档案信息。

"档案利用服务"和"利用档案"是两个既有区别又密切联系的概念。档案利用服务是指档案部门通过一定的手段和方法满足档案用户的信息资源需求;利用档案是指利用者为了解决工作或生活中的问题而使用档案。这两个概念又紧密联系着,有了利用档案的需求,档案利用服务工作才有存在的必要性;有了档案利用服务工作,才能更好地实现对档案的利用。两者相辅相成,缺一不可,档案利用服务工作是利用档案的必要条件,而利用档案是否能够迅速、准确、有效、全面,又是检验档案利用服务工作质量与水平的重要标准。明确这两个概念的关系,档案馆(室)才能进一步认识到自身的职责,变被动服务为主动服务,充分实现档案的价值和作用。

二、档案利用服务的常见方式

档案部门为了更好地发挥档案的价值和作用,需要主动地提供档案利用服务,最大限度地满足用户对档案信息资源的利用需求。利用服务中提供档案信息资源的方式,概括起来一般有以下几种:

一是提供档案原件服务,指根据档案用户的利用需求,直接提供档案原件给用户查询,例如阅览室服务、档案外借。

二是提供档案复制品服务,指为了保护档案原件,制作各种档案复制件,以代替原件提供利用,例如提供文件的副本、档案文献汇编、档案的纸质、缩微和数字化复制本等。

三是提供档案信息加工品服务,指根据档案内容综合编写参考资料提供服务,例如编写大事记、组织沿革、专题概要等。

档案利用服务的实施途径或者叫实现方式,主要有以下几种:

(一)阅览室服务

阅览室服务是指档案馆(室)开辟一个特定的区域,向档案用户提供档案信息服务的一种方式。阅览室服务目前是档案利用服务最主要的一种方式,因为档案是人类历史的原始记录,一般多为单份、孤本或稀本,有的内容还具有一定的机密性,这就决定了档案一般不宜外借。另外,档案利用者在利用档案的过程中如遇到问题时,也能得到及时、有效的咨询服务。

档案部门应该为档案用户提供一些必要的阅览条件,包括物质条件,主要指阅览室的一些硬件设施和检索工具、参考资料等;人员条件,是指业务能力强、工作态度好,能为用户答疑解难的档案工作者;制度条件,是指为了维护阅览室的正常工作秩序、确保档案实体和信息的安全,阅览室应建立健全各项规章制度,明确接待对象、借阅范围、借阅手续等,并做好相应的借阅登记工作。阅览室还应该安装必要的监控设施,以确保档案的安全。

(二)外借服务

外借服务是指档案馆(室)为了满足某些需要档案原件或者副本作为证据等特殊的利用需求,经有关部门审核批准,允许档案用户暂时将档案借出馆(室)外使用的一种服务方式。其主要的服务对象是本机关领导和档案的形成部门。

档案外借服务一定要慎重,应该履行严格的审批手续。借出的期限不宜过长,借出档案的数量不宜过多,外借时需要做好外借登记。期满未还,应该履行催还手续。对一些特别珍贵的、残缺的、脆化的文本、古稀文本以及一些照片、影片、录像(音)带等的原件,一概不能外借,避免造成不必要的损失。

(三)档案展览

档案展览是指档案部门根据某种需要,按照一定的主题,以图片、文字、实物或模型等作为主要载体,借助于现代信息技术,系统地揭示和介绍档案馆(室)藏中有关档案的内容和成分的一种具体服务方式。它既是开发利用档案信息资源的一种有效方式,也是宣传档案和档案工作的一个窗口。

1. 档案展览的类别

根据展出时间长短来划分,档案展览可以分为长期展览和短期展览:

(1)长期展览是指档案馆根据自身的条件,在馆内设立长期的固定的展览厅(室),全面系统地陈列馆藏中反映国家、民族、本地区或者本单位历史发展的珍贵文件,供社会各阶层、各行业的人员参观,提高社会的档案意识。

(2)短期展览是指档案馆(室)为了配合某项工作或活动而举办的各种专题展览,具有较强的针对性和宣传教育功能。短期展览具有形式灵活,周期较短的特点。

2. 档案展览的作用

一是展览本身就是一个提供利用档案的现场。二是宣传作用。经过挑选后展出的典型档案资料,能够给参观者深刻的感性认识,这对档案的作用和价值是一次生动、直观的宣传。三是教育作用。展出的档案资料,特别是一些珍贵的历史档案,能够对广大人民群众进行爱国主义教育。四是增强档案部门的社会效益,提高其知名度,便于开展工作的有效形式。

3. 档案展览的保护和保密工作

展出档案的保护工作是档案展览工作中一个非常重要的部分。在展览前要对所需的展品数量、展品类型、展品的质地等情况进行规划。对于一些珍贵档案尽量用复制品代替原件,以防对原件造成不必要的损失,若必须展出原件时,最好是陈列在玻璃柜内或采取相应的保护措施。展览的时间不宜过长,以防档案被损坏。展览还应坚持保密原则,凡涉及保密范围或不能公开的档案不能展出。在展览过程中还应配合相应的讲解员,对展出的档案进行介绍并负责解答观众提出的问题,这是联系档案馆与公众的纽带和桥梁。

4. 档案展览现代化

随着信息化浪潮的推进,现代信息技术已经广泛地渗透到各行各业中,也为档案展览注入了前所未有的巨大生机与活力,成为档案展览的必然发展趋势。传统的档案展览处于一种静态的模式,给人一种单调呆板的感觉,多媒体技术在档案展览服务中的应用改变了这一传统模式,使档案展览有了动态美。在档案展览中运用声音媒体、影像动态媒体、互动式媒体等现代科学技术,使展览产生了强烈的视觉冲击力和令人震撼的艺术感染力,参观者仿佛身临其境、置身于历史长河之中。

(四)制发档案复制件

制发档案复制件是指根据档案用户的合理需要,以档案原件或已有的档案副本为依据,通过复制、摘录等手段,向档案用户提供档案复制品的一种服务方式。

制发档案复制件提供利用具有很大的优点:一是用户不需要到档案馆(室)就可以获得所需要的档案材料,既方便了用户,又可以在同一时间内满足多个利用者的需要,充分发挥档案的作用。二是有利于档案原件的保护,因为档案部门提供给用户的是档案复制件,有效的减少了档案原件的使用次数,避免了各种潜在的不利因素对档案原件的威胁。

当然,制发档案复制件也有它的局限性,比如不能满足那些需要档案原件作为证据的档案用户的需求和不利于有些信息内容的保密。因而在制发档案复制件时对一些易损和珍贵的档案应该严格控制;复制时应该履行审批手续,仔细对照原件和复制件,必要时还应该加盖档案馆(室)的印章。

(五)制发档案证明

制发档案证明是指档案馆(室)依据自身的库藏,根据机关、团体或个人的询问和申请,为了核查某种事实在馆(室)藏档案中的记载情况而摘抄编写的书面证明材料。

制发档案证明是一项政治性很强的工作,一般应先由利用者提出申请,说明索取档案证明的目的,要求证明的事项及其发生的时间地点等一些情况,经领导审查批准后,由档案人员根据库藏档案记载的内容出具相关证明。

档案证明的内容应真实、准确,与所引用的档案原文保存一致。为了确保档案证明的有效性,档案证明应依据档案文件的正式文本出具,档案工作人员不对档案内容做任何评论和解释,只证明某件事情在档案中有无记载和如何记载。

(六) 档案咨询服务

档案咨询服务是指档案部门以档案为根据,通过个别解答问题的方式,向利用者提供档案、档案专业知识、档案检索途径的一项服务性的工作。

档案咨询服务的范围包括:解答咨询,即以口头或书面的形式答复利用者的询问。协助检索,即指导利用者使用档案检索工具,为查找档案资料的用户提供档案线索。

档案咨询服务主要有以下类型:

1. 按照咨询的形式分为口头咨询和书面咨询。

2. 按照内容性质分为事实性咨询、指导性咨询和检索性咨询。

档案咨询服务工作程序一般分为接受用户咨询、咨询分析、查找档案材料、答复咨询、建立咨询档案五个步骤。从事档案咨询服务的人员不仅要有强烈的责任心、良好的服务态度,还需要过硬的档案专业知识和熟悉馆(室)藏档案的内容及特点。

三、档案利用服务方式的发展与创新

进入新世纪以来,我国档案利用服务工作面临的宏观环境已经和正在发生重大的变化。2008 年 5 月 1 日《中华人民共和国政府信息公开条例》的实施给档案部门带来了极大的机遇和挑战,档案利用服务工作也受到了影响和挑战。政府信息公开已经成为我国政治文明建设的重要组成部分,成为社会进步的重要潮流。而政府信息公开的重要内容和重要途径之一,就是向公众提供已公开和可公开的现行文件及已开放和可开放的档案。这样一个全新的格局,为档案馆(室)利用服务机制的创新提供了优越的社会环境和良好的基础条件。档案部门应该在信息公开这个时代潮流的推动下,抓住机遇,迎接挑战,全面提升文件和档案利用服务、开放、公布、公开工作的水平,以适应三个文明建设和坚持以人为本,全面、协调、可持续发展的需要。

按照现行法律、法规和规章的规定,可以向公众开放即公开的文件和档案,应该包括三个部分:一是"国家档案馆保管的档案,一般应当自形成之日起满 30 年向社会开放",这是档案法的规定。二是"国家档案馆保管的经济、科学、技术、文化等类档案,可以随时向社会开放",这是档案法实施办法的规定。三是已公开和可公开的现行文件,应免费向公众开放,这是政府信息公开的要求。这些所谓"现行文件",除了一部分仍处于现行阶段外,还有相当大的一部分实际上是处于半现行阶段即属于现行机关档案的现行有效文件。

(一) 内部档案机构可以面向社会提供有限制的利用服务

现行文件和内部档案机构所保存的档案中,都有一部分是已经公开或可以公开的。这些文件和档案事实上已经对公众和形成单位之外的其他社会组织具有查考利用价值,并且公众和其他社会组织对这些文件和档案的利用又是有关法律、法规、规章或其他规范性文件所允许的。基于此,内部档案机构也可以面向社会提供有限制的利用服务,即"适度开放"。

所谓面向社会提供有限制的利用服务即"适度开放"的含义是:

1. 机关档案室等内部档案机构仍应坚持主要为本单位和本系统工作活动服务,主要为本单位领导、职能部门和员工服务。这是由内部档案机构的性质和主要职责所决定的,不能动摇。

2. 党政机关档案室应安排一部分时间和精力,以各种方式向本机关的服务对象即有关公众和社会组织提供已公开和可公开的文件和档案。例如,工商、税务、质量技术监督、城市房地产管理等部门的内部档案机构,既可以在本机关的网站上公布有关规范性文件,提供这些文件和相关档案的检索与利用服务;也可以在相关的政务服务大厅、服务场所开设文件与档案利用服务窗口或触摸屏式服务终端,把政务管理工作与相关文件和档案的利用服务工作有机地结合起来。这种服务应充分体现"政府信息以公开为原则,不公开为例外"的原则,而且一般应是免费的。

3. 企业的内部档案机构可以在互利互惠和确保企业合法权益不受损害的前提下,有条件地向关联单位或客户提供本企业文件和档案的利用服务。这种服务是否收费,原则上应由企业自主决定。

4. 高等学校档案馆、特大型企业集团档案馆等一部分规模较大的国有企业、事业单位档案馆,已经成为法定的或事实上的终极性档案馆。这类档案馆既是所在单位的内部机构,又有义务承担公共档案馆的某些职能。它们的馆藏中符合开放条件的档案,也应该向公众开放。以高等学校档案馆为例,如果它们始终不向公众打开大门,那么,记录我国高等教育发展历程的档案史料什么时候能与普通老百姓见面呢?

5. 政府信息公开工作中对 5 类不予公开信息的限制性规定,当然适用于内部档案机构。换言之,面向社会提供有限制的利用服务,必须以确保国家秘密、商业秘密和个人隐私的安全为前提,以维护国家、社会和相关组织与个人的合法权益为前提,以确保内部档案机构所在单位工作秩序正常为前提。这些前提,就是我们必须遵守的"限制",就是我们不能超越的"度"。

6. 内部档案机构"适度开放"可与现行文件利用中心互补。目前,不少档案馆都在创新服务机制,开办了现行文件利用中心一类机构,主动承担起更加贴近公众和现实的现行文件开放工作。然而,这类文件利用中心的作用又是有限的,远不能适应公众对政务信息公开的要求。这样,机关档案室等内部档案机构是否可以向公众开放的问题,便顺理成章地提上了议事日程。

7. 内部档案机构"适度开放"还可与档案馆互补。因为档案馆开放的档案信息在时间上老化、滞后,在空间上断层、脱节。按照现行《档案法》规定,档案馆馆藏档案一般自形成之日起满 30 年才对社会开放,也就是说开放的是 30 年前形成的档案信息,即使有开放期少于 30 年的,但从总体上看,仍相对老化、滞后,不能完全满足利用者现实的、工作查考利用的需求。

(二) 公开文件和开放档案应视为已经公布

利用者利用并公开传播已开放的档案,不需履行公布手续。对已公开文件和已开放档案都应该视为已经公布。不应再对已开放档案的利用者设置"无权公布"的障碍。这是把我们的各级各类国家档案馆真正办成开放型档案馆,真正办成公共档案馆必须解决的问题,是档案馆开放工作更上层楼的必要条件之一。公开、开放、公布这三条门槛应该"三合一",应该有一个公开、开放、公布的统一标准,从原则上讲,这个标准就是维护国家安全和利益,有利于社会的稳定与发展,不损害相关组织和公众的合法权益,总之,不违宪不违法。①

(三)数字档案馆建设推动了档案资源共享

数字档案馆的建设,突破了时间和空间的限制,克服了馆藏资源匮乏的局限,满足了分布于不同领域、不同时间的信息用户多元化、个性化的信息需求,可以最大限度地实现档案信息资源共享。数字档案馆的建设为档案信息资源的深度开发和合理利用提供了一个全新的途径和手段,能够极大地方便档案利用者②。

四、开放档案

(一)开放档案的含义

开放档案是指将保密期满和其他可以公开的档案,解除"封闭",向社会开放,允许档案用户在履行简单的手续后,即可通过一定的方式,进行开发利用。1987年颁布的《中华人民共和国档案法》第十九条规定:"国家档案馆保管的档案,一般应当自形成之日起满30年向社会开放。经济、科学、技术、文化等类档案向社会开放的期限,可以少于30年,涉及国家安全或者重大利益以及其他到期不宜开放的档案向社会开放的期限,可以多于30年。""档案馆应当定期公布开放档案的目录,并为档案的利用创造条件,简化手续,提供方便。"我国公民和组织持有身份证、介绍信等合法证明,可以利用已经开放的档案。"外国人或者外国组织利用中国已开放的档案,须经中国有关主管部门介绍以及保存该档案的档案馆同意"。上述规定为档案的开放奠定了基础,也是从事开放档案实践活动的重要的法律依据。

(二)开放档案的原则

1. 开放档案应遵循合法原则

开放档案的合法原则是指档案馆开放档案应遵守档案法律法规、保密法律法规、知识产权法律法规及政府信息公开法规等方面的规定。③ 防止一些不应该公开的档案信息泄露,造成不必要的损失。

2. 开放档案应遵循主动原则

开放档案的主动原则是指在现实的基础上预测和了解社会的利用需求,为用户找档案和为档案找用户,变被动服务为主动服务,大力开发档案信息资源,主动提供给社会各界利用。加强档案宣传,沟通社会联系,提高社会的档案意识和档案界的社会意识。

3. 开放档案应遵循及时的原则

开放档案的及时原则是指档案收藏部门将可以开放的档案以最快的时间向社会公开或依权利人(组织)申请而公开。档案开放的及时主要体现在档案本身开放的及时和满足利用者利用的及时两个方面。

① 黄存勋:《走向公开:创新档案利用服务机制的最佳切入点》,载《档案学通讯》2005年第1期,第46—49页。
② 罗宝勇:《政府信息公开环境下档案信息资源开发利用的思考》,载《档案》2010年第6期,第53页。
③ 马素萍:《论档案馆开放档案的原则》,载《档案学通讯》2005年第2期,第42—44页。

4. 开放档案应遵循易用的原则

开放档案的易用原则是指档案收藏部门应方便、快捷和最大限度地满足利用者利用开发档案的需要。易用性是决定档案用户是否寻求档案利用服务的重要因素。因此，档案部门应简化档案开放的手续、建立有效的检索工具、缩短查找时间，要求档案工作者热情服务，快捷、有效地满足档案用户的利用需求。[①]

(三) 开放档案的意义

1. 开放档案是社会文明程度的体现

开放档案在一定程度上反映了一个国家社会开放与文明进步的尺度，是这方面的标志之一。档案开放有利于加速我国民主政治的建设和科学文化事业的繁荣。

2. 开放档案有利于促进档案馆事业的发展

开放档案有助于改变档案工作的传统观念和封闭思想，开阔利用档案的领域。通过广泛地为社会主义物质文明和精神文明建设服务的实践，能促进档案馆事业向更高的水平发展。档案开放工作的顺利开展，将会唤起社会各界对档案馆的关注和支持，有利于推动档案馆事业的持续发展。

(四) 档案的开放与保密

要正确处理档案开放与保密之间的关系，明确开放档案的范围。从根本上讲，必须解放思想，提高认识，树立档案开放和保密相统一的观念。一方面，过分强调开放档案，认为"档案无密可保"，容易造成泄密，给国家和人民带来不应有的损失。另一方面，过分强调保密，认为"开放危险，保密保险"，容易造成该开放的档案没有得到开放，影响档案作用的发挥，阻碍档案事业的发展。档案开放与保密都是为了全面、及时、有效地实现档案的价值，其目的是一致的。档案部门应该做好开放档案的鉴定工作，把保密期满和其他可以公开的档案，及时解除"封闭"，向社会开放。

第二节　档案统计工作

一、档案统计工作概述

档案统计工作，就是运用一系列的统计技术与方法，通过表册和数字的形式，描述和分析档案和档案工作各种现象、状态和趋势，揭示档案和档案工作量变过程的一项业务环节。它是了解、认识和掌握档案工作总体情况的重要手段，同时也是对档案工作进行宏观控制、监督的有效手段。

档案统计的内容包括档案的进出、整理、鉴定、保管数量和状况的登记，档案检索工具、编研资料、提供利用的登记以及档案构成、利用效果、机构人员等情况的基本统计和其他专门统计。其基本任务，就是对档案和档案工作的发展情况进行统计调查和分析，并提供统计资料，实行统计监督。

从统计工作对象划分，档案统计可以分为两个方面：一是对档案实体及管理状况的统计，

---

① 刘社文：《论政府信息公开环境下档案开放的原则》，载《安徽农业大学学报》(社会科学版)2009 年第 6 期，第 76 页。

215

另一方面是对档案事业组织与管理状况的统计。目前,我国档案工作的统计体系基本上分为四个层次:

1. 全国档案工作基本情况统计,由国家档案局组织,国家统计部门监督指导。

2. 专业系统档案工作基本情况统计,由专业主管部门进行。

3. 地方档案工作基本情况统计,由地方档案部门组织。

4. 档案馆(室)档案工作基本情况统计,由各馆(室)组织。

(一)档案统计工作的意义

1. 档案统计工作是进一步做好档案实体管理工作的重要依据。档案人员在收集、整理、编目及分类等系列工作中,利用统计数据作参考,判定出移交档案是否齐全完整、分类是否合理,编目是否科学及利用效果是否良好等,做到通观全局、心中有数,从而保证档案管理的科学、规范。

2. 档案统计工作是档案事业建设的一项重要基础工作。建立健全科学的档案统计工作,不仅可以准确反映各级档案部门的工作状况,还可以对各级档案部门的工作情况进行全面分析与比较,便于档案行政管理部门对各级档案部门进行分类指导、监督和检查,而且可以及时掌握档案工作中出现的问题,并及时纠正,从而进一步提高档案工作水平,推动档案事业的科学发展。

3. 档案统计工作可以为制定档案工作方针、政策提供依据。从对档案统计结果的分析中,能够探索出档案工作中的好的经验与做法,也可以发现其中的不足,这样,经常性的统计工作就可以形成定性的结论,总结出档案工作的发展规律,为制定档案工作的方针、政策提供有力依据。

(二)档案统计工作的基本要求

1. 档案统计工作必须保证真实性、客观性和科学性。这是对档案统计工作最基本的要求。要求档案统计必须依据相关法律法规,不得虚报、瞒报和拒报,更不得伪造和篡改。

2. 档案统计工作应遵循全国统计工作的现代化建设要求,逐步实现统计指标体系的完整性、统计分类的标准化、统计调查工作的科学化,统计基础工作的规范化、统计计算和数据传输技术的现代化以及统计服务的优质化。

3. 充分发挥档案统计的服务和监督作用。档案统计要为多方面的研究工作和各级决策提供参考、咨询等作用。

(三)档案统计的步骤

1. 统计设计

统计设计是统计工作的前期准备阶段,是根据统计研究的目的和研究对象的特点,明确统计指标和指标体系以及对应的分组方法,并以分析方法指导实际的统计活动,其基本任务是制定出各种统计工作方案。

统计设计是统计工作的指导依据,后面具体的统计行为包括统计调查、统计整理和统计分析都是按照统计设计的程序和步骤进行的,所以,统计设计是决定统计工作效益及成败的关键所在,是统计工作过程不可缺少的重要环节之一。

2. 统计调查

统计调查是统计工作的实际开端。进行档案统计,必须以大量真实的事实材料为支撑,获取事实材料的途径就是调查。统计调查的基本形式有综合性调查和专门调查两种。

综合性调查是档案统计中最常用的一种统计方法,其具体表现形式是各种各样的统计报表,一般由档案行政管理部门组织实施。下级档案行政管理部门和档案馆(室)必须以原始记录为依据,按照规定的样式,统一的计算方法和限定期限填送报表,并确保数据和材料的真实性和准确性。

专门调查是因某一特定需要而临时组织的专门性统计调查,是综合性调查的补充形式。其组织者或为国家行政机关,或为社会性、学术性团体,调查方法也多种多样,诸如普查、重点调查、抽样调查和典型调查等。

3. 统计整理

统计整理是统计工作全过程的"中间制作"阶段,指对获取的原始数据进行分组、归类、审核、计算等加工整理,使之条理化、规范化、系统化,把反映总体单位的大量原始资料,转化为反映总体的基本统计指标,其目的是为下一阶段的统计分析提供系统、规范的数据。

统计整理的具体方法主要有统计分组和统计表两种:

(1)统计分组:

统计分组是统计整理的前提和基础,是指按照一定的组织形式和方法,将统计对象及其数据按某些特征或性质标准划分成不同的组,然后将各组内的各统计对象和数据进行排列、计算等处理。进行统计分组,要保持各组内统计资料的一致性和组间资料的差异性,便于运用各种统计方法研究现象的数量表现和数量关系,从而正确地认识档案工作的本质及规律。

(2)统计表:

统计表是将统计调查得来的原始数据进行系统排列、分组、归类、计算等整理工作时使用的工具和表述形式,一般以表格的样式显现。统计表是表现数字资料整理结果最常用的一种表格,例如××省进行档案工作情况调查,统计表格式及内容见表10-1。

表10-1　　××省省级机关档案工作调查情况统计表

序号	下属企业事业单位名称	专职档案人员数	兼职档案人员数	室藏档案数量										零散文件数(卷、件)	备注
				文书档案		科技档案(卷)	基建档案(卷)	会计档案(卷、册)	照片档案(册、张)	音像档案(盘、盒)	光盘档案(盘)	实物档案(件)	图纸(张)	其他档案(卷、件)		
				(卷)	(件)											
1																
2																
…																

4. 统计分析

统计分析是统计工作全过程的最后阶段,主要是运用统计方法及与分析对象有关的知识,从定量与定性的结合上对档案统计的结果进行分析研究,得出结论的过程。其总体目标是从统计数据中发现确定性、趋向性、规律性的情况与问题,并对这些情况与问题产生的原因及相关因素进行研究,以得出明确可靠的结论。

二、内部档案机构的登记与统计工作

（一）内部档案机构的登记工作

内部档案机构主要是指单位内部管理档案的部门,包括内部档案馆(室)、资料室等。内部档案机构的档案登记工作是指对档案管理活动中出现的所有重要事实、行为和数据进行随时随地的记录。档案登记分为档案状况登记和档案工作状况登记两个方面的内容。

1. 档案状况登记

档案状况主要包括档案的数量、存在与保管状态及其变化情况3个方面,主要有以下几种登记工具。

（1）案卷目录:

案卷目录是最基本的记录、反映单位内部档案数量与存在状态的登记形式之一,它记录了单位内部每一个案卷的基本情况。通过案卷目录,可以详细了解内部档案机构保管的所有案卷的总数量及其总体秩序状态。

（2）卷内文件目录:

卷内文件目录也是最基本的记录、反映单位内部档案数量与存在状态的登记形式之一,它详细记录了案卷内每一件档案的基本情况。通过卷内文件目录,可以准确了解内部档案机构馆藏档案的总件数及其在案卷内的排列状态。

（3）归档文件目录:

归档文件目录是记录档案进入内部档案机构时的一种登记形式。

（4）案卷移交目录:

案卷移交目录是各部门向单位内部档案机构移交档案时对档案情况的一种登记,记录了案卷的档号、题名、起止日期、案卷内文件总页数及保管期限等情况。其登记项目及格式样例见 10－2。

表 10－2　案卷移交目录

档号	题名	起止日期	页数	保管期限	备注
……	……	……	……	……	……

移交人:(盖章) 接收人:(盖章)

移交日期: 接收日期:

（5）档案销毁清册:

档案销毁清册是记录保管期满档案的销毁情况的一种登记形式。经过鉴定,凡是无需继续保存的档案,经单位领导人审查、批准后必须编制销毁清册,它是日后查考档案销毁情况的依据。其登记项目及格式样例见 10－3。

表 10‑3　档案销毁清册

序号	档号	题名	归档时间	保管期限	已保存年限	页数	备注
……	……	……	……	……	……	……	……

（6）总登记簿：

总登记簿全面系统地反映档案进出情况以及档案数量变化情况的一种登记形式。其登记内容及格式例样见表 10‑4。

表 10‑4　总登记簿

案卷目录号	案卷目录名称	所属年度	收进档案数量		移出或销毁档案数量				现有档案数量			备注
			收入日期	案卷数量	移出日期	移出原因	移往何处	移出数量	卷	件	米	

2. 档案工作状况登记

档案工作状况登记主要是指在档案工作的过程中发生的一些情况及行为,主要有档案人员进出库房、库房温湿度、档案的清点、检查、借阅、复制、摘抄、利用效果等方面的登记,均采用登记表的形式。

（1）档案人员进出库房登记：

登记表的记录项目包括进库日期与时间,档案人员姓名、进库事由、出库日期与时间等。登记表一般放置在库房入口处。其登记内容及格式例样见表 10‑5。

表 10‑5　档案人员进出库房登记表

进库日期/时间	姓名	事由	出库日期/时间

（2）库房温湿度登记：

使用专门的温湿度记录仪对库房的温湿度进行测量,进行记录,记录内容包括日期、温度和湿度。依据测量结果进行温湿度调节,使其符合国家关于库房温湿度管理的规定。登记内容及格式例样见表 10‑6。

表 10‑6　档案库房温湿度记录表

时间	温度（℃）	湿度（%）	时间	温度（℃）	湿度（%）

（3）档案清点、检查登记：

这是对档案进行定期或不定期的清点、检查过程中及清点、检查完毕后进行的登记。登记内容包括清点、检查的日期，清点人员的姓名，清点过程中发现的问题，清点的结果等内容。

（4）档案借阅登记：

这是内部档案机构向利用者提供档案时履行的一种交接手续，它可以全面、系统地反映档案的利用情况。登记内容及格式例样见表10-7。

表10-7　档案借阅登记表

序号	借阅日期	利用者单位	姓名	档号	题名	调卷人	利用目的	归还日期	接收人	备注
…	……	……	……	……	……	……	……	……	……	…

（5）档案的复制、摘抄登记：

对于利用者在查阅档案的过程中提出复制、摘抄档案的申请，经过履行相应的审批手续后，档案机构要对复制、摘抄的情况及时进行登记。这是确认复制、摘抄事实的凭证。登记内容及格式例样见表10-8。

表10-8　档案复制、摘抄审批登记表

编号：

姓名		职务		工作单位	
联系电话		身份证号码		复制份数	
拟复制、摘抄档案	档号		文件标题		
领导审批意见				审批人： 日　期：	

（6）档案利用效果登记：

档案利用效果是内部档案机构对于每次档案利用效果进行跟踪调查的一种登记形式，是内部档案机构改进管理方式、提升服务水平的重要手段。登记内容及格式例样见表10-9。

表10-9　档案利用效果登记表

日期		单位		姓名	
案卷或文件题名					
利用目的					
利用效果					

（二）内部档案机构的统计工作

内部档案机构的统计工作以登记表（簿）的实际记录数据为基础，根据实际利用的需要，按照档案统计的工作步骤与要求进行即可。例如主要按照类别进行馆藏档案的数量统计，样例格式见表10-10。

表10-10　馆藏档案数量统计表

档案类别及载体	档案数量及年限（卷、盒、件、册、盘、张）			
	永久	长期（30年）	短期（10年）	起止年度
文书档案				
科技档案				
基建档案				
会计档案				
照片档案				
音像档案				
光盘档案				
实物档案				
……	……	……	……	……

三、公共档案馆的登记与统计工作

（一）公共档案馆的登记工作

1. 档案状况登记

公共档案馆与内部档案机构相同，也有案卷目录和卷内文件目录等用于登记，不再赘述。此处着重介绍公共档案馆其他方面的登记工作。

（1）收进登记簿：

收进登记簿是专门记录档案进入公共档案馆情况的一种登记形式，一般采用簿册式，基本登记方法是按照档案进入档案馆的顺序进行。其具体登记形式及格式样例见表10-11。

表10-11　收进登记簿

顺序号	收到日期	移交机关	全宗名称	所属年度	卷数	件数	档案状况简要说明	全宗号	备注

（2）全宗名册：

公共档案馆保管的档案着多个全宗，对这些全宗进行逐个登记，形成全宗名册。其具体登记形式及格式样例见表10-12。

表 10‒12　全宗名册

全宗号	全宗名称	起止年代	案卷数

（3）全宗单：

全宗单是详细记录每一全宗情况的登记表，采用的是单页式。一页记录一个全宗的情况。其具体登记形式及格式样例见表 10‒13、10‒14。

表 10‒13　全宗单

全宗号：

全宗名称	全宗名称的起止日期	原全宗号	全宗卡片报送情况	档案检索工具编制种类	缩微及计算机应用情况	备注

表 10‒14　档案数量统计

登记日期	单位或移交单位名称	档案类别	保管期限	收进档案数量				移出档案数量				现有档案数量			
				已编目档案		未编目档案		已编目档案		未编目档案		已编目档案		未编目档案	
				卷（张、件）	米	卷（张、件）	米	卷（张、件）	米	卷（张、件）	米	卷（张、件）	米	卷（张、件）	米

2. 档案工作状况登记

公共档案馆档案工作状况的登记工具与内部档案机构相同，包括档案人员进出库房登记，档案清点、检查登记，档案借阅登记，档案复制、摘抄登记，档案利用效果登记等内容。

（二）公共档案馆的统计工作

公共档案馆的统计工作较为复杂，除了对某一全宗的档案情况进行统计，还要对馆藏所有全宗的情况进行统计。例如简单的馆藏全宗数量统计表，见表 10‒15。

表 10‒15　馆藏全宗数量统计表

全宗号	题名	档案种类	起止日期	案卷数量	文件数量	备注

公共档案馆比较复杂的统计工作则是全局性的，从多个方面、多个角度对档案及档案工作的情况进行全面统计。例如"2011 年度××市档案馆年度统计表"，详见表 10‒16。

表 10‒16　2011 年度××市档案馆年度统计表

一、条件保障			
本行政区设置时间	档案馆成立时间	局馆内设机构名称	

档案局馆定编人数		档案局馆现有人数		现任馆长		任职时间	
财政预算档案事业经费	上年度	万(元)	年均每卷保护经费	上年度	(元)	达标等级及时间	
	本年度	万(元)		本年度	(元)		
档案馆总面积			其中档案库房			特藏室面积	
						特殊载体档案库房面积	

密集架		铁柜	专用声像柜	空调机	去湿机	消毒杀虫设备	灭火器	计算机	复印机	扫描仪	刻录机	缩微设备	自动消防设施	自动监控设施	温湿度自动调控设施
列	M3	个	个	台	台	台	个	台	台	台	台	套	有/无	有/无	有/无

其他设施设备	

二、基础业务

档案总数	上年	卷，件；米	文书档案全宗总数	上年	个	专门档案种类	上年	种
	本年	卷， 件		本年	个		本年	种
文书档案数量	上年	卷，又 件；米	专门档案数量	上年	卷，又 件；米			
	本年	卷， 件		本年	卷， 件， 盒			
声像档案数量	上年	张，又 盒(盘)	本年新增专门档案名称					
	本年	张，又 盘						
实物档案数量	上年	件	接收电子文件全宗数	上年		接收电子文件数	上年	
	本年	件		本年			本年	
应抢救档案总数			已抢救档案总数量			本年度抢救档案		
到期应开放档案数量	卷	已完成开放鉴定档案数量	卷	本年度新增开放档案数量	卷			
	件		件		件			

本年度到馆利用档案、资料、现行文件及其他政务公开信息等情况(不含参观展览)	卷/件
	人/次

本年度新增编研材料的名称	1.	是否公开出版	
	2.	是否公开出版	

三、信息化建设

是否建立了馆藏档案及资料目录数据库		是否建立了馆藏照片和音视频档案数据库		是否建立了馆藏珍贵及重要档案全文数据库	

档案目录电子化总数(条)	案卷级		本年度新增电子目录数量(条)	案卷级		电子化目录占全部档案目录的比例	案卷级	
	文件级			文件级			文件级	
已完成数字化的照片和音视频档案数量			张，	小时		数字化照片和音视频档案数量占馆藏同类档案总量的比例		
已完成全文数字化的珍贵及重要档案数量			页			全文数字化的档案数量占馆藏珍贵及重要档案总数量的比例		
是否已开通本局馆公众网站		开通时间			网站点击率	总计		
						本年度		
四、拓展创新								
档案馆是否已挂爱国主义教育基地牌		挂牌时间		本年度举办展览的次数		参观人次		
是否辟有党委、政府信息公开场所		本年度新增现行文件份数		纸质		件		
				电子		件		
在功能拓展、服务创新等方面需补充说明的情况								

四、档案行政管理部门的统计工作

档案行政管理部门的统计资料来源是各种登记工具,如全宗卡片、档案成分和数量变化情况报道表。此外,为了掌握所辖档案馆(室)情况,档案行政管理部门还会进行摸底调查,如开展档案工作基本情况统计年报工作。

1. 全宗卡片

全宗卡片是档案行政管理部门要求档案馆报送的一种登记形式,目的是可以随时掌握各档案馆所存档案全宗的基本情况。其具体登记形式及格式样例见表10-17。

表10-17 全宗卡片

×××档案馆　　字第　号全宗卡片　　　　　　　　　　　　　　　　(正面)

全宗名称及全宗名称的起止年月:

立档单位的性质及主要职能:

备注

全宗初次入馆日期:　年　月　日　　　　　　填卡日期:年　月　日

(反面)

	档案数量		
	已整理编目的		未整理编目(米)
统计日期	案卷数量	案卷排列长度(米)	
年　月			
年　月			
……			

2. 档案成分和数量变化情况报道表

档案成分和数量变化情况报道表也是档案行政机关要求档案馆以全宗为单位,随时报送其所管档案的变化情况的一种登记形式,与全宗卡片结合使用。档案行政机关根据报道内容,随时在全宗卡片上进行补充性登记。其具体登记形式及格式样例见表10-18。

表10-18 档案成分和数量变化情况报道表

全宗号	全宗名称	新收进		移出		年 月 日全总内档案总数		备注
		组织机构或类别名称	年度	组织机构或类别名称	年度	已整理编目	未整理编目(米)	
						卷	米	

3. 档案事业基本情况统计年报

档案统计工作是档案事业建设的一项重要基础性工作,准确、系统、全面的统计数据是了解和掌握档案的形成、管理、利用情况和档案事业发展的重要手段。全国档案事业基本情况统计年报制度始于1983年,随着档案统计工作的不断发展,国家档案局对档案统计的方法和手段进行改革。从1991年起,实行了《全国档案事业统计年报制度》。该制度经过几次修订,2006年修订的《全国档案事业统计年报制度》执行至今。

《全国档案事业统计年报制度》,是经由国家统计局审批,国家档案局制发的档案统计制度,已纳入国民经济和社会发展计划的统计中,全国各级各类档案部门须按照年报制度要求,依法认真贯彻执行。

(1)调查目的:

为了准确地掌握全国档案事业的基本情况,以便对全国档案事业实行科学管理,特建立全国档案事业统计年报制度,该制度通过定期填报档案事业统计年报来实施。

(2)填报范围:

由本制度制发的统计年报分为基层表和综合表两种。基层表由规定范围内的各级各类档案部门填写,综合表供计算机综合汇总用。如下表10-19、10-20。

表10-19 1. 基层表

表 号	表 名	填报单位
档基1表	档案行政管理部门基本情况年报	各级档案行政管理部门
档基2表	档案馆基本情况年报	各级各类档案馆
档基3表	档案室基本情况年报	省直以上机关、人民团体、民主党派档案室(处、科)、企业、事业单位档案室(处、科)
档基4表	档案专业教育基本情况年报	地、市级以上档案行政管理部门,开办档案专业教育的高等学校、中等学校

表　号	表　名	填报单位
档基5表	档案科技基本情况年报	省级以上档案行政管理部门
档基6表	国家综合档案馆基本建设情况年报	当年有基本建设工程的各级国家综合档案馆

注:填报基层表的企业限于企业集团和大型企业;文化事业单位限于省、部属单位;科技事业单位限于地师级以上(含地师级)。

表 10－20　2. 综合表

表　号	表　名
档综1表	档案事业机构、人员情况综合年报
档综1表附表1	档案行政管理部门机构、人员情况综合年报
档综1表附表2	档案馆机构、人员情况综合年报
档综1表附表3	档案室机构、人员情况综合年报
档综2表	档案馆保存档案情况综合年报
档综3表	档案室保存档案情况综合年报
档综4表	档案馆利用档案情况及馆内设备情况综合年报
档综5表	档案室利用档案情况及档案室设备情况综合年报
档综6表	档案专业教育情况综合年报
档综7表	档案科技情况综合年报
档综8表	档案事业费、国家综合档案馆基本建设情况综合年报

（3）报送程序和时间:

① 中央、国家机关,人民团体,民主党派负责本机关及所属企业事业单位档案机构统计年报的汇总工作,然后将综合年报的数据于次年3月15日前报送国家档案局。

② 中央级国家档案馆将本馆的综合年报数据于次年3月15日前报送国家档案局。

③ 地方各级档案行政管理部门负责本行政区域内列入统计范围的各级各类档案机构统计年报的汇总工作,并将汇总出的综合年报数据逐级上报到省、自治区、直辖市档案局,由省、自治区、直辖市档案局汇总出本省、自治区、直辖市的综合年报数据,于次年3月31日前报送国家档案局,同时抄送本省、自治区、直辖市统计局。

思考练习题

1. 什么是档案利用服务工作?

2. 档案利用服务的常见方式有哪些?

3. 试述档案利用服务方式的发展与创新。

4. 什么是开放档案?开放档案应遵循哪些原则?

5. 档案统计工作的意义有哪些?

6. 内部档案机构的登记工作包括哪些内容?

第十一章　专门档案与特殊载体档案管理入门

文书档案、科技档案和专门档案，都是国家档案资源的重要组成部分。本章主要介绍了几种专门档案和特殊载体档案的管理方法。学习本章，既要了解专门档案和特殊载体档案的概念，了解列入《国家基本专业档案目录》的百种档案；也要理解和熟悉人事档案、会计档案、病历档案、产权档案、音像档案等收集、整理、鉴定、保管的特殊要求。

专门档案一般是指文书档案和科技档案之外，人们在一些专业领域的活动中所形成的档案。专门档案的概念可以与专业档案等同，也可以把专门档案和与之联系紧密的，同样产生于相关专业领域的文书档案都包含在专业档案之内。特殊载体档案是指纸质载体之外的其他载体档案，既可以包含甲骨、简牍、金石、缣帛等传统特殊载体档案，也可以囊括照片、录音录像、缩微、影片、光介质和磁介质档案等新型特殊载体档案。

专门档案和特殊载体档案种类繁多。本章只选择其中几种较常见的，简述相关管理工作的入门知识。光介质和磁介质的电子文件与电子档案的管理问题，纳入第十二章。

第一节　列入《国家基本专业档案目录》的百种档案①

2011 年，国家档案局依照《全国档案事业发展"十二五"规划》的部署，印发了《国家基本专业档案目录》②（简称《基本目录》）。

《基本目录》分两批印发，共 100 种专业档案，分人事（12）、民生（14）、政务（35）、经济（30）、文化（9）五大类。人事类档案，除了我们熟知的干部档案、企业职工档案、户籍档案、流动人员档案等，还包括学籍档案和一些职业资格类档案，如机动车驾驶员档案、医师执业档案、导游资格档案等。民生类档案在目录中占了很大的篇幅，这类档案包含城乡居民最低生活保障档案、社会保险业务档案、病历档案、移民档案、农村五保供养档案、就业失业登记档案等覆盖人民群众面广、老百姓特别关注、党和政府极为重视的档案。这类档案不仅关系到广大人民群众的切身利益，也是维护社会稳定的重要材料。在政务活动领域，除了一些"红头文件"，也会产生大量的专业档案，这些专业档案也是政务管理活动正常运行的重要保障。《基本目录》中列出的政务类专业档案包括公安业务档案、普查档案、地名档案、信访档案、社会组织登记档案、领事事务档案、网站管理档案、慈善捐赠档案、国家标准档案、药品品种登记档案等。在经济活动领域产生的专业档案是多种多样的，目录中列出的经济类专业档案有会计档案、环保档案、审计

---

① 朱煜：《引领、规范专业档案管理——〈国家基本专业档案目录〉解读》，载《广东档案》2012 年第 1 期。
② 《国家基本专业档案目录》，《中国档案》2011 年第 12 期。

档案、专利档案、银行信贷档案、水利档案、交通档案、铁路档案、电力档案、国有资产产权档案等。目录中还单列出了艺术档案、非物质文化遗产档案、电影艺术档案、大型运动会档案、考古档案等文化类专业档案。

第二节　几种专门档案管理的常见问题

一、人事档案管理的常见问题

（一）人事档案的定义与内容

人事档案是人事部门（含组织、干部、劳动、人力资源管理、学生工作等部门）在人事管理工作中形成的，记载有关人员（含干部或公务员、职工和学生等有关个人）经历、表现和实绩（德、能、勤、绩）的，保存备查的文件材料。人事档案是档案的一种，是个人信息的原始记录，由有关人员所在单位或者专门机构集中保存以备日后查考。

我国的人事档案通常包括以下十项内容：1.履历材料；2.自传材料；3鉴定、考核、考察材料；4.学历（籍）材料；5.政审材料；6.党团材料；7.奖励材料；8处分材料；9.工资和任务材料；10.其他材料。人事档案中记载的这十项信息与公民个人人生中很多重要的事项有关，如就业、考研究生、考公务员、出国政审、职称评审、办理社会保险、入党入团、退休手续办理以及出具其他各项证明等，都需要以人事档案作为重要的审核材料和依据。因此人事档案与公民的利益息息相关，它将伴随公民的一生并发挥重要作用。

（二）人事档案管理的"双轨制"模式和管理体制

目前，我国人事档案采用"双轨制"的管理模式，即传统管理模式与开放式管理模式并存。传统管理即单位管理模式是我国长期以来所坚持的。这种模式主要在国家机关、组织部门和国有企事业单位的人事档案管理中实行。其人事档案的收集、整理和提供利用主要由各单位内部人事机构或者人事档案管理机构实施，管理范围仅限于有人事档案管理权限的本单位人员的人事档案。开放式管理模式是在改革开放后，主要为满足非公有制企业职工档案管理和人才流动需要而产生的。它是指县及县以上人力资源管理部门下属的，可以代管人事档案的人才交流中心，或者流动人员人事档案管理机构，对人事档案实施管理。其档案来源不局限于某个单位，而是面向社会。这里所说的流动人员，包括了所有自主创业的人员和非国有单位的职工。开放式管理即社会化管理的趋势会随着社会的发展逐渐加强。

我国人事档案工作实行集中统一和分级负责相结合的管理体制。国有单位人事档案由各级组织、人事、劳动部门集中统一管理，以企业职工、学生、军人和干部进行分类管理。企业职工档案（这里主要指国有性质企业的职工档案）由所在单位的劳动（组织人事）职能机构管理，学生档案由所在学校的教务或学生工作部门管理，军人档案由各级政治（干部）部门管理。干部档案则按干部管理权限集中统一管理。各级组织、人事部门有明确的管理权限，分管哪一级干部，就管哪一级干部的人事档案，做到"人档统一"。这一原则，适用于市（州）以上机关、单位。《干部档案工作条例》①规定："县以下机关、单位的干部档案实行县委组织部集中管理，或

---

① 中共中央组织部和国家档案局共同发布：《干部档案工作条例》（组通字〔1991〕13号），1990年修订版，1991年4月2日。

由县委组织部、县人事局等单位相对集中管理。不具备保管条件或档案很少的单位,其干部档案由上一级单位管理。干部档案被纳入综合档案室管理的单位,其干部档案要固定专人管理。"

（三）人事档案材料的归档范围和人事档案真实性的保证

根据《干部人事档案材料收集归档规定》[①],人事档案材料的归档范围包括以下 25 类:

1. 履历材料;2. 自传材料;3. 报告个人有关事项的材料;4. 考察、考核、鉴定材料;5. 审计材料;6. 学历学位材料;7. 培训材料;8. 职业(任职)资格材料;9. 评(聘)专业技术职称(职务)材料;10. 反映科研学术水平的材料;11. 政审材料;12. 更改(认定)姓名、民族、籍贯、国籍、入党入团时间、参加工作时间等材料;13. 党、团组织建设工作中形成的材料;14. 表彰奖励材料;15. 涉纪涉法材料;16. 招录、聘用材料;17. 任免、调动、授衔、军人转业(复员)安置、退(离)休材料;18. 辞职、辞退、罢免材料;19. 工资、待遇材料;20. 出国(境)材料:因公出国(境)审批表,在国(境)外表现情况或鉴定等材料;21. 党代会,人代会,政协会议,人民团体和群众团体代表会议,民主党派代表会议形成的材料;22. 健康检查和处理工伤事故材料;23. 治丧材料;24. 干部人事档案报送、审核工作材料;25. 其他材料。

对收集的人事档案材料,档案工作人员要及时进行鉴别,以判断档案材料的真伪和价值,达到去伪存真的目的。人事档案材料鉴别的内容主要包括以下几个方面:

1. 是否属于人事档案;2. 是否属于该人的人事档案材料;3. 查明材料是否处理完毕;4. 检查材料是否齐全、完整;5. 是否有重复材料;6. 检查手续是否完备;7. 确定材料是否有保存价值。

对不归档案材料的处理,不管是转、退给相关部门或个人,还是留存在本部门或进行销毁,都要做好登记,履行相关的手续,做到心中有数,知道每份材料的去处,特别是销毁的材料要逐份登记,写明销毁理由,经主管领导批准后,方能销毁。在人事档案的传递过程中要履行必要的传递手续,填写"人事档案传递通知单",对档案的去留做到心中有数。同时为保证人事档案的真实性,任何个人不得保管他人的人事档案,任何个人不得查阅或借用本人及亲属(包括父母、配偶、子女及兄弟姐妹等)的档案。

近年来,根据中央组织部的要求,开展了干部人事档案的审核工作,以监督和确保人事档案的真实性。审核的主要内容包括:1. 档案材料是否齐全、完整,档案内容是否客观、真实;2. 档案材料手续是否完备;3. 档案中有无错装、混装的材料;4. 档案整理是否符合要求。

二、会计档案管理的常见问题

(一)会计档案的定义

会计档案是指各单位在进行会计记录和反映单位经济业务过程中形成或接收的,具有保

---

① 中共中央组织部发布:《干部人事档案材料收集归档规定》(中组发〔2009〕12 号文),2009 年 7 月 16 日。

存价值并归档保存的文字、图表等不同形式的会计文件。主要包括会计凭证、会计账簿、财务会计报告和其他会计资料等。

需要注意的是：会计部门形成的材料很多，只有会计文件才能转化为会计档案。财会部门经办的有关财会工作的方针、政策、制度、预算、预算指标、计划、工作总结、报告以及来往文书都不属于会计文件的归档范围,应按照文书档案管理办法执行。

（二）会计档案管理相关规定及管理体制

1999 年 10 月 31 日修订通过,2000 年 7 月 1 日起施行的《中华人民共和国会计法》,其第二十三条规定:会计凭证、会计账簿、会计报表和其他会计资料,应当按照国家有关规定建立档案,妥善保管。会计档案的保管期限和销毁办法,由国务院财政部门会同有关部门制定;第四十二条中对于未按照规定保管会计资料,致使会计资料毁损、灭失的行为制定了惩罚措施。1998 年 8 月 21 日财政部、国家档案局根据《中华人民共和国会计法》和《中华人民共和国档案法》联合印发了《会计档案管理办法》,并于 1999 年 1 月 1 日起施行。这是专门用于指导会计档案工作的部门规章,《会计档案管理办法》共二十一条,分别从会计档案的种类、移交保管、保管期限、销毁、单位撤销分立合并情况下会计档案的处理方式等方面给予指导,充实和完善了我国的会计档案工作制度的内容。2011 年 7 月 4 日印发了《会计档案管理办法》修订的征求意见稿,增加了电子会计档案管理的相关内容,同时对会计档案的定义、会计档案的范围、归档时间、归档要求、查阅利用、销毁以及交接等内容进行了修改和完善。

目前我国会计档案实行财会部门管理和档案部门管理相结合的管理体制。具体来说,国家财政部和国家档案局负责掌管全国的会计档案管理事务,地方财政主管部门和地方档案行政主管部门分级负责对会计档案工作实行指导、监督和检查,各单位的财会部门和档案部门具体管理本单位的会计档案。

（三）会计档案的分类

按文种标准可作如下分类:

会计凭证类	原始凭证,记账凭证等。
会计账簿类	总账,明细账,日记账,其他辅助性账簿等。
财务会计报告类	月度、季度、年度财务会计报告及其审计报告等。
其他会计资料类	年度内部控制评价报告及内部控制审计报告,银行存款余额调节表,银行对账单,会计档案移交清册,会计档案保管清册,会计档案销毁清册,其他具有保存价值的会计信息记录。

（四）会计档案管理环节

1. 会计文件的归档

会计文件的归档制度包括归档范围、归档时间、归档要求、归档手续等内容。

归档范围:主要是《会计档案管理办法》所规定的四类会计文件,即上表中所列的四大类。

归档时间:当年形成的会计档案,在会计年度终了后,可暂由会计机构保管一年,期满之后,应当由会计机构编制移交清册,移交本单位档案机构统一保管。

归档要求：可根据有关规定和各单位的具体情况及会计文件的形成规律和特点加以规范。移交本单位档案机构的会计档案，原则上要保持原卷册的封装，个别需要拆封重新整理的，档案机构应当会同会计机构和经办人员共同进行。未设立档案机构的单位，应当在会计机构内部制定专人保管会计档案。出纳人员不得兼管会计档案。需归档的文件必须经过鉴定并划分合理的保管期限，同时按照要求认真整理。在移交时，各种载体类型的会计档案都要统一移交。采用电子计算机进行会计核算的单位，应当保存打印的纸质会计档案等。

单位之间交接会计档案的，交接双方应当办理会计档案交接手续，交接完毕后，交接双方经办人和监交人应当在会计档案移交清册上签名或者盖章。

另外，从归档的份数来说，一般性的会计文件，归档一份。特殊重要的应留有安全副本或备份文件。对于电算化条件下产生的会计档案，要经常对计算机硬盘上的数据建立备份，每月不得少于一次，而且要妥善保管备份文件，并定期进行转存。

归档手续：会计档案在会计机构保管一年期满后向本单位档案机构移交时，档案人员应根据移交清册，详细清点案卷，经认真核对无误后，交接双方在会计档案清册上履行签字手续，双方各保存一份。

2. 会计档案的整理

会计档案的整理，是从会计档案的分类开始的，较为通用的会计档案的分类方法主要有以下两种：一种是年度——文种分类法，首先，将会计档案按会计年度分开，再把一个会计年度的档案按凭证、账簿、财务会计报告等文种形式分为几类，然后在几类内按不同的保管期限分别组卷，再按部门依此排列。这种方法主要适用于一些企事业单位。另一种是会计年度——组织机构分类法，同样先按会计年度分开，再按部门分开，再在每个部门下按凭证、账簿、财务会计报告等文种形式分。这种方法主要使适用于各级财政、税务等部门和所属单位较多的大型企业。会计档案分类方法的选择，要根据本单位会计档案的实际情况作出选择，一经确定，就长期固定使用一种方法，以保持其一贯性，方便会计档案的保管和利用。

会计档案的立卷方法：

（1）会计凭证的立卷方法：会计凭证一般按月立卷。会计人员根据凭证登记账簿后，应将各种记账凭证按时间和原始凭证号顺序组卷，每本为一卷。凭证卷装订前要剔除金属物，编写页号，所附原始凭证可以不编号，但应折叠整齐，要填写好凭证封面和脊背（注明单位名称、年度、月份和起止日期、凭证种类、起止号码），并在封面与脊背的接封处，加盖财务专用章和装订人的印章。

（2）会计账簿的立卷方法：会计账簿按年度立卷，在会计年度终结时进行。账簿一般都有固定格式和明确分类，立卷时要严格按照账簿的种类进行，一本账簿为一卷。装订账簿应保持原来面目，活页账簿应撤出空白账页，编写页号装订成册。每本账簿均要加贴封面。

（3）财务会计报告的立卷：财务会计报告是按年度立卷。立卷时要区分不同的保管期限，年度报告与季度、月份报告分别组卷。本单位的报告与下属单位的报告，可根据保管期限的异同，分别装订或合订成卷。每卷均需编有页号和加装封面。

3. 会计档案的鉴定

会计档案的保管期限，从会计年度终了后的第一天开始算起。按照《会计档案管理办法》

的规定,我国将会计档案的保管期限划分为永久和定期两种。永久保管的会计档案包括:年度财务会计报告、会计档案保管清册、会计档案销毁清册、反映重大经济事件或重要历史人物经济活动或会计活动重要思想变革的会计文件、其他具有重要历史或经济研究价值的会计文件。定期保存的会计档案是指在一定历史时期内具有凭证价值或参考价值的会计文件。1999年1月1日开始实施的《会计档案管理办法》,将会计档案的定期保管期限划分为3年、5年、10年、15年、25年五类。对于一些所属单位报送的会计档案的保管期限,该办法规定为保存2年、3年等。《企业和其他社会组织会计档案保管期限表》和《财政总预算、行政单位、事业单位和税收会计档案保管期限表》分别规定了各类组织会计档案的保管期限的划分。

4. 会计档案的销毁

会计档案的销毁的程序:

(1) 本单位档案机构提出销毁意见,编制销毁清册;

(2) 单位负责人在销毁清册上签署意见;

(3) 按规定指派监销人员(一般情况下,企业事业单位由单位档案机构和会计机构共同派员监销;国家机关由同级财政、审计部门派员监销;财政部门由同级审计部门派员监销);

(4) 销毁时由监销人员按清册内容清点校对无误;

(5) 销毁后,监销人员在销毁清册上签名或盖章,并及时将监销情况报告单位负责人。

同时在销毁会计档案时,还得注意:会计档案销毁清册,由单位档案部门永久保存;正在建设期间的建设单位会计档案,不论是否已满保管期限一律不得销毁;对保管期满但未结清的债权债务的原始凭证和其他未了事项的原始凭证,不得销毁,应单独抽出立卷,由档案部门保管到未了事项完结时止;单独抽出立卷的会计档案,应在销毁清册和保管清册中列明。

三、其他专门档案管理的常见问题

(一) 病历档案

1. 病历档案概述

病历是指医护技人员在医疗活动过程中形成的文字、符号、图表、影像、切片等医疗信息的总和。"病历是病案的前身,是正在形成中的病案资料;病案则是对病历进行科学规范管理的必然归宿。一般地说,从登记建立门诊号或住院号起到整理归档前称为病历,患者出院、转院、死亡或结束治疗之后对病历集中归档管理,即形成病历档案,简称为病案。"[①]病历档案客观、完整、连续地记录了患者的病情变化及诊疗经过,是临床进行科学诊断治疗的基础资料,也是医学科学的原始资料。病历是一种医疗信息资源,其载体形态多样,包括纸质(文字)、感光介质(图片、影像等)及电子病历和实物型的病历(如:各种病理切片)。病历形成主体是医护技人员,形成领域是医疗活动过程,是医护技人员为患者诊疗过程和效果的具体体现及凭证。它不仅具有临床医疗、护理、教学及科研价值,而且也具有重要的法律作用,它能有效地维护医患双方的合法权益,也是医疗保险理赔、解决医疗纠纷、判定法律责任的事实依据。

---

① 艾立明、杨淑云、史宝玲:《试析病历与病案的区分及其意义》,载《首都医药》2005年第16期。

2. 病历档案分类

病历档案一般包括门(急)诊病历档案和住院病历档案。门(急)诊病历档案指患者在门(急)诊医疗的全部记录。包括患者的病历本、门(急)诊化验单、X光检查报告单、B超报告、心电图报告等记录以及医生诊断的结论、各种治疗处方,同时包括门(急)诊中西处方的存根。通常按就诊时间的先后顺序排序和保管。一份完整的住院病历档案应包括四个部分:

(1) 医疗部分:即对疾病进行诊断治疗所做的全部记录。包括病历首页、入院记录、病程记录、手术记录、麻醉记录、出院记录或死亡记录。

(2) 检查报告或记录:包括各种化验检查、病理检查及各种特殊检查(放射线、心电图、脑电超声、同位素扫描等)报告。

(3) 护理记录:包括体温单、医嘱单及特护记录等。

(4) 医疗行政文件:如重症报告、手术报告、手术志愿书、自动退院书、随诊文件、介绍信等。

3. 病历档案管理

医疗机构应当建立病历管理制度,设置专门部门或者配备专(兼)职人员,具体负责本机构病历和病历档案的保存与管理工作。在医疗机构建有门(急)诊病历档案的,其门(急)诊病历由医疗机构负责保管;没有在医疗机构建立门(急)诊病历档案的,其门(急)诊病历由患者负责保管。住院病历由医疗机构负责保管。病历档案的保管期限没有明确的规定,原则上住院病历永久保存,《医疗机构病历管理规定》[①]中则指出门(急)诊病历档案的保存时间自患者最后一次就诊之日起不少于 15 年。

病历档案的分类、编目要按特定的标注执行,即国际疾病分类(International Classification of Diseases 简称 ICD),我国正使用的是《疾病和有关健康问题的国际统计分类》第十次修订本(简称 ICD‐10)。由于病历档案专业性强的特点,其管理人员必须要掌握相关的医学知识。

一般来说,病历档案是以个人(即单个患者)为单位集中保存的,记录和反映的是患者的医疗信息,不能分散保管。病历档案的内容具有私密性,牵涉到患者的隐私,在《医疗机构病历管理规定》中,第 11 条、第 12 条、第 13 条、第 14 条对病历档案查阅、复印、复制做了明确的规定,范围限定在相关的医务人员、患者本人或其代理人、医保机构以及因办理案件的需要且具有采集证据的法定证明的公安、司法机关(或拥有有效身份的执行公务人员)内。其他人员,未经同意或许可就擅自查阅或公布涉及患者隐私权内容的病案属于违法行为。同时并不是所有的病历档案的内容都能提供给患者本人或代理人使用。在《医疗事故处理条例》[②]中第十条规定:"患者有权复印或者复制其门诊病历、住院志、体温单、医嘱单、化验单(检验报告)、医学影像检查资料、特殊检查同意书、手术同意书、手术及麻醉记录单、病理资料、护理记录以及国务院卫生行政部门规定的其他病历资料。"

---

① 卫生部和国家中医药管理局发布:《医疗机构病历管理规定》(卫医发〔2002〕193 号),2002 年 8 月 2 日。
② 国务院发布:《医疗事故处理条例》(第 351 号令),2002 年 4 月 4 日。

4. 病历档案管理机构

病历档案的管理与医院其他档案的管理是分开的，由病案科室或医务科行使管理职能。

5. 电子病历

电子病历是指医务人员在医疗活动过程中，使用医疗机构信息系统生成的文字、符号、图表、图形、数据、影像等数字化信息，并能实现存储、管理、传输和重现的医疗记录，是病历的一种记录形式。病历是患者在医院诊断治疗全过程的原始记录，电子病历不仅指静态病历信息，还包括提供的相关服务。是以电子化方式管理的有关个人终生健康状态和医疗保健行为的信息，涉及患者信息的采集、存储、传输、处理和利用的所有过程信息。随着信息技术的不断发展和完善，电子病历取代纸质病历的趋势日渐明显。

《电子病历基本规范（试行）》[①]对电子病历形成的基本要求、医疗机构实施电子病历的基本条件和电子病历的管理，作了详尽的规定。归档后的电子病历采用电子数据方式保存，必要时可打印纸质版本，打印的电子病历纸质版本应当统一规格、字体、格式等。电子病历数据应当保存备份，并定期对备份数据进行恢复试验，确保电子病历数据能够及时恢复。当电子病历系统更新、升级时，应当确保原有数据的继承与使用。患者的电子病历信息需要长期保存。但电子病历信息数据量大，不可能所有患者信息长期联机保存。为此，可以建立分级存储结构，实现海量存储和实时存取的统一；对过期患者的病历，实现自动备份；对需要提取的病历，提供恢复联机状态工具；在发生故障后，能将数据恢复到断点状态。

电子病历系统是管理电子病历的平台，主要负责病历信息（文字的、图像的、影像的、声音的等）匹配、合并、归档、借阅、交换等管理。电子病历系统中的病历是来源于众多的临床系统的结果，临床系统是医院信息系统（HIS）中的子系统。HIS 是指利用计算机软硬件技术、网络通讯技术等现代化手段，对医院及其所属各部门对人流、物流、财流进行综合管理，对在医疗活动各阶段中产生的数据进行采集、存贮、处理、提取、传输、汇总、加工生成各种信息，从而为医院的整体运行提供全面的、自动化的管理及各种服务的信息系统。医院信息系统是现代化医院建设中不可缺少的基础设施与支撑环境。

电子病历系统是 HIS 的基础。国内现阶段的医院信息系统仍以面向医疗和经济管理信息为主，而这些管理信息是围绕患者在医院内的诊疗活动产生的。因此，患者信息是医院信息管理的基本信息，而管理信息是派生信息。病历作为患者信息的载体，集中反映了患者的诊断治疗过程。医院信息系统应用的规模及深度的发展都直接反映为对病历内容的覆盖范围的发展上。因此，可以说病历是医院信息系统之本，而电子病历是从更深层次上保证医院信息系统长期稳定发展的基础。

（二）产权档案

1. 概述

《城市房地产权属档案管理办法》[②]（以下简称《办法》）第三条指出，房地产权属档案（以下

---

① 卫生部发布：《电子病历基本规范（试行）》（卫医政发〔2010〕24 号），2010 年 2 月 22 日。

② 建设部发布：《城市房地产权属档案管理办法》（第 101 号令），2001 年 8 月 29 日。

简称产权档案)是城市房地产行政主管部门在房地产权属登记、调查、测绘、权属转移、变更等房地产权属管理工作中直接形成的有保存价值的文字、图表、声像等不同形式的历史记录,是城市房地产权属登记管理工作的真实记录和重要依据,是城市建设档案的组成部分。随着城乡一体化的发展,城市房地产权属档案有扩展为城乡房地产权属档案的趋势,通常简称为产权档案。

2. 产权档案的特点和作用

产权档案具有以下特点:

一是专业性。产权档案是在权属管理活动中形成的,权属管理活动是房地产管理部门依法专属的管理活动,其他部门不能代替其行使职能。产权档案记载的内容反映的是房地产权情况、房地为止、面积大小等,多采用专业术语,形式上,结果规范,多为表格式、填写式。房地产管理部门在长期档案管理过程中,积累了经验,在档案管理中形成了专门的管理方法,图、档、卡三位一体,图、档、卡、册、房(权)五相符。图指房地产平面图,档指产权文字档案,卡指房地产卡片,册指产籍登记册,权指房屋权属。

二是动态性。"产权档案形成后,房地产权属和房地情况并不是固定不变的,随着产权人的变化、房屋的损坏倒塌,城市建设的发展,房地产市场的活跃,房屋的买卖、交换、继承、赠与、分析等权属转移不断发生,房屋的拆除、翻改、扩建日趋频繁、土地分割、合并等房地变更又不可避免。因而房地产权属处于不断转移和变更之中,具有极强的动态性。产权管理要求图、档、卡与现状始终保持一致,反映实况。随着产权人的变化、房屋现状的变更,产权档案体系中的图、档、卡必须作相应更改,档案目录甚至于档案材料要作动态注记,档案必须补充新材料,以确保档案的真实性、系统性和完整性。产权的动态性,使产权档案成为活档案。"[①]

三是真实性。产权档案是产权沿革的历史记录,这种记录必须与实际相符,记载的产权人、产权范围必须清楚,能在产权审核和排解产权纠纷中起凭证和参考作用。

四是完整性。产权档案的完整性体现在两个方面,一是房地结合,即房屋的所有权和该房屋占用范围内的土地使用权权利一致;二是图档结合,即房地产平面图上注记丘号(地号),这种丘号,可当作为查找档案的索引。

产权档案是在房地产权属管理过程中形成的,是为产权管理服务的。然而它的服务范围远远超过权属管理范围,扩大到整个城市的建设和管理。产权档案在确认产权、登记发证、交易评估、落实房产政策、司法仲裁、规划建设、旧城改造、史迹考据、编史修志、房地征税等方面发挥着巨大的作用。

3. 产权档案的整理

(1) 产权档案的分类:

产权档案的分类就是按照一定的标准分门别类,使其构成有机体系,以方便管理。可用的有以下七种分类标准:按权利人姓名分类;按行政区域、街道、门牌分类;按产别分类;按房屋权证号顺序分类;按丘号分类;按时间分类;按种类分类。以上标准各有利弊,但是最科学、合理、

① 建设部住宅与房地产业司:《房地产产权产籍管理人员培训教材》之四. 北京:中国物价出版社,2000 年。

常用的是按丘号分类。《办法》第十四条："房地产权属档案应当以丘为单元建档。丘号的编定按照国家《房产测量规范》标准执行。"丘是地表上一块有界空间的地块，是房屋权属用地单元的最小单位。

（2）产权档案的立卷：

《办法》第十五条："房地产权属档案应当以房地产权利人（即权属单元）为宗立卷。"即以丘建档、建籍，以权利人立卷。每个案卷应是一个产权人的某处房产。在立卷时应当注意：①不同位置分卷，即同一产权人所属的不同地域的房屋，应分别立卷；②他项权利与所有权文件并卷，即凡属典权、抵押权的案卷，应与所有权的档案存放在一起，不另行立卷。

（3）案卷的排列、编号：

案卷排列可以按丘号，也可以按丘号（或街道＋门牌号）＋楼号＋单元号＋房号进行排列。可以按姓氏编索引，排列地籍卡，但不宜按姓氏排列案卷，因为权利人是变动的，不稳定。档号编制可以采用分类代号（丘号）＋案卷号的方式。案卷顺序号不能用大流水，且同一分类代号下案卷顺序号不能重复。可以是单纯号码，也可以是混合号码。

4. 产权档案利用查询

房屋权属登记机关、房屋权属档案管理机构（以下统称查询机构）应妥善保管房屋权属登记资料，及时更新对房屋权利记载的有关信息，保证信息的完整性、准确性和安全性，以方便权利人查询使用。查询机构应建立房屋权属登记信息查询制度，方便当事人查询有关信息。房屋权属登记机关对房屋权利的记载信息，单位和个人可以公开查询。《房屋权属登记信息查询暂行办法》[①]第八条规定了原始登记凭证可查询的范围：

（1）房屋权利人或者其委托人可以查询与该房屋权利有关的原始登记凭证；

（2）房屋继承人、受赠人和受遗赠人可以查询与该房屋有关的原始登记凭证；

（3）国家安全机关、公安机关、检察机关、审判机关、纪检监察部门和证券监管部门可以查询与调查、处理的案件直接相关的原始登记凭证；

（4）公证机构、仲裁机构可以查询与公证事项、仲裁事项直接相关的原始登记凭证；

（5）仲裁事项、诉讼案件的当事人可以查询与仲裁事项、诉讼案件直接相关的原始登记凭证；

（6）涉及本法第九条规定情形的，可以在国家安全、军事等机关同意查询范围内查询有关原始登记凭证。

5. 产权档案异动管理

产权档案异动管理是指产权动态变动后，引起产权档案的动态注记和调整补充。《办法》第十六条规定："房地产权属档案管理机构应当掌握房地产权属变化情况，及时补充有关权属档案材料，保持房地产权属档案与房地产权属现状的一致。"产权档案具有动态性的特点，产权变动必然引起产权档案异动，应该依法、依据、依序对产权档案进行异动管理。对产权档案进行异动管理有利于保证产权档案的齐全完整，真实有效，有利于保障产权管理工作的持续进行，同时实现产权档案的现实、有效的服务功能。

---

① 建设部发布：《房屋权属登记信息查询暂行办法》（建住房〔2006〕244号），2006年10月8日。

产权档案异动管理要遵循四个原则。一是及时,即按照有关规定,在依法确认产权之日起,要在限定时间内将产权档案异动完毕,保证产权档案的新鲜。二是保证产权档案的齐全、有效,即收集的材料必须要有权利证明、权属关系证明、权利取得丧失的证明和产权关系其他证明等四方面的文件材料。三是保持产权档案的真实,即产权档案的原貌受法律保护,无论何种原因,都不能更改档案的原始记录。四是房屋产权档案与土地使用权档案同步异动,以确保权力主体的一致性。

产权档案产生异动主要是因为房屋变更和权属变更登记和管理失误等原因。产权档案异动的范围主要包括登记异动即产籍异动和资料异动即狭义的文件异动、档案异动。资料异动是以权属变更登记为前提的。产权档案异动,其实质是对案卷与产权档案的重组或变动,使其反映现实,便于利用。产权档案异动因原因不同而不同,其基本方法是:产权档案发生异动后,对比相关证明文件,即登记申请书、登记原因证明书、权利证明书、分户平面图纸等,与产权档案核对审查无误后,即可进行产权档案的异动。发生产权档案异动,主要有以下情况:权属转移、变更登记、清理总登记与验证、他项权利设定、注销登记、更正登记、其他登记的异动等。产权档案异动方法一个总的原则就是同一所房屋,权利人没有发生变化,就不用另行组卷,产生的新的资料,放入原有案卷中,如发生变化则另行组卷。

第三节　音像档案的管理

一、音像档案及其管理概述

随着社会的不断发展,记录方式也发生重大变革,除了文字表达以外,人们可以通过各种音像记录手段来形象生动地记录和反映社会各个领域的活动,从而产生了与纸质档案并行、载体形式特殊的音像档案。音像档案是指实践主体在社会活动各个领域中形成的以感光记录、磁记录和激光记录为代表的新的记录技术与现代新型材料相结合而产生的档案的总称,比如我们常见的照片档案、录音、录像档案等。音像档案也被称为声像档案、视听档案,是国家档案资源的重要组成部分。数字化形态的音像档案,纳入第十二章讨论。

各实践主体都能形成音像档案,在实际工作中,除了一般的工作单位以外,音像档案比较多地产生于宣传、新闻、广播、电视、文化艺术、科研等部门。音像档案的记录方式和载体形式都异于纸质档案,所以它的形成、保管等都有自己的特殊方式。照片档案由底片、照片、文字说明三部分组成,录音录像档案分为唱片、磁带录音与磁带录像等,它利用磁性载体来记录、保存、传递信息。照片档案和录音录像档案的形成和处理都按照自己特定的规律进行,一般情况下,不参与公文运转过程,也不纳入公文运转范围。

音像档案,尤其是照片档案,往往需要辅以必要的文字说明,它是音像档案必不可少的要素。通过文字说明,人们才能了解音像档案反映的时间、地点、人物、事件、背景等内容,以便更好地保管音像档案并加以有效地利用,否则,音像档案将失去它的价值。

音像档案通过新型的载体材料传播信息,与传统的利用纸张传播信息相比,音像档案更能生动形象地记录和反映社会活动的过程和结果,在记录的时间和空间上没有限制,能更快更形象地再现社会活动稍纵即逝的"原貌"。但是音像档案易于复制和转移,原件和复制件难以区分,所以在收集整理音像档案时要认真区分原件和复制件,以便保管和利用。

二、音像档案的保管条件具有特殊要求

音像档案与传统的纸质档案相比,其保管条件具有明显的特殊要求。

1. 库房要求保持恒温恒湿。音像档案最佳的贮存条件之一就是按技术要求设计的专用库房。要求在库房的工作室中配有通风排气设备,在存放和处理音像档案的库房内配空调,以确保恒温恒湿。为此,库房内应设空调设备和温湿度测量仪器,对温湿度进行监测和调节。

一般库房温湿度对照表如下:

库房种类	温度范围	相对湿度范围
纸质档案库房	14℃—24℃±2℃	45%—60%±5%
金属唱片档案库房	18℃—20℃	<50%
塑料唱片档案库房	<20℃	50%
录音磁带档案库房	15℃—22℃	40%—60%
黑白胶片及其照片库房	10℃—20℃	55%—65%
彩色胶片及其照片库房	13℃—17℃	55%—65%
机读档案库房	15℃±5℃	60%±5%
缩微品档案库房	15℃—25℃	25%—40%

2. 认真选样。作为音像档案保存的照片、录音、录像带在进库房前应认真检查、选择。要求声音清楚,画面清晰,一般需将录音、录像带母带保存。

3. 注意防磁。录音、录像带存放的地方应避免接近磁场,可将音像档案放在有屏蔽条件的柜或箱内。

4. 重视防尘、防光。在取用音像档案时应避免用手指触及档案表面,特别是防止汗渍污染载体表面。音像档案要远离有害气体、强紫外线隔离并防止霉菌滋生。

5. 定期检查。为保证音像档案的长期有用性,对长期保存的音像档案,保管人员应定期进行检查。每隔两年应对底片、照片进行一次抽样检查,不超过五年进行一次全面检查。保存时间较长的录音录像档案应坚持半年倒带一次,倒带时间选择在夏季和冬季,同时,要检查有无霉变和粘连现象。

思考练习题

1. 什么是专门档案?什么是特殊载体档案?

2. 人事档案材料的归档范围包括哪些种类?人事档案材料鉴别的内容主要包括哪些方面?

3. 什么是病历档案?

4. 什么是产权档案?

5. 什么是音像档案?

文书处理和档案管理

第十二章 档案信息化

　　档案信息化是在国家总体规划和宏观组织之下,以现代信息技术(含计算机技术、网络技术等)为手段,以档案信息资源为对象,以档案工作为依托,以档案学最新理论为指导,按照信息社会和国家档案行政部门的要求,开展档案的收集、整理、保管、检索、开发和利用的现代化管理过程。学习本章,要理解和领会档案信息化的概念和内容,掌握电子文件和电子文化管理的相关知识。重点要了解数据库的建设和传统档案的数字化。另外,档案网站和数字档案馆的建设和管理也是本章的重点和难点。

第一节　档案信息化概述

一、档案信息化的概念和内容

(一)档案信息化的概念

　　20 世纪后期以来,信息技术的飞速发展和广泛应用,对国民经济和社会发展产生了深刻影响,同时也推动了信息化的发展。美国著名学者阿尔文·托夫勒在其 1980 年出版的《第三次浪潮》[①]一书中将社会进入信息化称为人类历史上的第三次变革浪潮。著名经济学家约翰·奈斯比特在其 1983 年出版的《大趋势——改变我们生活的十个新方向》[②]一书中归纳了当今社会发展十大趋势,其中,首要的也是最根本的变化是由工业社会向信息社会转变的信息化过程。

　　《2006—2020 年国家信息化发展战略》[③]将信息化定义为充分利用信息技术,开发利用信息资源,促进信息交流和知识共享,提高经济增长质量,推动经济社会发展转型的历史进程。信息化是一个动态的过程,是在信息技术和信息作用下社会形态发生重大转变的过程。这一过程不仅是经济结构和经济增长方式的转变,而且是整个社会结构的全面变革。信息化的最终结果应该是提高效益,能够促进经济发展,推动社会进步,提高国民素质,改善社会的方方面面。

　　档案信息化是在国家总体规划和宏观组织下,采用现代信息技术改造传统档案业务,不断适应数字环境下档案活动的发展变化,最大限度地满足社会档案需求的建设过程,它是国家信息化体系的有机组成部分,是国家信息化战略在档案领域的具体体现,其建设内容十分

---

① 阿尔文·托夫勒:《第三次浪潮》,北京:三联书店,1980 年。

② 约翰·奈斯比特:《大趋势——改变我们生活的十个新方向》,北京:中国社会科学出版社,1983 年。

③ 中共中央办公厅、国务院办公厅印发:《2006—2020 年国家信息化发展战略》(中办发〔2006〕11 号),2006 年 3 月 19 日。

丰富并不断变化，具有时代性和社会性①。换句话说，档案信息化是以现代信息技术（含计算机技术、网络技术等）为手段，以现代管理学为理念，以服务于全社会为宗旨而开展的一项涉及多学科知识交叉应用的新型工作模式，其核心和目标是发展档案业务，提高档案的现代化管理水平，挖掘档案的社会价值，提高全民族的文化素养，造福于后代。

档案信息化建设是国家信息化建设的一个重要组成部分。大力加强档案信息化建设，是发展先进生产力的现实需要，是发展社会主义先进文化的必然要求，是为最广大人民群众服务的重要举措。档案信息化建设对于档案事业的新发展具有十分重要的现实意义和深远的历史意义。

（二）档案信息化建设的内容

2002 年 11 月 25 日，国家档案局中央档案馆向全国各档案部门印发了《全国档案信息化建设实施纲要》②，提出了档案信息化建设的主要内容，包括：

1. 档案信息化基础设施建设

软硬件基础设施是档案信息化建设不可缺少的基本条件，是档案信息资源开发利用和信息技术应用的基础。在档案信息化建设过程中，应有符合计算机设备运行要求的场地环境，保障系统运行要求的计算机设备，实现联网及访问要求的网络环境，以满足档案管理信息系统对运行环境、网络、数据存储、应用扩展、运行维护等方面的要求。

2. 档案信息资源建设

档案信息是国民经济和社会发展的战略资源之一，它的开发和利用是档案信息化的核心任务，是档案信息化取得实效的关键。档案信息资源开发利用的程度是衡量档案信息化水平的一个重要标志。档案信息化建设，必须要从资源建设抓起，资源建设是档案信息化建设的基础和核心。主要包括：目录数据库、全文数据库、专题数据库，供利用者远程检索，开辟利用新渠道，满足档案用户跨时空、多领域、全视角的档案信息资源共享。

3. 档案信息化标准规范建设

无规矩不成方圆，档案信息化的标准规范体系是档案信息化工作快速、持续、有效、健康、规范发展的重要保障。标准规范是档案信息化建设的重要基础之一，主要包括电子文件归档和电子档案管理，档案信息的资源标识、描述、存储、查询、交换、管理和使用等方面的规范、标准，逐步形成关于中国档案信息化的标准规范体系。

4. 档案管理应用系统建设

这是档案信息资源开发利用和档案信息网络建设的技术保障。信息技术应用工作量大、涉及面广，关系档案信息化建设的速度与质量，集中体现了档案信息化建设的效益。

5. 档案信息化人才队伍建设

坚持各级档案部门领导干部进修制度，把档案信息化建设相关的计算机应用基础知识、数字化技术知识、网络技术知识、现代管理技术知识等列入指导性教学计划；加强对档案业务

① 张照余：《档案信息化理论与实践》，北京：中国档案出版社，2007 年，第 17 页。

② 国家档案局中央档案馆向全国各档案部门印发：《全国档案信息化建设实施纲要》（档发〔2002〕8 号），2002 年 11 月 25 日。

人员应用新技术、新设备、新方法的培训,普及信息技术知识,提高档案业务人员掌握和运用现代化技术的技能。

6. 档案信息安全保障体系建设

档案信息化必须全面兼顾档案的实体安全和信息安全。开发和利用档案信息必须遵守国内外有关知识产权保护、数据安全和个人隐私保护等的法律、规章制度和最佳实践与规范。档案信息化建设只有建立在安全的基础之上,才能使其价值得到真正的体现。档案信息安全保障体系建设主要包括:组织建立档案信息安全保障体系框架,逐步完善档案信息安全管理体制;各级档案部门在开发利用档案信息资源和网络系统建设工作中,要提高信息安全意识,防止失密、泄密的发生。

二、档案信息化的发展原则

(一)系统规划原则

档案信息化建设是一项全国性的系统工程,必须树立合理的建设方向,制定规划,处理好局部与整体的有机关系,避免各个档案馆(室)在档案信息网络建设过程中各自为政的分散状态,加强管理,统一规划,避免资源不必要的浪费。

(二)协调发展原则

档案信息化建设的协调原则必须与社会的信息需求相协调、必须与社会经济基础相协调、必须与信息技术发展相协调、还必须与全国信息化工程相协调。

(三)标准开放原则

标准化是档案信息化建设的生命,其目标的实现,必须建立在统一规范、统一标准的基础之上。网络建设的目的是实现网上信息共享,而共享是以标准化为前提的,所以档案信息化建设必须坚持标准化。

通过确立相应的标准,实现符合标准的计算机系统的网络互连,可以达到网络资源共享的目的。开放性已成为现代信息网络的显著特点和基本要求。

(四)安全可靠原则

安全性是发挥档案信息网络功能的前提条件。信息网络在带来数据共享等优越性的同时也相应地带来档案信息利用方面的安全性问题。档案信息化建设的过程中,安全可靠性是重要的原则之一,保证档案信息资源的安全可靠性,是档案信息化建设的重要方面[1]。

第二节　档案的计算机辅助管理

一、档案管理各环节的计算机辅助作业

(一)档案的收集

首先,计算机依据档案接收范围可对档案形成单位进行应该归档、是否归档的统计,便可

---

[1] 张照余:《论档案信息化建设的基本原则》,载《浙江档案》2003 年第 1 期,第 17—18 页。

知晓各单位已归档和未归档的及各种档案情况;其次,制定计划,有针对性地开展工作;最后,检查、核对档案完整、准确情况,写出收集工作情况报告,归档备查。所有收集过程的记载都是通过计算机进行的,并且可随时进行量化管理和汇总统计。

(二)档案的整理

档案的整理工作主要是对档案进行系统的整理和科学的编目,这也是计算机管理档案的最重要的环节之一。应用计算机对档案进行合理分类,有序排列,建立档案信息数据库,使之条理化、规范化、标准化和系统化,也为档案的开发利用打下良好的基础。

(三)档案的保管

利用现代科技手段的现代化库房密集架控制技术,减轻库房管理人员的工作量,提高工作效率。原来库房工作人员在档案管理系统中查询到相关档案后到库房提取档案时,需要人工推开沉重的密集架,费时费力。使用现代化库房密集架以后,在计算机管理系统查询到相关档案后,档案所在库房的密集架会自动打开,并在密集架的信息屏上提示档案的具体位置:"第几排,第几行"。

(四)档案的检索

利用计算机把档案检索工具的文字、图形、数字与符号转换成机器可识别的代码形式输入,以特定的形式存储在计算机的磁盘上。使用时,经过特定的程序转换成通用的文字并编制成人们所需要的各种目录。

(五)档案的利用

利用是档案管理工作的目的所在,也是对计算机管理应用水平检验的直接体现和最终手段。利用档案收集环节和整理环节已建立起来的档案数据库,开发灵活的计算机查询方式,将基础档案信息和原文数据库内容呈现给利用者,充分发挥档案计算机管理系统的作用。

(六)档案的编研

档案计算机管理系统的高级应用就是智能化,即给出编研课题和相应的条件,由计算机自动进行档案信息和内容的筛选,加以人工干预,完成档案编研的过程。

二、文档一体化计算机管理系统的设计

(一)系统分析

系统分析的目的主要是解决本单位需要建立一个什么样的自动化系统的问题。系统分析人员不但要具备文书学与档案学的全面知识,还应具有计算机科学和现代管理的广泛知识。系统分析报告一般由文书、档案与计算机技术人员合作完成。

(二)系统功能

文档一体化计算机管理系统一般由 7 个功能模块组成,包括:文件处理、文件著录、自动组卷或分类、文件归档、打印、档案利用、系统维护。如果对已经装订成卷的档案进行案卷和卷内文件著录时,系统自动将文件处理、自动组卷更换为文件著录、文件归档,与打印、档案利用、系统维护功能连接。

（三）系统设计

系统设计是在系统分析的基础上进行的,其任务是详细地确定自动化系统的结构,以便编制程序予以实现。

1. 对系统设计的要求

（1）简单。在保证系统达到预定目的的前提下,尽量简单。这样,可以缩短处理流程,减少处理费用,提高系统效益,且便于维护和管理。

（2）灵活。便于修改和补充,但亦要有相对的稳定性。

（3）完整。系统是作为一个统一的整体而存在的,系统的功能要尽量保持完整。若是一个子系统,则应留有接口,以便与其他部分联接。

（4）可靠。系统应该是可靠的,提供的信息应该准确、可信。

（5）经济。系统的投资和运行费用应该得到补偿,即系统应该有一定的经济效益或工作效益。

2. 系统设计的内容

（1）设备选择。确定系统的配置方案,并选定操作系统软件。

（2）人员配备。根据系统的规模,为系统配置一定数量且有相应工作能力的人员。

（3）软件开发。这是系统设计耗时最长的一个步骤。其主要内容为:

A. 数据的分类。可将数据分为固定与半固定数据、流动数据两大类。例如,文件的文号、标题等,属于固定与半固定数据,而借阅人则可视为流动数据。

B. 系统分解。将系统分解成若干个相对独立的子系统,再把一个子系统划分为若干个模块,以简化设计。

C. 输入输出设计。确定系统输入输出的内容、方式和格式。

D. 数据库结构设计。确定数据库的数量和结构。

E. 程序设计。具体编制计算机程序,并对所编制的程序进行调试。

3. 系统设计的目标

系统的设计目标是打破传统的文书、档案分别管理、重复操作的手工工作方式。利用现代信息技术把文书编辑、文书管理、档案管理有机地联系在一起。

（四）系统维护

系统维护是在系统的运行过程中,为使系统能维持正常运转而进行的保养、维修及改善工作,包括硬件和软件维护。

第三节　电子文件管理

一、电子文件和电子文件管理概述

信息技术日益发展,已经渗透到了社会活动的各个方面,并逐步改变着社会活动的运行方式。伴随着以计算机为代表的信息技术的广泛应用,各单位在管理活动中产生了大量的电子文件。加强电子文件的归档与管理,建立真实、准确、完整、有效的电子档案,保障电子文件和电子档案的安全保管与有效开发利用,已经成为当务之急。

（一）电子文件概述

《电子文件归档与管理规范》（GB/T 18894—2002）[①]将电子文件（Electronic Records）定义为，在数字设备及环境中生成，以数码形式存储于磁带、磁盘、光盘等载体，依赖计算机等数字设备阅读、处理，并可在通信网络上传送的文件。

电子文件具有信息的非人工识读性、系统依赖性、信息与特定载体之间可分离性、信息易变性、信息存储的高密度性、多种信息媒体的集成性和信息的可操作性等特点[②]。

（二）电子文件管理概述

电子文件的出现是一场记录革命，也引发了包括文件、档案管理在内的记录管理的革命，这场革命具体反映在管理技术、方法、体制、原则、理念等各个层面。与传统的文件、档案管理相比，电子文件、档案的管理具有相关因素增多，各因素之间的相关度增高，变量增多，目标复杂化，技术含量更高、更新、更快等新的特点，从而对管理活动产生更高的要求，需要在科学的管理思想的指导下，从政策、制度与技术方法的不同层面共同采取新的政策[③]。

1. 电子文件管理的基本原则

（1）全程管理原则：

全程管理原则是指根据电子文件的特点和管理要求，建立一个完整的管理体系，对电子文件从产生到永久保存或销毁的整个生命周期进行全程管理和控制。《电子文件归档与管理规范》的总则中规定："应对电子文件的形成、收集、积累、鉴定等步骤实行全过程管理与监控，保证管理工作的连续性。"

（2）前端控制原则：

前端控制原则是指针对电子文件的管理，从文件形成之时甚至形成之前一直到归档整个过程给予全盘规划，把可能预先设定的管理功能纳入系统之中，并在文件形成和维护阶段进行监督。电子文件自形成时应有严格的管理制度和技术措施，确保其真实性、完整性和有效性。应明确规定电子文件归档的时间、范围、技术环境、相关软件、版本、数据类型、格式、被操作数据、检测数据等要求，保证归档电子文件的质量。

（3）真实性保障原则：

电子文件的真实性是指对电子文件的内容、结构和背景信息进行鉴定后，确认其与形成时的原始状况一致。

（4）完整性保障原则：

电子文件的完整性是指电子文件的内容、结构、背景信息和元数据等无缺损。

（5）有效性保障原则：

电子文件的有效性是指电子文件应具备的可理解性和可被利用性，包括信息的可识别性、存储系统的可靠性、载体的完好性和兼容性等。

（6）安全性保障原则：

---

① 中华人民共和国国家标准，《电子文件归档与管理规范》（GB/T 18894—2002），2002 年发布。

② 冯惠玲：《电子文件管理教程》，北京：中国人民大学出版社，2001 年，第 1—2 页。

③ 冯惠玲：《电子文件管理教程》，北京：中国人民大学出版社，2001 年，第 12 页。

电子文件的安全性保障是指电子文件的处理和保存应符合国家的安全保密规定,针对自然灾害、非法访问、非法操作、病毒等采取与系统安全和保密等级要求相符的防范对策[①]。

2. 电子文件的管理模式

电子文件与纸质文件的不同特点,不仅导致了其管理原则、方法和技术上的一系列变化,同时引发了对文件保管机构的职责和管理体制的思考,探索并建立合理的电子文件管理体制与模式,对提高电子文件管理效率和质量有着重要意义。

(1) 机构内部电子文件的管理模式:

① 对电子文件实行统一管理:

《电子公文归档管理暂行办法》[②]第三条规定:"电子公文形成单位应指定有关部门或专人负责本单位的电子公文归档工作,将电子公文的收集、整理、归档、保管、利用纳入机关文书处理程序和相关人员的岗位责任。"第六条又规定:"电子公文一般应在办理完毕后即时向机关档案部门归档。"归档制度是我国集中统一管理党和国家档案文化财富的基础,通过归档制度,对机关内部电子文件实行统一管理,并为合理控制和科学管理机关内电子文件信息提供了制度保障。

② 实行文件、档案一体化管理:

文档一体化就是将目前档案工作现实中各机关相对分散独立的文件管理和档案管理统一成一个有机整体进行管理。就是说,以文件生命周期理论为指导,借助计算机及网络技术,从系统论的角度出发,对文书工作和档案工作进行统筹规划和科学管理,使之实现系统化和规范化,从而发挥各自以及总体的最大效能,确保从机关现行文件直至馆藏档案管理的高效和优化[③]。

电子文件、档案一体化管理的最佳实现方式是建立功能涵盖电子文件生命周期全部管理活动的电子文件管理系统。

(2) 档案馆电子文件的管理模式:

电子文件的管理应该坚持"前端控制"和"全程管理"的原则,将档案信息资源建设前置到文件形成部门,通过对电子文件的形成、收集、积累、鉴定、归档实行全过程指导,保证电子文件的质量,逐步实现电子文件标准化的形成、计算机化管理、数字化存储、网络化传输。为确保电子文件真实性、完整性和有效性,电子文件形成和保管单位应采用电子文件操作者的身份识别与权限控制、设置符合安全要求的操作日志、对电子文件采用可靠的防错漏和防调换的表记、电子印章、数字签名等安全防护技术措施。

电子文件的管理大致分为:集中式管理模式、分布式管理模式和集中与分布相结合的数字档案馆模式。

① 集中式管理模式。将具有永久价值的电子文件传送到档案馆集中保存,对电子文件实

---

① 金波、丁华东:《电子文件管理学》,上海:上海大学出版社,2007 年,第 46—49 页。

② 国家档案局中央档案馆制定:《电子公文归档管理暂行办法》(国家档案局第 6 号令),2003 年 7 月 28 日公布,2003 年 9 月 1 日起实施。

③ 黄霄羽:《文件、档案一体化管理的科学含义》,载《档案学通讯》2002 年第 3 期,第 31 页。

体和信息实行双重控制。这源于哥伦比亚大学方案:将失去现行效用的文件由生成机构移至档案馆。

② 分布式管理模式。政府机构以及各种社会组织产生的电子文件不集中在各级档案馆保存,而采用分布式管理,将其保存在产生这些文件的机构内,由档案馆对电子文件信息加以控制,并对其保管加以指导和帮助。这源于匹兹堡大学方案:文件生成机构应该自始至终保管自己的电子文件,档案馆宏观控制。

③ 集中与分布相结合的数字档案馆模式。即以数字化的档案馆和其他档案保管机构为基础,以计算机网络将多个这样的机构连结起来,形成面向社会提供数字化档案信息和其他相关信息的开放系统。

事实上,不管采用何种保管模式,档案馆都在总体上对电子文件的保管进行指导和监督,并控制着电子文件和电子档案资源。由于各国文化传统、档案管理政策、体制、技术等方面的差异,在一定时期内可能保持多种模式并存的局面。

二、电子文件的鉴定、归档与整理

(一) 电子文件的鉴定

电子文件的鉴定工作,应包括对电子文件的真实性、完整性、有效性的鉴定及确定密级、归档范围和划定保管期限。归档前应由文件形成单位按照规定的项目对电子文件的真实性、完整性和有效性进行检验,并由负责人签署审核意见,检验和审核结果填入《归档电子文件移交、接收检验登记表》。如果文件形成单位采用了某些技术方法保证电子文件的真实性、完整性和有效性,则应把其技术方法和相关软件一同移交给接收单位。确定电子文件归档范围和划定其保管期限的标准,与其相对应的纸质文件和档案相同。

(二) 电子文件的归档

加强电子文件的归档与管理,建立真实、准确、完整、有效的电子文件,保障电子文件和电子档案的安全保管与有效利用,是文件归档与档案管理的目的。《电子文件归档与管理规范》规定:"文件形成部门或信息管理部门应定期把经过鉴定符合归档条件的电子文件向档案部门移交,并按档案管理要求的格式将其存储到符合保管期限要求的脱机载体上。"

电子文件的归档分为逻辑归档(Logical Filing)和物理归档(Physical Filing)。逻辑归档是指在计算机网络上进行,不改变原存储方式和位置而实现的将电子文件的管理权限向档案部门移交的过程。物理归档是指把电子文件集中下载到可脱机保存的载体上,向档案部门移交的过程。物理归档也可以通过网络在线进行。

电子文件归档的时间分为实时归档和定期归档两种。实时归档是指电子文件形成后即可归档;定期归档是指按照有关规定,在电子文件形成一段时间之后再向档案机构移交。

电子文件"双套制"管理,即同一内容的文件,既以其电子格式归档,也以其纸质打印件归档。双套归档的电子文件和纸质文件,归档时间应统一。《电子文件归档与管理规范》规定:"具有永久保存价值的文本或图形形式的电子文件,如没有纸质等拷贝件,必须制成纸质文件或缩微品等。归档时,应同时保存文件的电子版本、纸质版本或缩微品。"《电子公文归档管理暂行办法》第七条规定："电子公文形成单位必须将具有永久和长期保存价值的电子公文,制成纸质公文与原电子公文的存储载体一同归档,并使两者建立互联。"

（三）电子文件的整理

管理性归档电子文件应以件为单位整理。同一全宗内的管理性电子文件按照年度—保管期限—机构（问题）或保管期限—年度—机构（问题）等分类方案进行分类。科技类电子文件和其他专业性电子文件,按照与其相对应的纸质档案相同的体系进行整理。

三、电子文件的移交、接收与安全保管

对归档电子文件,应按有关规定进行认真检验。在检验合格后将其如期移交至档案馆等档案保管部门,进行集中保管。在已联网的情况下,归档电子文件的移交和接收工作可在网络上进行,但仍需履行相应的手续。

文件形成单位在移交电子文件之前,档案保管部门在接收电子文件之前,均应对归档的每套载体及其技术环境进行检验,合格率达到100％时方可进行交接。

档案保管部门验收合格,完成《归档电子文件移交、接收检验登记表》的填写、签字、盖章环节。登记表一式2份,一份交电子文件形成单位,一份由档案保管部门自存。

四、电子文件的利用

电子文件利用是指用户通过电子文件检索系统查找出所需电子文件信息,并使其转化为现实价值的过程。电子文件的存储载体一般应该是一式三套,其中一套封存保管,一般用于与拷贝件的对照校验,不能对外提供利用。《电子文件归档与管理规范》规定："归档电子文件的封存载体不应外借。未经批准任何单位或人员不允许擅自复制电子文件。利用时应使用拷贝件。"另外两套,一套供查阅使用,一套异地保存。

电子文件在利用过程中,必须采取一定的措施,确保电子文件信息的安全。《电子文件归档与管理规范》规定："利用时应遵守保密规定。对具有保密要求的归档电子文件采用联网的方式利用时,应遵守国家或部门有关保密的规定,有稳妥的安全保密措施利用者对归档电子文件的使用应在权限规定范围之内。"

五、数据库的建设

数据库是依照某种数据模型组织起来并存放于存储器中的数据集合。数据库系统是存储介质、处理对象和管理系统的集合体。它通常由软件、数据库和数据管理员组成。档案信息数据库包括目录数据库和内容数据库。目录数据库主要是存储著录标引产生的以二维数据方式存放的档案二次文献,主要包括档案资料案卷级目录、文件级目录、人名索引。内容数据库主要包括纸质档案资料数字化形成的图像数据,照片档案数字化形成的图像数据,馆藏录音和录像带数字化后形成的多媒体信息,移交进馆的电子档案数据,重要资料数据信息。

从资源建设的角度来认识,档案信息数字化及档案信息数据库的建设实质就是重建档

案信息资源体系的过程。因此围绕档案信息资源体系的建设，应由档案事业主管部门制定统一的档案信息数据库共建规划，并在协调运行的基础上，启动档案信息数据库的建设，供利用者远程检索，开辟利用新渠道，满足档案用户跨时空、多领域、全视角的档案信息资源共享。

第四节　传统载体档案数字化

一、纸质档案数字化

纸质档案数字化是采用扫描仪或数码相机等数码设备对纸质档案进行数字化加工，将其转化为存储在磁带、磁盘、光盘等载体上并能被计算机识别的数字图像或数字文本的处理过程。纸质档案数字化的基本原则是使档案信息资源准确方便快捷地提供利用，使可以公开的档案信息资源得到共享，以满足社会对档案利用的需要。

纸质档案数字化的基本环节主要包括：档案整理、档案扫描、图像处理、图像存储、目录建库、数据挂接、数据验收、数据备份、数字化成果管理等。

（一）档案整理

此步骤主要是包括拆除装订、对破损严重无法直接进行扫描的档案进行修复、填写交接登记单、记录文件的起始页号和页数、扫描工作完成后重新装订等环节，以确保档案的安全、准确、无遗漏。

（二）档案扫描

扫描是纸质档案进行数字化处理的关键环节，主要有：

1. 扫描方式的选择。根据档案幅面的大小选择相应规格的扫描仪或专业扫描仪（主要指工程图纸）进行扫描。纸张状况较差，以及过薄、过软或超厚的档案，应采用平板扫描方式，纸张状况好的可采用高速扫描方式以提高工作效率。

2. 扫描色彩模式的选定。纸质档案数字化的扫描色彩模式采用黑白二值、彩色或灰色模式，通常采用黑白二值。如页面中有红头、印章或插有黑白照片、彩色照片、彩色插图的档案，可视需要采用彩色模式进行扫描。

3. 扫描分辨率的选择。扫描分辨率参数大小应大于 100 dpi（图纸应大于 200 dpi），以扫描后的图像清晰、完整、不影响图像的利用效果为准。

4. 在保证扫描图像清晰可读前提下，应选择适当的压缩率，尽量减少存储容量。

5. 扫描登记。认真填写纸质档案数字化转换过程交接登记表，登记扫描的页数，核对每份文件的实际扫描页数与档案整理时填写的文件页数是否一致，不一致时应注明具体原因和处理方法。

（三）图像处理

此环节主要包括图像数据质量检验、纠偏、去污、图像拼接、裁边处理。

（四）图像存储

采用黑白二值模式的图像文件，应采用 TIFF 格式存储，用 Group4 压缩；采用灰度模式和彩色模式扫描的文件，应采用 JPEG 格式存储；单份多页文件扫描图像、提供网络查询的扫描图像可存储 PDF 格式。

（五）目录建库

目录建库应选择通用的数据格式,按照《档案著录规则》(DA/T18)的要求进行著录,建立档案目录数据库。

（六）数据挂接

1. 汇总挂接。档案数字化转换过程中形成的目录数据库与图像数据库,通过质检环节确认为合格后,通过网络及时加载到数据服务器端汇总。通过管理软件,实现目录数据对相关联的数字图像的自动搜索、加入对应的电子地址信息等,实现批量、快速挂接。

2. 数据关联。将每一份纸质档案文件扫描所得一个或多个图像存储为一份图像文件,将图像文件存储到相应文件夹时,要认真核查每一份图像文件的名称与档案目录数据库中该份文件的档号是否相同,图像文件的页数与档案目录数据库中该份文件的页数是否一致,图像文件的总数与目录数据库中文件的总数是否相同等。通过每一份图像文件的文件名与档案目录数据库中该份文件的档号的一致性和唯一性,建立起一一对应的关联关系,为实现档案目录数据库与图像文件的批量挂接提供条件。

（七）数据验收

以抽检的方式检查已完成数字化转换的所有数据,验收合格方可进行下一步操作。包括目录数据库、图像文件及数据挂接的总体质量。

（八）数据备份

为保证数据安全,备份载体的选择应多样化,可采用在线、离线相结合的方式实现多套备份,并注意异地保存。

（九）数字化成果管理

要确保数据的安全、完整和长期可用,应加强对纸质档案数字化成果的管理。提供网上检索利用时,应有制作单位的电子标识,并根据具体情况分别采用可下载或不可下载的数据格式。

二、照片档案数字化

照片档案数字化与纸质档案数字化在工作原理、实施方法和操作过程方面是基本一致的。因照片档案本身的特殊性,在实施数字化过程中涉及几个方面的问题。

（一）照片档案数字化对象的选择

完整的照片档案包括底片、相片和文字说明三个部分。照片档案的数字化究竟选择底片还是一般相片作为扫描对象,需要根据不同单位的实际情况来定。

（二）照片档案数字化方式的选择

照片档案的数字化可以采取用扫描仪输入和用高档数码相机对其进行翻拍录入两种模式。扫描输入是照片档案数字化最通用的方法,照片档案可按灰度或彩色模式进行扫描;黑白照片宜采用灰度模式扫描,彩色照片宜采用彩色扫描模式扫描。也可采用数码相机对照片档案数字化,但其分辨率应不低于 500 万像素。

（三）照片扫描分辨率的选择

在档案数字化过程中，照片档案的扫描分辨率必须大于或等于 400 dpi；底片扫描分辨率必须大于或等于 1500 dpi。

（四）图像色彩模式的选择

数字图像的色彩模式有 RGB、CMYK、LAB 等。选择色彩模式要根据图像的不同用途和设备要求而定，一般扫描仪和数字照相机记录的是 RGB 模式的图像信息，RGB 模式是扫描工作中最常用的模式。

（五）文件格式

有两种图像文件格式可供选用：TIFF 格式和 JPEG 格式。TIFF 是使用最广泛的图像文件格式；JPEG 格式由联合摄影专家组开发，JPEG 压缩算法特别适用于色调连续的照片图像，它是一种有损的压缩格式。

（六）照片档案数字化的前处理

相片、底片保管不当也会沾上污垢、斑点、手印等。扫描后的霉斑会在图像上产生白点，破坏数字影像的质量。而采用图像处理技术并不容易清理干净，因此最好的办法是扫描之前对底片、相片上的霉点、斑渍等做适当清理。当然，处理方法必须正确、恰当，避免进一步伤害照片。

（七）照片档案数字化后的图像处理

照片档案在数字化过程中不可避免地产生一些"噪音"干扰，造成形与色方面的失真。为此，需要通过照片档案数字化系统中的图像处理功能，或者专门的图像处理软件来对数字化后的照片图像进行处理，但这种处理必须立足于"尽量恢复其本来面貌"的宗旨，不可随意行事。

（八）照片档案数据库的建立

数字化照片档案可以用不同的文件格式刻录到多套光盘上，异地保存，同时存储在服务器上提供在线利用。为便于照片档案的有效利用，应建立照片档案专题数据库，照片档案著录项目及其专题数据库结构应尽可能遵循档案著录标引规则和相关的数据库结构规范，著录项目可选择全宗号、归档年度、保管期限、分类号、照片张号、照片题名、责任者、形成时间、摄影者、照片原文、主题词、整理人、密级、参见号、存放位置、组卷标识、归档日期、备注等。

三、音频档案数字化

（一）音频档案数字化系统的软硬件配置

1. 放音设备

根据拟数字化录音档案的规格、型号配置相应的放音设备，如开盘式放音机（大开盘、小开盘）、钢丝带放音机、盒带录音机、电唱机等。

2. 模数转换设备

模数转换设备是音频档案数字化的核心部件，好的模数转换设备有低失真、低时延、高信噪比等特点。

3. 多媒体计算机

配置高主频、大内存、大硬盘容量的高可靠性多媒体微机。同时配置至少一台对音频档案进行著录、标引,建立音频档案目录数据库的普通录入终端。

4. 信息存储设备

大量音频信息的存储离不开海量存储技术。数字化后音频信息的存储有在线、近线和离线三种方式,分别适用于网络共享、数据备份等不同情形。存储介质有磁盘、光盘、磁带等,存储设备有高速磁盘阵列、硬磁盘机、光盘库、光盘塔、光盘阵列、磁带机、磁带库等。

5. 监听、拾音设备

如监听音箱、监听耳机、话筒等。

6. 操作系统和数据库管理系统平台

如 Windows2003、Acess2003、SQL Server2005 等。

7. 音频制作软件

选作录音档案数字化的音频制作软件应当具备以下功能:音频电平控制功能,这对高质量的音频文件非常重要;均衡功能,可以控制音频的音质;噪声控制功能,可以削减音频中不必要的噪声幅度;CD"抓取"和制作功能,可以直接获取 CD 上的所有数码信息,并且可以把制作结果备份到 CD 上;为高级处理准备的插件程序支持功能,可以在音频编辑系统中使用第三方软件;流媒体支持功能,可以直接从音频编辑系统中输出流媒体,而无需另外的编码器;批处理功能,可以自动处理批量任务。

(二) 音频档案数字化处理的基本步骤

音频档案数字化处理的工作流程如下图所示:

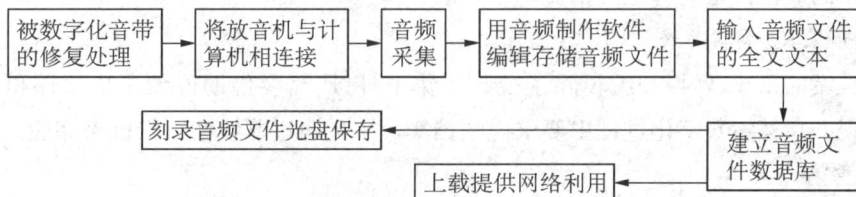

1. 原音带处理

被数字化磁带的正常播放是录音档案数字化的前提,也是保证数字化音频质量的关键一步。旧磁带普遍存在信号强度减弱、磁粉脱落、霉变、粘连等问题,因此正式数字化前首先要对破旧的录音磁带进行清洁、修复和必要的处理,以获得合乎要求的信号源。

2. 音频线路连接

在关机状态下,使用音频连接线将放音机的音频输出口与计算机声卡的音频输入口相连,启动多媒体计算机,选择声音和音频设备属性中的音频选项,将录音控制设置为线路输入开,其他选项关。然后打开放音机和电脑音箱,调整计算机音箱音量到合适为止。

3. 音频采集

档案数字化要求在音频档案数字化过程中应选用 44.1 kHz 作为声音采样标准,DVD 中的声音应选用 48 kHz,文件存储应为 WAV 或 MP3 格式。

4. 音频编辑

采集得到的音频文件可以使用音频制作软件进行编辑处理。主要内容包括音量调节、音调调整和噪音处理。

5. 音频存储

编辑处理的数字音频信号应选择合适的音频文件格式以适当的方式存储到计算机中。

6. 后期工作

数字化后的音频文件及其对应的文本文件必须通过建立规范化的音频档案目录数据库或专题目录库来实现有效利用。后期工作还包括根据不同的利用需求对音频文件进行格式转换。为保证数字化音频文件的安全,通常要将音频文件、相应的文本文件、目录数据库以及音频制作软件等一起刻录到光盘上,并一式多套异地保存。

四、视频档案数字化

（一）视频档案数字化的软硬件配置

1. 放像设备

数字化之前首先要准备好模拟像带的放像设备,保证放像设备能够正常工作,数字化视频的质量首先取决于模拟像带的播放质量。

2. 视频采集设备

所谓视频采集是指通过硬件设备把原录像带保存的模拟信号转换成数字信号采录至计算机中,以数字图像格式保存的过程。视频采集过程是保证数字图像质量的关键环节,因此,采集所使用的硬件设备选择至关重要。

3. 视频采集、编辑系统（软件）

视频档案的采集、转换和编辑除了视频采集卡外,还需要借助视频采集软件和视频编辑系统来实现。在档案数字化过程中要求视频档案数字化通过非线性编辑机来完成。

4. 视频存储设备

视频档案数字化应选用 AVI、MPEG－2 格式作为存储格式,分辨率（像素）宜为 720×576,帧数宜为 25 帧/s,数据传输率不低于 4 Mb/s。

（二）视频档案数字化的过程

1. 原像带处理

从库房中取出拟数字化的录像带,检查磁带的完整性及信号的质量,并做出相应的记录,必要时对原像带进行修复和倒带处理,以获得符合要求的信号源。

2. 设备准备和连接

数字化前先要准备好相关的软硬件设备,具体配置视数字化视频的实际情况而定。配置好设备后要采取正确方法连接。

3. 视频采集

线路正确连接、放像设备正常工作后,打开视频卡所带的采集软件,运行采集程序,并监控计算机上播放的视、音频质量。在正式采集之前,要作一系列的参数设置和调整工作。

4. 视频编辑和格式转换

采集后的视频文件可以根据需要使用视频编辑软件或非线性编辑系统进行剪辑、编排和视频质量及效果调整,必要时进行格式转换。

5. 光盘刻录

将数字化后的视频档案刻录到光盘中,刻录光盘前要先建立光盘内目录页面,以方便利用者浏览光盘时查找,然后把硬盘上的数字视频和光盘目录一同刻录到光盘上,检查光盘质量,打印光盘封面并将其粘贴到光盘的盘盒上,用记号水笔在光盘反面轻轻写上光盘的编号(用于识别光盘的号,如光盘的档案号、顺序号或馆藏号等),光盘装盒后竖直排放在卷柜中。

6. 后期工作

数字化后的视频档案同样需要采用数据库的方式对其进行管理和利用。鉴于视频档案数据过于庞大,一般将视频数据与其目录数据分别存储,视频数据以文件方式存储,目录数据以数据库形式存储,以此避免因数据库过于庞大而降低对其的检索和操作速度。

第五节　档案网站的建设与管理

一、档案网站的功能定位

档案网站是档案部门在互联的公共信息网络上建立的站点,它以主页方式提供相关信息和相关服务,构成公共信息网络的一个节点。档案网站是档案部门面向网络虚拟世界的一面窗口,体现了信息时代发展的趋势和社会信息化的必然要求,也是档案事业自身发展的必然要求。本节主要讨论档案馆所建网站的建设与管理问题。

(一) 宣传与展示功能

这是档案网站应该具备的基本功能,以树立和宣传档案馆形象、展示工作成果为重点。档案网站是网络环境中档案馆形象的缩影,是档案馆职能与功能的延伸。利用档案网站全方位、多角度地宣传档案工作,传递迅速,而且宣传面更广,读者更广泛,能取得更好的宣传效果,进一步扩大档案工作的社会影响力,提高全社会的档案意识。

(二) 服务利用功能

服务利用是发挥档案价值的直接途径。提高档案的利用效率,增强档案部门的服务水平,是档案部门需要深入研究的问题。而解决这一问题,一是要丰富馆藏,二是要提供周到、快捷、个性化的服务方式。目前,档案网站的建设对档案利用的服务方式有了全新的突破,一改过去"坐等上门"、"面对面查档"传统的被动、单一、低层次的服务方式,通过档案网站利用窗口,网上查档功能的设置,极大地方便了利用者。

(三) 交流互动功能

档案网站的建立,打破了档案馆与公众间的时空阻隔、地域限制,为双方提供了一个良好的交流平台。档案网站通过设反馈信息栏,读者意见或建议箱及留言本,FAQ栏目等手段,收集档案用户的反馈意见,征询社会各界对档案馆服务工作的建议,并答复用户的提问,使档案网站成为档案馆与社会对话的窗口。

（四）政务公开与信息公开功能

政务公开与信息公开是每个档案馆网站建设的重点内容，体现在这几方面：一是通过设置"了解我们"、"政策法规"、"法规标准"、"行政执法"等一级栏目来公开、宣传档案的政策法规以及技术规范、标准、规程等。二是通过"档案查阅指南"、"办事指南"等栏目，一方面履行告知义务，另一方面公开档案馆工作职责、岗位职责、办事程序、方法和要求以及服务的内容与方式。三是在网站主页的显著位置上设置公告栏，把最新的政务信息、工作信息予以公告。

（五）档案查询功能

档案检索工具是记录、报道和查找的工具，具有桥梁、交流、管理的作用。档案网站的检索系统可为用户提供高级检索、站内搜索引擎等多种检索手段，具有很强的实用性，方便用户快捷、准确的查找自己需要的档案，既省时、省心又省力，符合用户的需求心理。

（六）学术研究平台功能

由于档案馆的在线用户还有相当一部分是档案工作人员、院校师生、其他专业领域的专家学者，他们有时需利用网站提供的有关档案及其管理的知识与学术信息。

二、档案网站建设的实施步骤

（一）准备阶段

这一阶段需要调动各方面的力量，开展大量基础性工作：信息全面化。档案网站的构建不仅仅是机械地把档案馆的日常工作和馆藏"平移"到网上，而应给人一种立体感，所以搜集信息时一定要全面。档案馆藏信息是档案馆网站建设的信息主体，包括档案目录信息，档案全文信息和档案编研信息三个层次。

档案网站提供的档案目录信息可以包括档案馆指南、案卷目录、全引目录和档案目录数据库多入口的检索信息等。

档案全文信息，一是指数字化后的纸质档案、照片档案、音频和视频档案等的内容；二是指电子档案的全文与音像。只有具备了丰富的数字化资源，档案网站才具有吸引网络环境下信息用户的基础，才能为信息开发提供信息原材料。

档案网站提供的档案编研信息包括大事记、年鉴、专题汇编等

（二）制作阶段

1. 网页设计要美观。主页是一个网站的门面，其设计的好坏直接影响访问者的兴趣。档案网站的主页设计要给人以简洁、大方、清晰的感觉，视觉感强。排版布局疏密有致，井然有序；栏目导航简单清新，让人一目了然。总之，网站的各元素的选择和使用要统筹协调，整体风格要统一定位，整体视觉效果要好。

2. 导航栏目设计要合理。网页栏目设置的数量和质量要求合适科学，各栏目之间的分类标准要严格明确，每个栏目提供的名称与内容要相一致，否则会影响利用者的利用心情和利用效率。一个名不符实、敷衍了事的栏目设置很难给用户留下深刻的印象，更别指望用户经常登陆网站。档案网站在栏目设计上还应充分考虑档案馆与用户的交流与对话，把功能性栏目放在主导位置，突出服务型的功能定位，用户可以和档案馆进行交互式操作和双向交流，以满

足现实用户和潜在用户等各种用户的不同需求。

栏目内容应该体现互动和个性化。这既充分发挥了网络服务的优越性，又体现了以用户为本的服务理念。最常见的档案网站栏目结构为树状多层结构，见下图：

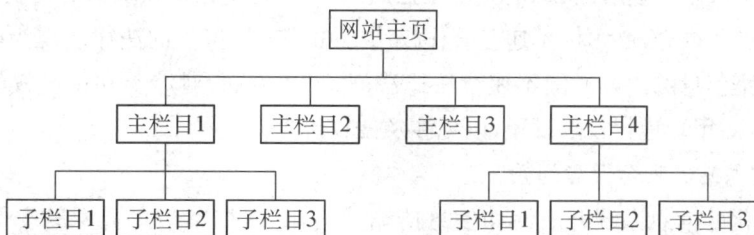

```
                        网站主页
         ┌──────────┬────┴─────┬──────────┐
       主栏目1      主栏目2    主栏目3    主栏目4
    ┌────┼────┐                    ┌────┼────┐
  子栏目1 子栏目2 子栏目3        子栏目1 子栏目2 子栏目3
```

3. 相关链接要齐全。馆内各部门要通力协作，把自己科室的工作成果、工作程序以及对外服务项目等一一对应地链接在固定的栏目之下，构成一个完整的体系。而重中之重的就是馆藏档案检索系统的建立，把这个系统建设好了，档案网站才能真正成为"信息网络服务中心"。

4. 重视档案数据库的建设。档案网站仅具备检索功能还不能很好地为用户服务，最主要的原因是没有建立档案数据库或是建立了数据库但库中资源贫乏。建设好档案数据库可以使得网站检索功能真正实现，可以使得档案用户随时随地能够找到所需要的资料。

（三）反馈阶段

衡量一个档案网站构建的成败，利用率勿庸置疑地是应该排在第一位的，这主要体现在以下几个方面：

1. 网页的点击率。网站建立之后就是要给别人看的，如果无人光顾，或是用户很少，那么它不过是一种点缀门面的装饰，也就丧失了本该具有的功能和意义。如果出现这种情况，工作人员就要排查原因了，看看是栏目设置得不合理，还是宣传的力度不够，或是与建设施工单位沟通得不多，然后再根据具体情况做一下重新调整和改进。

2. 检索的使用率。在信息高速公路广泛地铺开之后，网上交流日益频繁，无论团体或个人查档已经没必要再按传统的方式进行了，完全可以先登陆网站，检索之后看看有无自己所需的资讯，然后再决定下一步的行动。这样对于用户和档案管理部门是两便之事，何乐而不为呢？如果这个功能的利用者不多，我们可以下发通知或发布通告进行宣传，可在当地政府网站上进行公告，也可在工作中直接对外来查档人员进行宣传，鼓励他们直接在网上进行查询。

三、档案网站管理与维护

（一）网站信息更新

经常更新档案网站内容，不仅能给访问者带来新鲜感，同时还能起到意想不到的宣传效果。丰富翔实的内容和常见常新的面貌是吸引用户不断访问的两大要素，档案网站的更新有两层含义：一方面是在网站中不断添加内容和功能；另一方面要对网站内容不断更新，特别是动态信息类的内容。

（二）知识产权保护

一些档案信息在知识产权保护的范围之内，在档案网站建设的过程中，就要注意对这部分档案信息履行相关的保护措施，最好的办法就是对用户进行权限设置。在档案网站建设中，设置用户权限的一个重要目的，就是防止侵犯知识产权，杜绝被侵权现象的发生。档案网站提供档案信息服务的内容，必须以不违背著作权法等知识产权保护的法律法规为前提。一方面要确保网络档案信息的内容范围不违背法律法规；另一方面，对涉及知识产权保护的档案信息要进行认定，对用户进行权限设置，以免涉及侵权诉讼。

（三）档案网站的安全保障问题

档案信息化的信息系统开放性和信息传输网络化，对档案信息资源的安全提出了新挑战。计算机病毒、黑客的入侵，系统的缺陷和漏洞，以及档案信息系统工作人员对信息网络整体安全的防范意识薄弱和防范能力不足，违规操作，管理不善，都直接威胁着档案信息资源的安全，危害档案信息资源的开发利用。因此，建立严密可靠的安全保障机制十分重要，面对档案信息资源开发利用中的安全问题，应当从安全技术、安全管理诸方面采取措施，积极应对。

首先，技术层面上应采用备份、加密、只读、防火墙、身份验证、内外网物理隔离等安全技术，选择并使用安全性高的数据库产品，以防范病毒侵扰和黑客攻击。

其次，安全管理上应建立严密可靠的信息发布制度，确保信息"上网不涉密，涉密不上网"。完善并执行档案信息系统工作人员的操作规章和管理制度，对工作人员加强管理，增强信息安全保密意识，切实从内部堵塞漏洞，消除安全隐患，确保网站安全。

档案信息资源的开发利用与安全保障之间的关系，是互相依存，互为前提的，绝不能顾此失彼。如果片面强调开发利用工作而忽视安全保障问题，档案信息资源就可能遭受网络入侵等人为的破坏，造成损毁。如果片面强调安全保障问题而轻视或放弃开发利用工作，档案信息资源的价值就不能完全实现，档案信息安全保障本身也失去了应有的意义。

第六节　数字档案馆建设

一、数字档案馆概述

（一）数字档案馆的定义

我国的数字档案馆，应该是以数字化的实体档案馆为基础资源，以计算机网络为基础设施，面向社会提供数字化档案信息和其他相关信息的开放系统。换言之，数字档案馆既是一个总体上呈分布式的开放系统，又是建立在众多的单个数字化实体档案馆基础之上的，是多点分布与相对集中相结合的。建设数字档案馆的第一步，应该是实体档案馆的数字化、网络化，而不是取消或削弱作为集中和永久保管档案基地的传统档案馆。

（二）数字档案馆的特征

1. 档案信息资源数字化

档案信息资源数字化主要是将传统档案馆馆藏中的实体资源转化为数字化信息资源，并与它收集、捕获的电子文件一起进行统一存储与管理。这是数字档案馆的基本特征。

2. 空间虚拟化

数字档案馆是以计算机网络为基础设施,面向社会提供数字化档案信息和其他相关信息的开放系统,它超越了时间和空间的限制。数字档案馆实质是通过网络信息技术将不同领域、不同系统、不同行业的数字化实体档案馆联系起来的档案馆集群。其馆藏资源不是传统物理意义上的,而是一个连接在网络上的所有相关信息资源的网络传递系统。

3. 档案信息传输网络化

各个不同层次的档案馆不再是各自为政的孤岛,而是相互连接在一起的档案信息网络,形成一个巨大的信息空间,其具有馆藏丰富、资源共享、利用便捷的特点。用户可以通过网络实现异地利用,打破了时空的限制。

4. 档案管理高度自动化

数字档案馆可以实现对档案实体管理的自动化、档案业务管理的自动化、档案库房管理的自动化以及档案馆办公自动化。

二、数字档案馆建设的现状与发展趋势

(一) 我国数字档案馆建设的现状

2000 年 4 月,我国正式启动了由文化部前牵头的"中国数字图书馆工程",掀起了数字图书馆建设的热潮。在此背景下,档案界也积极做出回应,提出了建设数字档案馆的目标,并付诸行动,已经取得了一定的成绩,但同样也存在一定的问题,需要我们研究解决。

随着网络信息技术突飞猛进的发展,我国档案界开始关注数字档案馆的建设。数字档案馆作为档案信息化建设的重要内容之一,也引起了我国档案界的高度重视,并开始积极探索。2000 年 5 月,经国家档案局批准,"深圳市数字档案馆系统工程的研究与开发"正式立项,由深圳市档案局、国家档案局科研所和北京世纪科怡公司共同承担,并将其纳入国家档案局的"十五"规划,这也是我国第一个数字档案馆的研究与开发项目。随后,青岛市档案局在 2000 年底提出建设数字档案馆的要求,得到市委、市政府及有关部门的重视和支持,并列入了《青岛市信息化建设和信息产业发展发展"十五"规划》和《青岛市国民经济和社会发展第十个五年计划纲要》,国家档案局也把青岛市数字档案馆列为档案信息化建设试点之一,并于 2001 年下半年正式启动"数字档案馆工程"建设。其后,北京、上海、浙江、江苏、杭州等多个省市档案馆以及江苏省电力公司等单位相继进行了数字档案馆的规划和建设,在全国掀起一股数字档案馆建设的浪潮。2002 年制订的《全国档案信息化建设实施纲要》中提到要建设"示范性数字档案馆",之后关于数字档案馆的理论研究和实践探索热情骤长。

(二) 我国数字档案馆建设的发展趋势

数字档案馆的建设是一个庞大的工程,也是一个循序渐进的过程,这一过程随着信息技术、社会条件的发展呈现出阶段性特征,每一阶段因其特定的时代背景和技术条件而与建设理念、建设重点、建设目标存在着一对一的内在对应关系。从数字档案馆的实践和相关领域研究成果来看,可以初步将数字档案馆的发展分为三个阶段:馆藏数字化型数字档案馆、信息管理型数字档案馆、知识管理型数字档案馆。三个阶段不断联系,不断深化。

1. 馆藏数字化型数字档案馆

馆藏数字化型数字档案馆是数字档案馆建设的准备阶段,馆藏资源数字化工作是这一阶段的建设重点,目标是建设数字化馆藏档案目录数据库和部分全文信息数据库,以及电子政务平台中产生的电子文件的挂接采集工作。

2. 信息管理型数字档案馆

信息管理型数字档案馆是在馆藏数字化的基础上,重点要依托网络实现档案信息的有序整合和便于检索利用,最终实现档案信息共建共享。信息管理型数字档案馆的建设可分为两步完成,第一步是本馆的数字化建设,开发本地数字化信息资源利用系统,这一步是信息管理型数字档案馆建设的前提和基础。第二步是馆际之间的有机连接,完成数字档案馆档案信息资源开发服务群的建设,这一步是信息管理型数字档案馆建设的核心和重点。

信息管理型数字档案馆的建设目标是使不同地域、不同层次的档案馆连接成一个整体,实现档案信息资源的共享。

3. 知识管理型数字档案馆

知识管理型数字档案馆是数字档案馆在知识经济时代的发展方向,也是数字档案馆发展的高级阶段。在知识经济时代背景下,信息管理型数字档案馆必然向知识管理型数字档案馆过渡。由于数字档案馆与电子政务之间存在的千丝万缕的联系,各级综合档案馆设计的数字档案馆项目,最初也是作为各级政府的电子政务系统建设的一部分开展起来的,数字档案馆的建设必须适应电子政务的发展所带来的转变,建设知识管理型数字档案馆势在必行。三个阶段不断联系,不断深化[①]。

思考练习题

1. 简述档案信息化的概念、内容和发展原则。
2. 简述电子文件的概念、特点及电子文件管理的原则、管理模式。
3. 简述传统载体档案数字化。
4. 简述档案网站的功能定位。
5. 简述数字档案馆的概念、特征和发展趋势。

[①] 姚乐野、蔡娜:《走向知识管理与知识服务:数字档案馆建设研究》,成都:四川人民出版社,2010年,第109—111页。

附　　录

1. 中共中央办公厅国务院办公厅：《党政机关公文处理工作条例》(中办发〔2012〕14 号)，2012 年 4 月 16 日发布，自 2012 年 7 月 1 日起施行。
2. 国家质量技术监督局：GB/T 9704—2012《党政机关公文格式》。
3. 国家质量技术监督局：DA/T 22—2000《归档文件整理规则》。
4. 国家质量技术监督局：GB/T 9705—2008《文书档案案卷格式》。
5. 国务院：《行政法规制定程序条例》(2001 年)。
6. 国务院：《规章制定程序条例》(2001 年)。
7. 《中华人民共和国档案法》，中华人民共和国主席令第 71 号，全国人民代表大会常务委员会通过，1996 年 7 月 5 日。
8. 国家档案局：《中华人民共和国档案法实施办法》，第 5 号令，1999 年 6 月 7 日。
9. 国家档案局：《档案馆工作通则》(国档发〔1983〕14 号)，1983 年。
10. 国家档案局：《各级各类档案馆收集档案范围的规定》(第 9 号令)，2011 年 11 月 21 日起实施。
11. 《高等学校档案管理办法》(教育部、国家档案局第 27 号令)，2008 年 8 月 20 日。
12. 国家教育委员会：《高等学校档案实体分类法》(教办〔1993〕429 号)，1993 年 11 月 16 日。
13. 财政部、国家档案局：《会计档案管理办法》(财会〔1998〕32 号)，1998 年 8 月 21 日。
14. 中共中央组织部、国家档案局印发：《干部档案工作条例》(组通字〔1991〕13 号)，1991 年 4 月 2 日。
15. 劳动部、国家档案局：《企业职工档案管理工作规定》(劳力字〔1992〕33 号)，1992 年 6 月 9 日。
16. 中华人民共和国档案行业标准：《档案工作基本术语》(DA/T1—2000)，2000 年发布。
17. 国家质量技术监督局：《科学技术档案案卷构成的一般要求》(GB/T 11822—2000)，2000 年 12 月 11 日发布，2001 年 5 月 1 日起实施。
18. 国家档案局：《企业档案工作规范》(DAT/42—2009)，2009 年 11 月 2 日发布，2010 年起实施。
19. 国家档案局：《机关文件材料归档范围和文书档案保管期限规定》(国家档案局令第 8 号)，2006 年 9 月 19 日通过，2006 年 12 月 18 日起实施。
20. 住房和城乡建设部：《档案馆建筑设计规范》(JGJ25—2010)，2010 年 8 月 3 日发布，2011 年 2 月 1 日起实施。
21. 国家档案局：《档案著录规则》(DA/T18—1999)，1999 年。
22. 中共中央组织部国家档案局：《干部档案工作条例》(组通字〔1991〕13 号)，1990 年修订版，1991 年 4 月 2 日。
23. 中共中央组织部：《干部人事档案材料收集归档规定》(中组发〔2009〕12 号文)，2009 年 7 月 16 日。
24. 卫生部和国家中医药管理局：《医疗机构病历管理规定》(卫医发〔2002〕193 号)，2002 年 8 月 2 日。
25. 国务院：《医疗事故处理条例》(第 351 号令)，2002 年 4 月 4 日。
26. 卫生部：《电子病历基本规范(试行)》(卫医政发〔2010〕24 号)，2010 年 2 月 22 日。
27. 建设部：《城市房地产权属档案管理办法》(第 101 号令)，2001 年 8 月 29 日。
28. 建设部：《房屋权属登记信息查询暂行办法》(建住房〔2006〕244 号)，2006 年 10 月 8 日。
29. 中华人民共和国行业标准：《纸质档案数字化技术规范》(DA/T 31—2005)，2005 年 4 月 30 日发布，2005 年 9 月 1 日起实施。
30. 中华人民共和国国家标准，《电子文件归档与管理规范》(GB/T 18894—2002)，2002 年发布。

31. 国家档案局中央档案馆印发:《全国档案信息化建设实施纲要》(档发〔2002〕8 号),2002 年 11 月 25 日。

32. 国家档案局中央档案馆制定:《电子公文归档管理暂行办法》(国家档案局第 6 号令),2003 年 7 月 28 日公布,2003 年 9 月 1 日起实施。

33. 中共中央办公厅、国务院办公厅印发:《2006—2020 年国家信息化发展战略》(中办发〔2006〕11 号),2006 年 3 月 19 日。

主要参考资料

1. 叶黔达主编：《办公室工作实务规范手册》，成都：四川人民出版社，2010 年。
2. 杨戎主编：《公文处理案例精选》，成都：四川人民出版社，2010 年。
3. 曹润芳主编：《文件写作与处理》，北京：中国档案出版社，2006 年。
4. 付军辉、白延庆编著：《公文处理与写作》，北京：中国金融出版社，2003 年。
5. 《中央企业文书处理实用手册》，北京：石油工业出版社，2006 年。
6. 冯惠玲：《电子文件管理教程》，北京：中国人民大学出版社，2001 年。
7. 王健、徐拥军主编：《文书学（第四版）》，北京：中国人民大学出版社，2021 年。
8. 建设部住宅与房地产业司：《房地产产权产籍管理人员培训教材之四·房地产产权档案》，北京：中国物价出版社，2000 年。
9. 金波、丁华东：《电子文件管理学》，上海：上海大学出版社，2007 年。
10. 谢伦伯格著、黄坤坊等译：《现代档案——原则与技术》，北京：中国档案出版社，1983 年。
11. 姚乐野、蔡娜：《走向知识管理与知识服务：数字档案馆建设研究》，成都：四川人民出版社，2010 年。
12. 张照余：《档案信息化理论与实践》，北京：中国档案出版社，2007 年。
13. 《中国档案分类法》编委会：《中国档案分类法》，北京：中国档案出版社，1987 年。
14. 《中国档案主题词表》编委会：《中国档案主题词表》，北京：中国档案出版社，1995 年。
15. 中国档案学会、外国档案学术委员会：《〈文件与档案管理规划〉报告选编》，北京：中国档案出版社，1990 年。
16. 国务院办公厅：《关于加强行政规范性文件制定和监督管理工作的通知》（国办发〔2018〕37 号）。
17. 中共中央办公厅、国务院办公厅：《关于印发〈党政机关电子公文处理工作办法〉的通知》（厅字〔2019〕7 号），2019 年。
18. 中共中央办公厅、国务院办公厅：《关于印发〈党政机关公文处理工作条例〉的通知》（中办发〔2012〕14 号），2012 年。
19. 国家质量监督检验检疫总局、国家标准化管理委员会：《党政机关公文格式》（GB/T 9704—2012），2012 年。

参考论文

1. 艾立明、杨淑云、史宝玲：《试析病历与病案的区分及其意义》，载《首都医药》2005 年第 16 期。
2. 陈兆祦：《再论档案的定义——兼论文件的定义和运动周期问题》，载《档案学通讯》1987 年第 2 期。
3. 黄存勋：《走向公开：创新档案利用服务机制的最佳切入点》，载《档案学通讯》2005 年第 1 期。
4. 黄霄羽：《文件、档案一体化管理的科学含义》，载《档案学通讯》2002 年第 3 期。
5. 刘社文：《论政府信息公开环境下档案开放的原则》，载《安徽农业大学学报》（社会科学版）2009 年第 6 期。
6. 罗宝勇：《政府信息公开环境下档案信息资源开发利用的思考》，载《档案》2010 年第 6 期。
7. 马素萍：《论档案馆开放档案的原则》，载《档案学通讯》2005 年第 2 期。
8. 张照余：《论档案信息化建设的基本原则》，载《浙江档案》2003 年第 1 期。
9. 朱煜：《引领、规范专业档案管理——〈国家基本专业档案目录〉解读》，载《广东档案》2012 年第 1 期。

后　记

一、教材写作分工

本教材由杨戎、黄存勋主编。具体分工如下：

绪论、后记由杨戎负责撰写。

上编文书处理篇由杨戎负责编写，包括拟订大纲、设计写作思路、第一、二、三、四、五、六章的初稿写作、修改定稿等。教学课件 PPT 由杨戎完成。杨戎是四川大学公共管理学院教授，硕士研究生导师，从事文书学、秘书学教学与科研 30 余年，有多篇（部）专业论著公开发表。

下编档案管理篇由黄存勋主持编写，包括拟订大纲、设计写作思路、修改定稿等。写作下编各章初稿的有罗宝勇（第九章第一节、十章、十二章）、姚笑云（第八章）、王永鑫（第七章）、杨力（第十一章），以及张瑞菊（第九章第一节、第十章第二节）和薛秀香（参与第八章第四、五节）。第九章第二节书稿全部由黄存勋完成。下编教学课件 PPT 主要由罗宝勇完成。黄存勋是四川大学公共管理学院教授，博士研究生导师，从事档案学、秘书学教学与科研 30 余年；著有近百篇专业论文和主持编写多部专著、教材；国家社科基金通讯评审及通讯鉴定专家、教育部社科项目通讯评审专家；现在成都信息工程学院银杏酒店管理学院任教。罗宝勇是四川大学历史文化学院博士研究生。王永鑫、杨力是四川大学公共管理学院硕士研究生。姚笑云、薛秀香是成都理工大学档案馆助理馆员。张瑞菊是四川建筑职业技术学院讲师，四川大学历史文化学院博士。

此次杨戎、黄存勋二人合作，按照秘书学本科专业的要求，将本来属于两门专业课的文书处理和档案管理合著为一本教材，既符合现实工作中文件档案一体化管理的实际，也满足了现代秘书学专业课程的设计要求。

为帮助学习者熟悉掌握教材内容，除了各章编写思考练习题外，还根据文书处理和档案管理具有较强实践性、操作性的的特点，专门增加了附录部分，列出文书处理与档案管理工作相关的法律、法规以及国家标准、行业标准的目录，供学习者查阅学习，相信对于专业学习大有裨益。

二、教材使用说明

（一）教材使用的基本概念文书、公文、公务文书、文件等，由于历史遗留的习惯、不同场合使用习惯等原因可以等同看待，在本学科中尚存争议。本书上编文书处理部分主要使用"文书"、"公文"及"文件"概念。下编档案管理部分主要使用"文件"概念。

（二）教材部分案例在保证原意不变的前提下进行了一些必要的文字处理，如格式省略、文字删节、使用代称等。

文书处理和档案管理

（三）教材所附文书处理与档案管理表格等仅为提示其内容要素,具体尺寸规格应以有关规定和标准为准。

（四）本教材写作中参考、借鉴了近年各地区各部门公文处理、档案管理的规范性文件及大量著述。除了尽可能地采用脚注及书后参考文献方式列出部分著述及其作者之外,还要借此机会向这些著述的作者以及限于篇幅未能一一列出书目(篇目)和姓名的作者一并表示衷心的感谢!

党的二十大报告中指出:"培养造就大批德才兼备的高素质人才,是国家和民族长远发展大计。"为贯彻党的二十大精神,本教材将文书处理和档案管理基础理论和工作实践的讲述同学生素质的培养结合起来,培养秘书学专业学生崇高的人格和优良的职业素养,加强秘书职业道德建设。此外,谨向为本教材出版给予热情支持和帮助的秘书学本科专业系列教材总主编杨剑宇教授及付出辛勤劳动的华东师范大学出版社编辑范耀华表示诚挚的感谢!

编著者

后

记